Rezistenta la Opresiune

si

DREPTUL

LA

INSURECTIE

GRIGORE GEAMANU

Doctor în Drept

Universitatea din Paris

REZISTENTA LA OPRESIUNE

SI

DREPTUL LA INSURECTIE

Organizarea practica a rezistentei revolutionare

PARIS

LES EDITIONS DOMAT-MONTCHRESTIEN

P. LOVITON & Cie

160, RUE SAINT-JACQUES

1933

Traducere în limba română:
Ionel Cătălin Cârceanu

„Se poate întâmpla ca niște conducători arbitrari să fie opriți de reacția socială din savarsirea unei erori sau de la tentatia unei aventuri, să se întoarcă la patul legii fără ca solidaritatea socială să fie iremediabil ruptă, si în cele din urmă, odată ce echilibrul juridic este restabilit, viața socială să se poată relua normal.

Pe de altă parte, se poate întâmpla ca cei aflați la putere să nu se lase intimidați de manifestările opiniei publice și să-și continue, în ciuda tuturor normelor juridice, isprăvile, impunându-se printr-o forță la fel de contrară legii ca și acțiunile lor.

Ar trebui să considerăm, în acest ultim caz, că guvernații nu au niciun mijloc legal de rezistență împotriva opresiunii conducătorilor? Deloc! "

Ideea de revoluție, în jurul căreia există atâtea dispute, se prezintă, prin complexitatea sa, la o bogată multiplicitate de semnificații. Concepută sub aspecte diferite, în funcție de epoci și cercuri sociale, se întâmplă să împrumute semnificații variate și chiar contradictorii. Astfel, pentru publicul larg, ea evocă imaginea baricadelor, ghilotinelor și încăierărilor sângeroase; alții, dimpotrivă, eliminând orice urmă de violență, îi dau sensul unei transformări sociale pașnice, abia perceptibilă pentru contemporani (1). Cercetările în domeniul literaturii politice duc la aceleași rezultate de imprecizie. Unii, inspirați de științele biologice, o consideră un fel de mutație organică; alții o văd doar ca pe un caz de psihologie a mulțimilor; în cele din urmă, pentru juriști, ea constituie o încălcare a legalității.

În ciuda diversității de semnificații, am reușit să extragem din această confuzie trei serii de definiții, unele dintre ele concentrându-se pe viteza transformărilor, altele pe modul de manifestare și, în final, o a treia care este orientată în funcție de rezultatul obținut. Ni se pare util, în căutarea unei sinteze mai puțin derutante, să examinăm fiecare serie de definiții separat.

---

(1) Kautsky, Revoluția socială, Paris, 1912, p. 14.

I. Evoluție și revoluție. Încă avem obiceiul obsesiv de a pune într-o înfricoșătoare opoziție cuvintele „evoluție" și „revoluție". Aceasta este o concepție care reflectă două stări de spirit diferite: cea a evoluționiștilor și cea a revoluționarilor, dintre care doar prima este acceptată în unanimitate. Pentru această veche concepție, evoluția este sinonimă cu dezvoltarea treptată și continuă, nelimitată în timp și fără perturbări bruște și violente.

Însă aceste teorii, care fac din evoluție suma unor modificări minuscule, nesemnificative, se lovesc de contradicții din ce în ce mai puternice.

Astăzi, biologia ne îndepărtează de concepția darwinistă întruchipată în formule intangibile precum „Natura non fecit saltus." Teoriile moderne, atât biologice, cât și geologice, recunosc, pe lângă această acumulare de transformări,si schimbări uneori imperceptibile, bruște sau catastrofale (1).

Se întâmplă astfel ca revoluțiile să poată fi realizate pașnic în urma unei schimbări bruște a mediului și, în mod similar, evoluțiile pot fi foarte laborioase, intercalate cu războaie și tulburări (2).

Cele două noțiuni, departe de a fi opuse, diferă doar prin amploarea mișcării; prin urmare, pe bună dreptate, anumiți autori văd în revoluții doar

---

(1) De Vries, naturalist, a descoperit că speciile de plante și animale rămân mult timp fără a suferi modificări; unele, devenind bătrâne și nepotrivite pentru condițiile de existență schimbate, dispar. Alte specii sunt mai norocoase; explodează brusc, pentru a da naștere unei multitudini de forme noi.
(2) E. Reclus, Evoluție, revoluție și idealul anarhic, Paris,1898, p. 5

crizele evolutive care au fost mult timp împiedicate, dar care reacționează cu forță.

Ceea ce separă cele două fenomene este viteza cu care se realizează.

Evoluția este o succesiune destul de prelungită de stări în care anumite caracteristici rămân relativ constante sau fenomene noi, anterior neobservate, lente sau neglijabile, sunt adăugate prin procesul de adaptare.

Ea observă o linie și o direcție de schimbare fără a prejudeca nici valoarea acestor schimbări, nici calitatea direcției lor.

Din aceasta rezultă că evoluția nu este neapărat progres. În succesiunea de etape numite serii sociale, anumite caracteristici suferă o creștere treptată și adesea o scădere treptată (1)

Cum ar fi declinul treptat al unei instituții, al unui sistem și, în special, îmbătrânirea unei specii, care nu este altceva decât evoluție.

Revoluțiile sunt variații bruște ale unei circumstanțe fortuite; ele întrerup în timp seriile succesive ale procesului.

Sinonimă cu progresul, revoluția prejudecă valoarea schimbărilor, atacând calitatea direcției lor.

În cele din urmă, în ordinea politică și socială, încă din era deschisă de Revoluția Franceză, cuvântul revoluție a desemnat în mod specific o mutație reformatoare și o tranziție a autorității.

---

(1) Grimanelli, Evoluție și Progres, Rev., int., de Sociole 1911, pp. 816 și următoarele.

II. Revoluţia: o realizare violentă a psihologiei mulţimilor. - Ştiinţele psihologice, care făcusera progrese considerabile spre sfârşitul secolului trecut, credeau că pot explica toate fenomenele sociale fără excepţie.

Revoluţia nu le-a scăpat. Aşa au putut autori precum Taine, Lombroso, Bauer, Le Bon şi alţii, orientându-se după manifestările psihologice ale mulţimii sau după psihologia individuală a agitatorului, să găsească explicaţia acestor irupţii sociale în psihologia mulţimilor.

Taine scrie în „Originile Franţei contemporane", referindu-se la Revoluţia Franceză, că « pentru prima dată în istorie vom vedea brute care au înnebunit lucrând la scară largă şi mult timp sub îndrumarea unor proşti care au înnebunit » (1).

Gustave Le Bon, deşi recunoaşte meritul logicii raţionale în evidenţierea abuzurilor flagrante ale unui regim opresiv, cedează apoi locul a ceea ce el numeşte logică mistică sau afectivă, atribuind întotdeauna revoluţia psihologiei mulţimilor, care dezlănţuie pasiunile şi duce la cele mai grave excese. « Poporul, spune el, „acceptă în general o revoluţie fără să ştie de ce, iar când, din întâmplare, reuşeşte să înţeleagă acest de ce, revoluţia s-a terminat de mult ». Sau din nou:
« Poporul face o revoluţie pentru că este împins să o facă, dar, deşi nu înţelege prea multe dintre ideile liderilor săi, le interpretează în felul său, iar acest fel nu este deloc cel al adevăraţilor autori ai acestei mişcări ». În cele din urmă, el concluzionează foarte pe scurt că

---

(1) Taine, Revoluţia, vol. I, p. 456.

« Revoluția, este un caz de psihologie a mulțimii » (1). În același sens, Lombroso, Bauer și Sighele (2) sunt de acord în a vedea într-o revoluție manifestarea unui fenomen psihologic. Potrivit lor, comunitățile umane ar fi supuse unor crize morbide de dezvoltare, determinate de diverse cauze, cum ar fi o recoltă proastă, un exces de taxe sau opresiunea clasei conducătoare și orice altă cauză, susceptibilă de a exaspera conștiința populară. Atunci ar interveni agitatorii profesioniști, cei ambițioși sau dezechilibrați exercitând o autoritate fascinantă asupra mulțimii, împingând-o la cele mai nesăbuite acțiuni (3). Odată ce această perioadă febrilă de fanatism revoluționar a trecut, realitatea preia controlul, incapacitatea sau neputința liderilor improvizați este dezvăluită, miturile se disipează și totul revine la calm pentru o perioadă mai mult sau mai puțin lungă.

Ne-ar fi foarte greu să împărtășim pe deplin concepțiile acestor gânditori. Conform acesteia, toate revoluțiile reușite, căci nu se poate nega că au existat revoluții salutare în istorie, ar fi opera accidentală a câtorva agitatori dezechilibrați. „Ne întrebăm, așadar, prin ce miracol au putut oamenii să accepte schimbări importante în instituțiile lor juridice, economice sau morale, care sunt parte

---

(1) G. Le Bon, Revoluția franceză și psihologia revoluțiilor, Paris, ediția a 2-a, 1896, p. 44 și următoarele.
(2) Lombroso, Psihologia revoluționarului, Paris, 1912, p. 10; Bauer, Eseu despre revoluții, Paris, 1908, p. 18; Sighele, Mulțimea criminală, Paris, 1901, p. 28 și următoarele.
(3) M. Raléa, Ideea de revoluție în doctrinele socialiste, Paris, 1923, p. 8.

a unui program dezvoltat în câteva momente de febră și inconștiență (1).

Revoluția, prin punctul său de plecare, departe de a fi isprava câtorva halucinatori împrăștiați, este întotdeauna schițată de minți de elită, care apoi ajung să o altoiască pe nemulțumirea populară. Departe de a fi un caz de psihologie a mulțimilor care presupune o furie efemeră, fără sprijin asupra rațiunii, izbucnirea unei revoluții trebuie să fie determinată de cauze profunde. A fost Revoluția Franceză opera mulțimilor cuprinse de accese patologice sau consecința logică a ideilor și teoriilor democratice răspândite cu câteva secole înainte?

Fără îndoială, mulțimea contribuie în mare măsură la succes; ea formează, ca să spunem așa, elementul psihologic, decorul acestor drame impunătoare ale istoriei, elementul de transmitere și execuție, dacă vreți, dar nu este niciodată organizatorul. Nimic nu este mai conservator decât poporul, printr-o neîncredere inexplicabilă față de evenimente ale căror cauze nu le poate aborda, nici presupune consecințele.

Adesea, mulțimea se abate de la scopul său inițial, deviind până la punctul de a compromite idealul care o declanșase. Aici intervine liderul, « eroul » lui Carlyle sau « supraomul » lui Nietzsche, de al cărui geniu depinde succesul mișcării.

Cât despre violență, considerată încă elementul caracteristic al unei revoluții, aceasta joacă un rol din ce în ce mai secundar; poate chiar să lipsească complet. Astfel încât ideea de revoluție nu implică neapărat

---

(1) Ibidem, aceeași pagină,

cu siguranță, cea a violenței. Multe exemple istorice ne arată realizarea revoluțiilor fără violență și fără teroare. Ceea ce este revoluționar nu sunt mijloacele, ci scopurile. Violența „a fost întotdeauna, din toată eternitatea, un factor reacționar" (1). Astfel, constituirea deputaților celei de-a treia stări într-o adunare națională, care a fost actul cu adevărat revoluționar din 1789, s-a realizat fără cea mai mică violență.

Revoluția Junilor Turci, care l-a obligat pe sultan să acorde poporului său prima constituție, rămâne exemplul tipic de revoluție pașnică, iar în vremea noastră, Revoluția spaniolă, deși a schimbat forma de guvernare, a abolit regalitatea și a instaurat Republica, a fost și ea pașnică.

Astfel, pe măsură ce oamenii devin conștienți de legitimitatea drepturilor lor și pe măsură ce noi mijloace permit, în cadrul societății moderne, apărarea lor, acest element de violență se manifestă, din ce în ce mai mult, sub forma unei forțe morale, economice.

Într-un cuvânt, violența rămâne un factor complet secundar, uneori chiar străin noțiunii de revoluție și a cărui intervenție este aproape întotdeauna condiționată de gradul de reacție care se ciocnește cu mișcarea revoluționară.

III. Rebeliune; Revoltă; Revoluție. - Indiferent de punctul de plecare al unei revolte populare, aceasta poate atinge proporții mai mult sau mai puțin extinse, deoarece poate duce la rezultate diferite. În primul său

---

(1) Ch. Rappoport, Amintiri despre Engels, în Analele marxismului; citat de Neuberg, Insurecția armată, Paris, 1931, p. 29.

grad - cel mai puțin grav - este atunci când ia forma unei tulburări aleatorii pe stradă sau în piața publică: este o revoltă.

O mișcare spontană, nechibzuită și limitată, este mai degrabă o reacție instinctivă la circumstanțe, fără nicio consecință în ordinea lucrurilor.

Orice altceva este o revoltă. Ne aflăm aici în prezența unei mișcări concertate, a unei revolte mai mult sau mai puțin generale, care se opune rezistenței deschise față de autoritatea publică, tinzând chiar spre cucerirea puterii.

Care este atunci diferența dintre revoltă și revoluție?

Lombroso separă cele două noțiuni în funcție de perioada lor de pregătire. Revolta ar fi rodul unei « incubări artificiale, grăbite, la o temperatură exagerată, a unor embrioni destinați astfel unei morți sigure », în timp ce revoluțiile sunt « rezultatele unei pregătiri lente, chiar necesare și bruște pentru irupția unui geniu nevrotic sau a unor accidente istorice » (1).

Același autor atribuie revoltele unor cauze neimportante, locale sau personale, unor factori care vin din exterior, - adesea agenți ai mediului - alcoolul, clima etc. Pe scurt, ar fi ceea ce el numește fenomene patologice care încetează odată cu moartea liderilor și, în concluzie, le tratează dacă nu ca crime, cel puțin ca echivalentul, deoarece sunt exagerarea unor rebeliuni obișnuite. Revoluția fiind „expresia istorică a evoluției" ,atinge întotdeauna, mai devreme sau mai târziu

---

(1) Lombroso, op. cit., p. 49.

succesul, în funcție de gradul de adaptare al unui popor la legile procesului evolutiv (1).

Odată declanșată, revoluția își urmează cursul;

Când liderii cad, o forță misterioasă a energiei ridică în suflul ei furtunos altele, care îi dau noi impulsuri, până când scopul său este atins. Toate aceste distincții percep doar o latură a fenomenului, fără a se preocupa de rezultatele finale, de schimbările produse.

Adevăratele semne de demarcație dintre revoltă și revoluție nu rezidă nici în forma manifestării, nici în natura cauzelor eficiente, ci în rezultatul obținut. Dacă o tulburare a ordinii publice reușește, este o revoluție, dacă eșuează, este o revoltă (2) Aceasta este definiția formulată de Ihering care pare, în prezent, unanim acceptată.

Exemplele istorice confirmă pe deplin acest lucru: revolta lui Masaniello în Italia, provocată în 1647 de taxa pe fructe; cea din Napoli, produsă în 1767, tot de o taxă pe smochine; cea care a izbucnit în Olanda în urma taxei pe pește; cea din Wat-Tyler, în Anglia, din cauza taxei pe cap (1381), și cea a lui Jack Cade, în Irlanda, în urma unei creșteri a taxelor (1450); în final, insurecția milanezilor împotriva ministrului Prina, din cauza taxei de timbru: toate aceste revolte care au făcut să curgă râuri de sânge s-au consumat fără a fi obținut niciun rezultat și fără a apărea astăzi

---

1) Loria A., Probleme sociale contemporane, Paris, 1897.
2) Ihering, Evolutia Dreptului, Paris, 1901, p. 211.

in catalogul revoluțiilor, pe care Chateaubriand îl consideră foarte limitat.

Pe de altă parte, un eveniment similar a scris acolo o pagină extrem de strălucită: cea a Revoluției Americane de Independență. În urma instituirii, în 1773, de către Metropolă a unei taxe minime de trei pence pentru ceaiul importat de Compania Indiilor Orientale în America, la Boston a avut loc o revoltă care a declanșat conflictul.

După trei ani de tulburări și ciocniri succesive între coloniștii englezi și trupele britanice, Congresul Constituțional, un organism revoluționar, a proclamat independența coloniilor pe 4 iulie 1776. Revolta a reușit: era o revoluție.

Astfel, doar rezultatul final poate defini numele unei mișcări insurecționale. O revoltă poate prelua gloriosul titlu de revoluție doar după ce a triumfat, răsturnând astfel guvernul și efectuând un transfer de puteri.

Construită într-un fel pe diferența care separă noțiunea de revoltă și cea de revoluție, este vorba de a ști care este sfera de aplicare a acestor două noțiuni în drept și în fața legislațiilor pozitive ale țărilor moderne.

Chestiunea legitimității unei revoluții, adică a unei insurecții care a dus la cucerirea puterii politice, devenită insuportabilă din cauza nelegiuirilor sale, nu se pune nici măcar din punct de vedere juridic. Triumful său este suficient pentru a o absolvi de toate încălcările și de toate pedepsele comise, pentru care, cu siguranță ar fi suferit consecințe în caz de eșec. O revoluție trece astfel, în ochii sociologilor, istoricilor și juriștilor, drept legitimă, iar starea de lucruri consacrată de ea, drept legală.

Existența unui drept la revoluție, ca să folosim o expresie comună, este astăzi recunoscută în unanimitate.

Există oare și un drept la revoltă împotriva unor deținători nedemni ai autorității publice? Aici, problema este plină de dificultăți și polemici nesfârșite. Timp de mai multe secole, ea a făcut obiectul unor dispute filozofice aprinse, este departe de a fi fost definitiv rezolvată. În ciuda acestui fapt, nu și-a pierdut nimic din importanță sau din actualitate. Contingențele politice care zguduie vremurile noastre și care abundă între multiplele, uneori destul de grave, conflicte dintre conducători și guvernați, au făcut-o, dimpotrivă, mai prezentă ca niciodată în mintea oamenilor.

Un interes mereu crescând gravitează în jurul acestei chestiuni. Dacă în trecut era doar un subiect de certuri scolastice, astăzi a devenit obiectul unor studii și preocupări serioase, atât pentru juriști, cât și pentru oamenii de stat, care îi acordă o importanță deosebită. Dreptul public însuși este interesat intens de stabilirea gradului de obediență cuvenit voinței conducătorilor, a căror conformitate cu principiile dreptului se măsoară în funcție de recepția pe care i-o face corpul social.

Atașați, și noi, de interesul pe care această întrebare îl stârnește pretutindeni, propunem un modest eseu despre legitimitatea rezistenței la opresiunea statală și dreptul la insurecție.

PARTEA ÎNTÂI
Doctrine politice

CAPITOLUL I
Tiranicidul.

Ideea de revoluție aparține, fără îndoială, filosofiei moderne, care o consacră ca factor indispensabil în dezvoltarea doctrinelor revoluționare.

Dar dacă ideea a apărut atât de târziu, faptul în sine, mișcarea insurecțională se întinde până la primele formațiuni politice, de îndată ce s-a produs o diferențiere în cadrul grupurilor sociale, divizându-le în guvernanți și guvernați.

Acest fenomen de diferențiere politică a dat naștere, în toate societățile antice, la revolte violente care tindeau uneori spre răsturnarea sau anihilarea dominației, ale cărei servituți deveneau insuportabile.

Numai că aceste mișcări, spre deosebire de cele de astăzi, au răspuns la proiecte adecvate
la organizarea cetății antice. Fondată pe o religie și constituită asemenea unei biserici, cetatea exercita un imperiu absolut asupra locuitorilor săi. Individul îi aparținea fără rezerve, la fel ca și averea sa.

Nimic nu este mai puternic, scrie Fustel de Coulanges, decât această cetate care avea în sine religia sa, zeii săi protectori, preoția sa independentă care comanda sufletul la fel de mult ca și corpul omului (1).

Confruntat cu această autoritate nemărginită, individul nici măcar nu concepea existența vreunui drept împotriva orașului sau a zeilor săi.

Inegalitatea de clasă, lupta împotriva cametei și împotriva exploatării agricole încredințate sclavilor, au dat naștere unor mișcări politice similare revoluțiilor sociale din vremea noastră, dar unicul lor scop era restabilirea unui stat anterior, fără nicio tendință de renovare socială (2).

Aceasta este, de altfel, trăsătura caracteristică a tuturor revoltelor din trecutul îndepărtat: mișcări spontane și lipsite de reflecție, rod al disperării sau al răzbunării, ele nu erau decât un simplu mijloc, străin de orice ideal de justiție socială. Astfel, întrucât regii sau tiranii absoluți concentrau în mâinile lor toate puterile: religioase, politice, civile și militare, scopul revoltei nu viza organizarea orașului, ci persoana care exercita puterea tiranică.

A înlătura tiranul însemna a înlătura răul: aceasta era concepția anticilor.

Prin urmare, tiranicidul apărea la acea vreme ca singurul mijloc eficient și convenabil de a pune capăt ignominiilor și cruzimilor unui despot.

O revoltă armată nu putea fi concepută la acea vreme decât sub forma unei expediții militare a unui Sulla sau a unui Caesar, având ca scop nu repararea

---

(1) F. de Coulanges, Orașul antic, Paris, 1892, cartea a IV-a, p. 268.
(2) Kautsky, Revoluția socială, Paris, 1912, p. 33 și următoarele.

vreunei inegalitati sociale, ci cucerirea și exploatarea puterii în beneficiul castei militare.

Deși este un act individual, tiranicidul este strâns legat de mișcarea de insurecție colectivă prin contribuția sa istorică la formarea ideii de revoluție.

O scurtă relatare istorică a evoluției tiranicidului, erijat ulterior în doctrină politică, va fi mai edificatoare.

§ 1. Tiranicidul în antichitate.

În ciuda imnurilor pe care misticismul oriental le cânta apoteozei regilor, considerați a fi formați din substanță divină, se pare că acolo a apărut pentru prima dată ideea unei sancțiuni aplicate prinților opresivi și nedrepți. Confucius (1) admitea, în ciuda divinizării persoanei regale, pierderea mandatului prin nedemnitate. Mencius, care, două sute de ani mai târziu, a reînnoit doctrina lui Confucius, i-a asimilat pe tirani tâlharilor de drumuri și dorea să-i vadă tratați ca atare, deoarece o tiranie se termină întotdeauna cu ruina regatului sau a tiranului. A-i ucide nu înseamnă a-ți ucide prințul, ci indivizi izolați și reprobați, precum hoții.

Sufragiul poporului, scrie el, îl face prinț, abandonarea lui nu-l face nimic mai mult decât un simplu individ, un om particular, pasibil de aceeași pedeapsă ca și mulțimea (2).

---

(1) Confucius (551-479 î.Hr.), celebru filosof chinez, fondator al unei religii complet morale, cu caracter practic și utilitarist.
(2) Mencius: II, IV, 4, în Cărțile sacre ale Orientului, traducere Pauthier, p. 25 și 56.

Însă patria tiranicidului a fost, s-ar putea spune, Grecia antică; l-a onorat, l-a încurajat, l-a cântat în ditirambe, iar filozofii săi l-au justificat cu ardoare. Documente autentice din istoria Atenei mărturisesc cât de mare a fost ura față de tirani și cât de favorabile au fost consecințele despotismului.

Cetățenii chemați să facă parte din Heliæa au pronunțat înainte de a prelua funcția, jurământul a cărui redactare pare să se întoarcă până la Solon însuși, prin care și-au luat, printre alte angajamente solemne, acela de a nu susține niciodată cu votul lor nici împărțirea pământurilor, nici abolirea datoriilor, nici instaurarea unei tiranii.

Un text transmis de Andocide îndeamnă deschis la tiranicid: „Voi ucide cu propria mea mână, dacă voi putea, pe oricine a răsturnat democrația în Atena sau a ocupat o funcție după răsturnarea democrației, pe oricine influențează tirania sau ajută pe altul să se impună" (1).

Această pasiune pentru democrație izvorăște din toate operele filozofilor greci. Xenofon, în micul dialog intitulat Hieron, spune că orașele, departe de a răzbuna moartea tiranilor și de a le interzice lucrurile sacre, ca și ucigașului unui simplu cetățean, acordă cele mai mari onoruri tiranicizilor și ridică statui în temple autorilor acestor isprăvi (2).

Harmodius și Aristogeiton au rămas faimoși în analele grecești; au fost comparați cu Ahile și

---

(1) Egger, Studiu despre crima politică, Torino, 1866.
(2) Xenofon, Hieron, C. 4

Diomede, pentru că l-au ucis pe tiranul Hiparh și a redat libertatea Atenei (1).

Plutarh reproșează filosofiei epicuriene blândețea sa, care nu a stimulat niciodată tiranicidul în raport cu atenienii, pe care îi reprezintă ca artizani ai tiranicidului (2).

Într-un pasaj celebru din Republica, Platon, comparând atacul tiranului asupra țării sale cu uciderea unei mame, pare să-l condamne astfel pe uzurpatorul nelegiuit la toate rigorile justiției populare (3).

Însă Atena nu a fost singura care și-a crescut copiii în dragostea pentru instituțiile libere. Aproape toate orașele antice, printre care trebuie să amintim Sicilia, Siracuza și Efes, practicau tiranicidul.

Filosofii romani nu sunt mai puțin favorabili tiranicidului: Seneca și Quintilian, Cicero și Marcus Aurelius i-au dedicat pagini.

Cicero îl laudă pe Brutus și pe complicii săi și salută ca pe un semn înșelător presupusa amnistie proclamată la Roma, care tremura în jurul unui Caesar asasinat. El echivalează, asemenea lui Platon, tiranul cu un paricid (4). Prin stabilirea Republicii și pecetluirea temeliilor acesteia cu sângele propriilor fii, Brutus pare să stabilească un drept de a recurge la violență, împotriva oricărei tentative de revenire la tiranie. Acest drept și-a găsit și consacrarea în

---

(1) Douarche, Despre tiranicidul printre scriitori, Teză latină, p. 3 (1888).
(2) Plutarh, Împotriva lui Colotes, C. 32. Cf. Lacour, teză Paris, 1905, p. 29.
(3) Republica, cartea a IX-a. Cf. Cicero, Despre Oficii, III, 21.
(4) În orașul liber, orice ar fi domnit, Cicero (Despre Oficii, III). Cf. Egger, op. cit., p. 409.

legea Valeria care admitea răzbunarea împotriva oricărui cetățean vinovat sau doar suspectat de participarea la exercitarea puterii opresive și ilegale (1).

Marcus Aurelius, impregnat de filosofia stoică, condamna tiranii și el însuși dădea un exemplu de înțelepciune și moderație.

Într-un cuvânt, lumea antică știa cum să-și trateze tiranii după umilințele lor.

§ 2. Tiranicidul în Evul Mediu.

Odată cu conformarea politică a Statelor în Evul Mediu, reduse pe alocuri la o multitudine de mici puteri, care se răsturnau reciproc prin violență și unde tiraniile se succedau fără încetare, nu vom fi surprinși să vedem tiranicidul practicat pe scară largă, uneori pentru a pune capăt opresiunilor rele, alteori pentru a satisface interesele mărunte ale câtorva dornici de dominație.

Astfel, doctrina tiranicidului, condamnată de apostoli și de Sfinții Părinți și oarecum uitată de la Cicero încoace, este reluată și expusă cu vigoare în Polycraticus de Salisbury (2), secretar și prieten al lui Thomas Becket, arhiepiscopul de Canterbury și precursorul politicii iezuiților, care au exaltat despotismul preoțesc, împingând ura față de puterea civilă până la punctul tiranicidului.

După o distincție înțeleaptă pe care o face între regele care

_____

(1) Tite-Live, II. 8; III. 5. Cf. Egger, ibid.
(2) John Salisbury, filosof scolastic englez (1110-1180).

luptă pentru legile şi libertatea poporului, şi tiranul care consideră că nu a făcut nimic atâta timp cât nu a abolit legile şi nu a redus poporul la robie (1), proclamă dreptul de a ucide tiranul chiar şi cu perfidie. Potrivit lui, prinţul este imaginea divinităţii; pe de altă parte, tiranul este o imagine a lui Lucifer: „Imago quedam divinitatis est princeps el tirannus est adversariæ fortitudinis et lucife-rianæ pravitatis imago" (2). Prin urmare, uciderea unui tiran nu este doar permisă, ci este şi o acţiune proprie „æguum et justum".

Sfântul Toma de Aquino, care admite legitimitatea sediţiunei împotriva tiranului şi care a fost adesea numărat printre partizanii tiranicidului, dacă aprobă depunerea tiranului, pare să respingă crima comisă de indivizi. Tirania trebuie tolerată, spune el, o vreme, deoarece acţionând împotriva ei se asumă riscuri mai grave decât tirania însăşi (3). În Summa Theologica, unde marele teolog afirmă foarte clar dreptul la sediţiune, nu găsim nimic despre tiranicid. Doctorii Ligii, pentru a-şi acoperi doctrina tiranicidului cu autoritatea unui Toma de Aquino, au profitat de un pasaj din Comentariile la Sentinţele lui Petru Lombard, unde Sfântul Toma notează sentimentul general de admiraţie pe care îl avem pentru criminal şi despre care se referă următorul text: Trebuie spus că Cicero vorbeşte despre cazul în care cineva a preluat puterea prin violenţă,

---

(1) În ce fel se deosebeşte un tiran de un prinţ?... Un prinţ luptă pentru legi şi libertatea poporului; un tiran crede că nu se face nimic decât dacă anulează legile şi aduce poporul în robie (Polycraticus, liv. VIII, cap. XVII).
(2) Polycraticus, ibid
(3) Sf. Toma d'Aquino, De regimine principis, liv. I, c. VI, p. 769, voi. XX, ed., 1660,

sau că a forțat consimțământul supușilor și unde nu există ajutor în fața unei autorități care să-l poată judeca pe uzurpator. Atunci, într-adevăr, cel care, pentru a-și elibera țara, ucide tiranul, este lăudat și primește o recompensă (1).

Trebuie să concluzionăm că Toma d'Aquino, care vede singurul remediu împotriva tiranului în recurgerea la autoritatea publică și declară că, dacă nu există ajutor uman, trebuie să se recurgă la Dumnezeu care schimbă inimile tiranilor și îi lovește, dacă nu admite tiranicidul, nici nu îl respinge într-un mod precis.

Doctrina tiranicidului a fost reluată și apoi apărată în fața consiliului regelui de către călugărul franciscan Jean Petit, în predica pe care a ținut-o pe 8 martie 1408, unde a apărat uciderea ducelui de Orleans de către ducele de Burgundia.

Denunțate de cavalerul Gerson în 1415 la Conciliul de la Constanța, ca ducând la maximele lui Wycliffe: Populares possunt ad suum arbitrium dominos delinquentes correcte, deja condamnate de Conciliu, demonstrațiile lui Jean Petit au făcut ca crima ducelui de Burgundia să fie declarată necondamnabilă (2).

Un episcop englez, John Poynet, care se refugiase la Strasbourg în urma Inchiziției catolice a reginei Maria, a scris primul tratat democratic deschis din secolul al XVI-lea. După ce a investigat originile puterii politice și limitele autorității absolute a regilor, el a concluzionat că tiranicidul nu este doar

---

(1) Comentarii la Sentințe; cartea a II-a, dist. 44, întrebarea 2. art. 2.
(2) Von der Hardt, III, Rerum concilii œcumenici Const., Francfort, 1698: Theolog. Const., diff., cond., XLV, Wiclefi; artă. 17, col. 252-255.

absolvit de istorie, ci că este un act just, legitim, în conformitate cu judecata lui Dumnezeu (1).

Doctrina tiranicidului a fost afirmată în special de predicatorii Ligii care au susținut ideile democratice răspândite în Evul Mediu.

Astfel, în „De justa abdicatione Henricii" (2) de Boucher, care a fost într-un fel manualul ligistului desăvârșit, găsim un amestec ciudat de doctrine scolastice despre predominanța papei asupra prinților. Această carte conține apologia entuziastă a lui Jacques Clément, asasinul lui Henric al III-lea, pe care autorul îl desemnează drept tiran pentru toate crimele de care s-a făcut vinovat.

Boucher distinge trei tipuri de tirani: tiranul uzurpator, care poate fi ucis fie prin puterea politică, fie prin mâna unui individ; tiranul posesor legitim, care abuzează de putere împotriva indivizilor, pe care numai puterea publică îi poate ucide; și, în final, tiranul care abuzează de putere administrând bunuri comune spre marea nenorocire a națiunii: pe durata vieții acestuia din urmă, autoritatea publică, precum și un simplu individ, are dreptul de a curăța Statul de infamia tiranului (3).

Boucher încheie amintind poporului de misiunea sa de a lovi, poporul având dreptul de viață și de moarte asupra regilor: Populo in regem potestas est vitae ad necis.

Toate aceste lucrări sunt încă doar pamflete în care doctrina tiranicidului joacă rolul unui instrument al războiului politic și religios.

_____

(1) Labitte, Despre democrația printre predicatorii Ligii, Paris, 1865, p. 54.
(2) Jean Boucher, preot, membru înfocat al Ligii și adversar ireconciliabil al lui Henric al IV-lea (1548-1644).
(3) Porquier Lagarrigue, teză Bordeaux, 1906, p. 34.

Pentru a găsi un tratat complet şi filosofic, trebuie să deschidem cartea lui Ioannis Marianae, intitulată „De rege et regis institutione", tipărită la Toledo în 1598 cu privilegiul regelui. Dedicat nu numai expunerii principiilor fundamentale ale monarhiei creştine, tratatul lui Marianae a fost şi catalogul virtuţilor cerute regilor şi îndrumătorul educaţional al principelui regal. El pledează pentru autoritatea poporului, care rămâne întotdeauna superioară celei a principelui şi în virtutea căreia acesta trebuie să-şi rezerve întotdeauna dreptul de a-l constrânge şi pedepsi pe principele rău. Dacă poporul s-a deposedat complet de acest drept, aşa cum principele nu trebuie să fie imun la pedeapsă, tiranicidul rămâne pentru această fiară feroce care pune totul în foc şi sânge.

Marianae respectă distincţia clasică dintre tiranul fără titlu şi tiranul aflat în funcţie: dacă este vorba de un tiran care uzurpă puterea, dreptul de a ucide aparţine fiecărui individ; dacă este vorba de un prinţ legitim care a devenit tiran, răsturnând religia şi legile publice în ciuda protestelor naţiunii, şi de el trebuie scăpat prin toate mijloacele (1).

Pamfletiştii protestanţi au devenit şi apărători ai suveranităţii populare, organizând prin condei şi prin rezistenţă armată împotriva absolutismului papalităţii şi apoi al regalităţii.

Calviniştii au început să justifice în mod deschis omuciderea, cu ocazia uciderii lui François de Guise în 1563 de către Poltrot.

---

(1) ...Că dacă orice speranţă este luată, sănătatea publică este în pericol... tiranul este pus şi trebuie ucis de oricare supus al său nu numai prin forţă deschisă, ci şi prin intrigă şi fraudă (Ioannis Marian, De rege, Lib. I, cap. VI, p. 79, ed. 1599).

Theodore de Beza (1) nu a ezitat să-l absolve şi să-i acorde răsplata cerească coronam; un pamflet celebru, Le Réveil-Matin, l-a declarat sfânt (2).

O mulţime de scrieri au apărut în timpul domniei lui Francisc al II-lea şi a lui Carol al IX-lea, toate dedicate acestei opere de emancipare urmărite de-a lungul Evului Mediu.

„Franco-Gallia" lui François Hotman, unul dintre cei mai mari jurişti ai vremii, a apărut în 1573; „Despre legea magistraţilor asupra supuşilor lor", al cărei autor, mult timp necunoscut, este Théodore de Bèze, în 1577; „Vindiciæ contra tyrannos" atribuită lui Du Plessis-Mornay, publicată în 1579, şi multe altele care admit tiranicidul.

Iluminismul protestantismului s-a răspândit peste tot. În Anglia, învăţatul istoric scoţian Buchanan (1506-1582) şi perceptor al lui Iacob I, interpretând sensul urii comune împotriva tiranilor, s-a exprimat astfel: „... tot poporul, toţi indivizii, să acorde recompense ucigaşilor tiranului, aşa cum se acordă de obicei celor care au ucis lupi şi urşi "(3).

El face distincţie, conform tradiţiei, între regi şi tirani, concluzionând că pedeapsa ar trebui dată nu doar uzurpatorilor, ci şi celor care au abuzat de putere. În cele din urmă, ca majoritatea scriitorilor din vremea sa, Buchman merge până la regicid.

Milton, acoperindu-i cu gloria sa poetică pe asasinii

---

(1) Scriitor valoros; lider, după Calvin, al comuniunii calviniste din Franţa şi Elveţia (1519-1605).
(2) Labitte, op. cit., p. 55.
(3) De jure regni apud Scotos; citat de Joly Crétineau, Istoria Societăţii lui Isus, Paris, 1851, p. 345.

Carol I l-a definit pe rege astfel: Un tiran este un rege teatral, o fantomă, o mască de rege; nu este un rege adevărat... De ce nedreptate ne facem vinovați față de tine, ce rău îți facem, când îi pedepsim cu moartea pe dușmanii noștri, dușmanii binelui public, plebei, nobili sau regi, ce contează? (1)

Aceasta a fost doctrina tiranicidului și roadele ei în timpul agitațiilor politice din Evul Mediu.

§ 3. Tiranicidul în timpurile moderne.

Dacă tiranicidul a avut un rol și o semnificație politică în trecut, astăzi el nu-și mai găsește locul printre mijloacele de rezistență la opresiune, pe care doctrinele democratice moderne le admit.

Într-adevăr, tiranii clasici concentrau toate puterile cetății în mâinile lor, iar tirania pentru care erau singurii responsabili putea dura cât viața lor. Tiranicidul părea atunci singura modalitate de a pune capăt tiraniei.

În statul modern, exercitarea puterii este împărțită între mai mulți factori și într-un mod care îl face pe șeful statului iresponsabil; înlăturarea acestuia din urmă nu schimbă starea de fapt.

Totuși, în zilele noastre, șefi de stat, împărați, regi, președinți ai Republicii, au căzut victime ale asasinatelor. Dar adesea regicizii moderni

---

(1) Milton, Defensio pro populo anglicano, opere complete, ed. 1759, p. 279 (John Milton, celebru poet englez (1608-1616) A luat parte la tulburările din timpul (1608-1674); împotriva curții și a episcopalienilor, sosia religioasă și politică a țării sale,

s-au dovedit a fi anormali, dominati de un delir mistic, crezându-se însărcinați cu o înaltă misiune a justiției.

Aceștia au fost anarhistul Caserio, care l-a ucis pe președintele Carnot în 1894; anarhistul Lucheni, care a asasinat-o pe împărăteasa Elisabeta a Austriei în 1898 și s-a spânzurat; falansterianul Guiteau, care l-a ucis pe președintele Garfield al Statelor Unite în 1881 și, recent, Gorgulof, asasinul președintelui Doumer.

Se numesc crime din orgoliu. „Nimeni nu mi-a făcut niciun bine sau rău", spune Lorenzaccio al lui Alfred de Musset, înainte de a-l asasina pe tiranul Alexandru, „dar spre nenorocirea mea veșnică, am vrut să fiu mare. Să fiu mare!" Acesta este scopul tuturor acestor ucigași de șefi de stat, care suferă de psihoză halucinatorie.

S-a încercat să se argumenteze că unii dintre acești criminali au fost tiranicizi și că, prin urmare, faptele lor erau scuzabile.

Acesta a fost cazul lui Alfredo Costa și Manoël Buiça, care în 1908 l-au asasinat pe regele Portugaliei, Don Carlos, pentru că dezlănțuise o dictatură frenetică asupra țării.

Cu această ocazie, marele poet Guerra Junqueiro, pe care Angela Vaz îl numește o glorie a întregii rase latine, a scris: „Nu l-au ucis pe rege, el s-a sinucis... Atacul a fost opera exclusivă a celor doi bărbați și totuși gloanțele morților au venit din sufletul națiunii. A fost un atac național. Fulgerul s-a condensat în doar două suflete, dar electricitatea care l-a creat a venit de la noi toți. Suntem cu toții complici" (1).

Însă tiranicidul nu poate fi considerat, în epoca actuală, altceva decât ceea ce este, un asasinat.

---

(1) Angelo Vaz, Documents du Progrés, 1908, p. 291.

Doctrina tiranicidului este o doctrină barbară, sugerată în anumite momente de pasiuni religioase, care astăzi nu poate fi considerată decât o anomalie. Nimeni nu are dreptul să ucidă pe altcineva, iar în starea actuală a civilizației, sub steagul mereu în creștere al umanității, niciun prieten înțelept al libertății nu ar cere ca un tiran să-și ispășească crimele în alt mod decât prin căderea sa.

CAPITOLUL II

Dreptul la insurecție:

§ 4. Eclozarea și evoluția ideii.

Conceptul de drept de revoltă a rămas complet străin antichității. Toți filosofii săi proclamă respectul cuvenit moralei naturale, descriu cu judecată îndatoririle autorității supreme față de popor, sunt indignați de guvernul arbitrar al tiranului, a cărui ucidere o privesc cu simpatie, dar nu au formulat o teorie a dreptului de rezistență împotriva exploatarii unei dominații arbitrare și tiranice.

Platon, care s-a făcut elocventul apostol al unei politici a virtuții, afirmă superioritatea guvernării unui om înțelept, care este cea mai bună, în comparație cu cea a unui tiran, care este cea mai rea (1). Este adevărat că el nu a căutat ce era permis să facă pentru a schimba o guvernare existentă; era un dușman prea mare al democrației populare și al statului popular pentru a presupune că ar fi acordat un astfel de drept poporului, dar era profund preocupat de construirea celei mai perfecte guvernări. Aristotel, preocupat de aceleași idei ale politicii empirice, adună faptele, enunță chiar o teorie a revoluțiilor, dar fără a căuta legitimitatea, principiul

---

(1) Platon, Republica, L. IX; V. Operele lui Platon, trad. V. Cousin, t. VIII, p. 195 și 196.

de drept, care poate permite unui popor să folosească forța pentru a-și cuceri libertatea (1).

În lucrarea sa „Politica", distingând regele de tiran, el pune în discuție necesitatea socială a justiției, care va fi mai târziu nucleul doctrinelor egalitare.

Cicero, mai mult decât predecesorii săi greci, atunci când leagă expulzarea Tarquinilor de principiul măreției Romei, admite implicit un drept insurecțional, dar întotdeauna fără a formula o teorie.

Astfel, filosofii antichității, deși au analizat corpul social, mergând la sursa relelor sale, având chiar viziunea unei perfecțiuni imaginare, nu au construit o teorie pe dreptul rezistenței; deși au atins faptele, au rămas la marginea ideii.

Într-o epocă a cuceririlor nelimitate și a predominanței chestiunilor războinice, unde imperiul forței era principiul social și politic, dreptul de rezistență nu putea fi decât una dintre aplicațiile acestei legi a celui mai puternic care guverna totul (2).

Mai mult, admirația arătată eliberatorilor patriei, favoarea pentru tiranicid și însăși existența unei Constituții în Creta, unde sediția era garanția legală a cetățenilor împotriva magistraților, dovedesc acest lucru din plin.

Astfel, când a apărut creștinismul, a fost o noutate surprinzătoare să-i înveți pe oameni să îndure opresiunea fără a se opune puterii tiranice. Doctrina sacrificiului, a blândeții și a resemnării în fața torturii și a persecuției este o

---

(1) P. Janet, Istoria științei politice, 1, I, p. 143.
(2) P. Janet, op. cit., p. 223 și urm.

„doctrină admirabilă- spune Paul Janet- dar domnia ei nu se afla pe lumea aceasta."

Încetul cu încetul, această supunere voluntară a devenit evidentă; în realitate, acești oameni umili care, sub domnia unui Nero, a unui Commodus sau a unui Vespasian, se rugau în adâncurile Catacombelor, trăiau doar cu gândul la un regat al dreptății, unde primii de aici, pe pământ, ar fi ultimii. Era ceva pașnic revoluționar, respectuos sedițios în aceasta, care nu le scăpa prinților.

Dar mai presus de toate prin regenerare morală creștinismul acționează asupra ordinii sociale; hrănind sufletele cu principiile dreptății, egalității și libertății, a putut transforma treptat instituțiile politice. Mai târziu, chiar din inima Bisericii a izvorât ideea rezistenței împotriva tiranului care încălca legea divină, o idee care avea să capete o mare acuitate pe măsură ce capul spiritual al Bisericii, atribuindu-și imperiul universal, se ridica împotriva autorității temporale.

§ 5. Lupta dintre puterea spirituală și puterea temporală.

Biserica, devenită un adevărat stat, cu guvernarea sa, legile sale, armele sale și capul său, Papa, a preluat monarhia universală și a pretins că îi supune pe principi puterii sale supreme.

La rândul său, Imperiul, aspirând și el la dominație suverană, nu intenționa să renunțe la niciunul dintre drepturile sale. De aici un conflict, o luptă gigantică care avea să se încheie cu triumful Imperiului.

În această luptă seculară dintre spiritual și temporal, Biserica este cea care, în ciuda doctrinelor

Apostolilor și Sfinților Părinți, proclamând ascultarea pasivă, a susținut politica de rezistență.

Proclamând Împărăția lui Dumnezeu, revendicând libertatea conștiinței, alegând în cele din urmă între ascultarea de oameni și cea de Dumnezeu, creștinismul a eliberat omul de Stat. Misionară a păcii, a credinței și a purității moralei, Biserica creștină s-a ridicat deschis în fața spectacolului impurității și tiraniei, intervenind ca arbitru între prinți și supușii lor.

Astfel, în 787, două sinoade, dintre care unul a avut loc la Calchut, probabil Chelsea, conform lui Lingard, au subscris la douăzeci de capitule "prezentate de cei doi legați ai Papei Adrian I, Grigore și Teofilact. În al unsprezecelea dintre aceste,, capitule" prinților li s-a recomandat „să guverneze cu mare prudență și înțelepciune, să judece cu dreptate, după cum este scris: Învățați-vă singuri ca să nu provocați mânia Domnului împotriva voastră (1).

Sub merovingieni, regele Childeric al III-lea a fost detronat, iar sub carolingieni, împăratul Ludovic cel Pios a suferit aceeași soartă. Litigiul Investiturilor a fost o nouă ocazie pentru polemici violente între susținătorii puterii spirituale și cei ai puterii temporale, în special în 1080, când Henric al IV-lea, regele Germaniei, a fost detronat de Papa Grigore al VII-lea Hildebrand.

Manegold de Lautenbach, un călugăr alsacian, autorul lucrării Liber de Gebehardum, susținător al tezei gregoriene,

---

(1) Héfélé, Hist. des consilii, trad., tomul V, Paris, 1870, p. 55; și Mansi, Concil, or. t. XII, col. 943. Cf. Féret, Le pouvoir civil, Paris. 1888, p. xx.

aduce un element nou susceptibil de a limita absolutismul regal.

Punctul de plecare al tezei lui Manegold este asimilarea funcției regale cu funcția episcopală (1).

El aplică regalității definiția dată de Sfântul Ieronim titlului de episcop, preot sau diacon, care nu desemnează beneficii, ci funcții (2).

„În mod similar, titlurile de rege, conte sau duce nu se referă la natura sau meritul persoanei care le deține, ci la funcția și demnitatea sa" (3).

El spune că la venirea fiecărui principe există un contract între el și popor, creând obligații reciproce. Când principele nesocotește angajamentele asumate prin exercitarea puterii tiranice, poporul este eliberat de jurământul de loialitate, se poate revolta și îl poate detrona pe principe.

Un conciliu de la Metz, care s-a arătat favorabil lui Lothair al II-lea, care o repudiase pe Teutberge, soția sa legitimă, pentru a se uni cu Valfrade, concubina sa de multă vreme, a fost condamnat de Papa Nicolae I, iar principalii vinovați dintre prelații implicati, au sfârșit prin a se supune,succesiv

Unul dintre ei, Adventius, episcop de Metz, care își trimisese supunerea la Roma, ca și ceilalți, Papa i-a răspuns cu aceste cuvinte energice: „Spui că ești supus regilor și prinților, pentru că

---

(1) Aug. Fliche, Les théories germaniques de la souveraineté, Rev. Hist., mai-août 1917, t. 125, p. 43 și urm.

(2) Sfântul Ierôme, Adversus Jovinianum, L. I, c. 34. Cf. A. Fliche, op. cit., p. 43.

(3) Liber ad Gebehardum, C. XXIX. Cf. Fliche, op. cit., ibid.

Apostolul spune: „Sive regi, tanquem praecellenti". „Aceasta este bine. Totuși, vedeți dacă acești regi și prinți, cărora spuneți că sunteți supuși, sunt cu adevărat regi și prinți. Vedeți mai întâi dacă se guvernează bine pe ei înșiși, apoi dacă își guvernează bine poporul. Căci cel care este rău în sine, cum poate fi bun cu ceilalți? Vedeți dacă conduc după dreptate. Dacă nu, ar trebui mai degrabă să-i credem tirani decât să-i socotim regi, să li ne împotrivim pe față, decât să ne supunem "(1).

Spre sfârșitul secolului al XIX-lea, asistăm la renașterea distincției dintre rege și tiran, care avea să aibă un mare succes și care avea să fie preluată ulterior de doctrinele democratice.

Hincmar, arhiepiscop de Reims, schițează cu îndrăzneală punctele distinctive: „... Cât privește această teză, că regele nu este supus niciunei legi sau judecăți, în afară de cele ale lui Dumnezeu, este adevărată dacă cel care este numit rege este cu adevărat așa. Rex vine de la „regere"; dacă se îndrumă după voința lui Dumnezeu și dacă îi îndrumă pe cei buni pe cale dreaptă și dacă îi aduce pe cei răi înapoi pe calea dreaptă, atunci este rege și este supus numai legilor și judecății lui Dumnezeu. Dar regele adulter, ucigaș, nedrept, violator, sclav al tuturor viciilor, va fi judecat cu dreptate, public sau în secret de către preoții care sunt tronurile lui Dumnezeu, în care locuiește..." (2).

Lupta continuă pe acest teren, Biserica devine superioară Statului și își exercită absolutismul teocratic timp de mai multe secole. Această luptă, acest conflict gigantic din care libertatea poporului va trage un atât de mare beneficiu, va forma istoria politică a Evului Mediu.

---

(1) Baronius, Annal. eccles., an 863, cap. LX. Cf. Féret, op. cit., p. XXI.
(2) Hinemar, De divortio, Loth et Teul. Cf. Janet, op. cit., p. 331.

DOCTRINE POLITICE

§ 6. Filosofia scolastică.

SFÂNTUL TOMA DE AQUINO (1).

Filosofia scolastică a fost arsenalul spiritual al Evului Mediu, unde cazuiștii, susținători ai puterii ecleziastice, au născocit argumente juridice pentru rezistența împotriva absolutismului regal. Este adevărat, primii scolastici erau obscuri și indeciși, dar știința însăși nu era încă suficient de matură pentru a trata cu competență o chestiune atât de spinoasă.

Una dintre primele autorități, care, fără a avea o opinie proprie, a adunat și a indicat pe cele ale tradiției timpului său, a fost, în secolul al XII-lea, Petru Lombard, comentatorul Sentințelor Apostolilor și ale Sfinților Părinți. „Este permis", întreabă el, „să ne opunem uneori puterii?: El răspunde cu formula Apostolilor: ascultare absolută, cu excepția ascultării datorate lui Dumnezeu; chiar și puterea rea vine de la Dumnezeu. În acești termeni le prezintă el problema scolasticilor, lăsându-le sarcina de a stabili distincțiile și excepțiile, ceea ce va schimba în curând sensul principiilor (2).

În secolul următor, Alexandru de Hales, un teolog englez, a discutat aceeași întrebare într-o altă formă: „Este oare drept ca omul să domnească peste oameni; an justum sit hominem homini dominari (3)?"

Un citat din William de Auvergne, episcop de Paris în 1249, îl consideră pe rege un doar un ministru

---

(1) Dominicain, teolog, profesor la Universitatea din Paris (1227-1274).
(2) P. Janet, op. cit., p. 343.
(3) Alexander Hales, Summ., Pars III, q. XLVIII. Cf. P. Janet, Istoria filosofiei morale, Paris, 1858, t. I, p. 290.

al regatului; dacă pretinde ceva mai mult decât slujirea, este în același timp, spune el, prezumție diabolică, mândrie, ispită, uzurpare... pentru că puterea publică a fost constituită doar pentru a servi societatea: „ad hoc enim publica potestas, constituta est, ut reipublica serviat" (1).

Sfântul Bonaventura (2), după ce a răspuns afirmativ la întrebarea dacă puterea de a comanda *potestas praesidendi* vine de la Dumnezeu, este indignat de obiecția încă actuală în vremea sa, conform căreia nu se poate lua nimănui ceea ce i-a fost dat de Dumnezeu și că, în consecință, din moment ce puterea vine de la Dumnezeu, nimeni nu poate fi deposedat de ea. Doctorul Serafic tratează o astfel de obiecție ca fiind scabroasă și susține că puterea suverană nu este inviolabilă. „Da", spune el, „puterea nu ar putea fi luată de la cel care o posedă, dacă Dumnezeu a dat-o absolut și necondiționat. Dar dacă dă această putere doar pentru o vreme, a permis ca ea să fie luată. Acum, recunoaștem că acest lucru este așa atunci când ordinea justiției o cere. Dumnezeu i-a dat viață tâlharului și totuși judecătorul i-o ia fără nedreptate; ...conform legii stricte, merită să piardă suveranitatea și toate privilegiile puterii cel care abuzează de putere (3).

Conform doctrinei politice a Sfântului Bonaventura, tendințele de limitare a puterii civile sunt accentuate, iar obediența nu apare ca ceva insurmontabil. Cu toate acestea, setul de idei răspândite -

---

(1) Din Sacramento ordonat, Cap. X; Feret, op. cit., p. 1.
(2) Franciscain, Părinte al Bisericii; numeroasele sale lucrări de teologie și filosofie i-au adus titlul de Doctor Serafic (1221-1274).
(3) Sfântul Bonaventura, Sentința II, distinct. XLIV, art. 2. Cf. P. Janet, op. cit.,

din secolul al IX-lea până în secolul al XII-lea rămân destul de confuze și imprecise.

Sfântul Toma de Aquino, marele și autoritarul susținător al Bisericii și al papalității, cel mai desăvârșit tip de filosofie sănătoasă (1), a fost cel care, în secolul al XI-lea, a redus rolul principelui la cel de simplu reprezentant al poporului și a atribuit mulțimii dreptul de suveranitate.

Să deschidem mai întâi opera sa majoră, Summa Theologica. Atacând direct originea puterii politice, Sfântul Toma reformează dintr-o singură lovitură doctrinele dreptului divin profesate înaintea sa. Puterea politică și guvernarea sunt de drept uman, spune el, iar dreptul uman își are izvorul în dreptul natural, care însuși nu este decât imaginea legii eterne (2). Dreptul uman, lăsat în voința oamenilor, le revine acestora să-i aplice principiile în funcție de timpuri și locuri, de unde și diversitatea formelor de guvernare.

Însă, indiferent de formele pe care le ia puterea, există o diferență intrinsecă ce poate fi găsită în toate formele politice: este diferența dintre un guvern just și un guvern nedrept.

De aici două întrebări: vine toată puterea, chiar și puterea nedreaptă, de la Dumnezeu? și sunt creștinii obligați să se supună tuturor puterilor, chiar și puterilor nedrepte?

Deși principiile apostolice sunt absolute (3),

---

(1) A. Lecoy, Secolul al XIII-lea, literatură și știință, p. 95. Cf. Montaigne, Rev. thomiste, 1901.
(2) P. Janet, op. cit., t. eu, p. 381.
(3) „Toată puterea este de la Dumnezeu", spune Sfântul Pavel; el nu spune putere justă sau că tot sufletul este supus puterilor sublime. Sfântul Pavel nu spune dum sit justæ. El declară în mod expres că ascultarea este datorată fără rezerve, chiar și puterilor nedrepte și dăunătoare: „Nu doar celor buni și modești, ci si celor răi" („Non bonis tantum i modestis,verum etiam discolis,")

Sfântul Toma introduce anumite rezerve, uneori considerabile. Este potrivit să considerăm că, luată în sine și în esența sa, orice putere vine de la Dumnezeu; dar că există cazuri în care nu poate veni de la el: dacă acțiunea care a stabilit-o este nedreaptă și dacă folosirea ei este, de asemenea, nedreaptă.

Așadar, există două tipuri de putere nedreaptă: puterea dobândită ilegal și puterea abuzată, niciuna dintre acestea nevenind de la Dumnezeu.

Care sunt atunci îndatoririle supușilor în fața unui guvern nedrept? Sunt ei obligați să se supună? În ce măsură și în ce măsură li se permite să reziste?

În primul caz, când puterea este acaparată fie prin violență, fie prin simonie, supușii nu sunt obligați să se supună, au chiar dreptul să o respingă; doar puterea dobândită legal poate deveni legitimă, fie prin consimțământul supușilor, fie prin învestitura unui superior. Cât privește al doilea caz, abuzul, acesta poate avea loc în două moduri: fie prințul revendică ceva dincolo de dreptul său, de exemplu taxe care nu sunt datorate, și în acest caz supușii nu sunt obligați să se supună, dar nu sunt obligați nici să nu se supună, fie prințul poruncește ceva contrar virtuții și, în acest caz, nu sunt obligați să se supună, ci sunt chiar obligați să nu se supună (1). Până aici, este vorba doar de o putere uzurpată; dar nu există oare niciun recurs împotriva puterii legitime, dar abuzive? Doctorul angelic recunoaște cazurile în care este permis să te eliberezi chiar și de puterea legitimă. Se datorează ascultare prinților care nu depășesc aceste limite, și atunci sedițiile

---

(1) P. Janet, op. cit., t. I, p. 385 și 386.

sunt crime; dar dacă nu mai respectă drepturile lui Dumnezeu și ale națiunii, devin tirani; dacă abuzează de putere, merită să li se ia aceasta (1). A te revolta împotriva unui prinț rău nu poate fi numit sediție; dimpotrivă, tiranul este mai degrabă cel care este sedițios: *magis autem tyrannus seditiosus est, qui, in populo sibi subjecto discordias et seditiones nutrit, ut citius dominari potest;* scăpând de el, se face o faptă pioasă și dreaptă, în timp ce guvernarea tiranică este nedreaptă, deoarece nu este orânduită spre binele comun, ci spre binele celui care guvernează (2)."

Sfântul Toma de Aquino proclamă, așadar, rezistența agresivă, insurecția, împotriva guvernării tiranice, cu o singură rezervă însă, și anume că remediul sa nu produca mai mult rău decât boala: Răsturnarea unei guvernări tiranice nu este sediție și nu are caracterul sediției, decât dacă din această revoluție făcută la un moment nepotrivit sau prost condusă rezultă mai mult rău decât bine pentru națiune (3).

El propovăduiește aceeași doctrină în *De regimine principum,* când spune că guvernarea tiranică este cea mai nedreaptă dintre toate (4). Dacă mulțimea are dreptul să numească un rege, ea are și dreptul să-l detroneze sau să-i limiteze puterea atunci când o abuzează într-un mod tiranic. Și nu trebuie să se creadă că acționează nedrept

---

(1) Sfântul Toma, Comentarii la Sentințe, cartea a II-a, dist. XLIV, quaestiones I, art. 2 ad tertium, p. 430, t. VII, ed. 1660.
(2) Sfântul Toma, Somm. theolog., IIa, IIæ, quaestiones XLII, a. 3.
(3) Ibidem
(4) Prin urmare, guvernarea unui tiran este extrem de nedreaptă (De Reg. Princ., liv. I, c. III).

când alungă un tiran pe care şi-l dăduse singură, pentru că, comportându-se ca un rege rău în guvernarea poporului său, tiranul merită ca supuşii săi să încalce pactul de ascultare (1).

În Comentariul său la Politica lui Aristotel, Sfântul Toma merge chiar până la a face din insurecţie aproape o datorie. În cazurile de tiranie, el spune: „Virtuali move-rent seditionem rationaliter, et peccarent si non mo-verent" (2).

Aşa rezolvă Prinţul Teologilor chestiunea dreptului la insurecţie în mod afirmativ, dar numai ca un „ultimum remedium"; el sfătuieşte să se folosească de el cu mare prudenţă, examinând cu atenţie dacă această insurecţie nu riscă să amplifice răul. Făcută această rezervă, principiul este incontestabil.

Secolul al XIV-lea, o perioadă de mişcare şi agitaţie, în care au germinat majoritatea ideilor politice ale timpurilor moderne, a început cu marea luptă dintre Filip cel Frumos şi Papa Bonifaciu al VIII-lea, eveniment care a marcat reacţia Imperiului împotriva pretenţiilor Bisericii. Chestiunea rezistenţei s-a mutat; ea nu se mai punea între Roma şi principi, ci între rege şi popor. Principiul suveranităţii populare s-a afirmat din ce în ce mai mult, în detrimentul celui al dreptului divin.

----

(1) Dacă ţine de dreptul oricărei mulţimi de a întreţine nevoile regelui, regele instituit de aceasta nu poate fi lipsit sau restrâns pe nedrept de puterea sa, dacă abuzează de puterea regală. Nici nu trebuie presupus că o astfel de mulţime acţionează în mod infidel pentru a detrona un tiran dacă, după ce s-a supus anterior acesteia in perpetuum, pentru că el însuşi a meritat acest lucru, el, acţionând în mod infidel faţă de domnia mulţimii, cere ca funcţia de rege, care a fost convenită de supuşii săi, să nu fie rezervată (De Reg. Princ., liv. I, cap. VI).
(2) Expos., 1. V. leg. I, § 2. Cf. P. Janet, op. cit., p. 387, t. I.

Ghibelinul Marsilius din Padova, după Sfântul Toma, a reluat și a accentuat acest principiu al suveranității populare. În ultima parte a lucrării sale „Defensor pacís", o lucrare impregnată de un mare liberalism, publicată în 1314, el ajunge la concluzii curioase și în mod clar opuse doctrinelor glosatorilor și jurisconsultilor. Într-una dintre concluziile sale, el stabilește principiul suveranității poporului: „Legislatorem humanum, solam civium universitatem esse, aut valentiorem illius partem" (1). Poporul, este,adică ,adevăratul legislator, singurul suveran. Potrivit lui Marsilius din Padova, poporul nu este doar, așa cum admiteau majoritatea juriștilor medievali, sursa puterii imperiale, în sensul că în momentul în care a conferit suveranitatea împăratului, s-ar fi deposedat de ea; poporul este întotdeauna suveran de drept, întrucât numai el este adevăratul legislator. Dar el merge mai departe. După ce a dat puterea legislativă poporului, el face ca puterea executivă să depindă de acesta: „Cujus libet principatus, aut alterius officii, per electionem instituendi, praecipue vim coactivam habentis, electionem a solius legislatoris expressa voluntate pendere" (2). Pe scurt, doctrina lui Marsilius din Padova conține cele trei puncte capitale ale oricărei teorii democratice: 1. că puterea legislativă aparține poporului; 2. că puterea legislativă este cea care stabilește executivul; 3. și, în final, că el îl judecă,îl schimbă sau îl detronează, dacă acesta nu își îndeplinește îndatoririle. Marsilius din Padova, detașându-se de învățătura scolastică pură prin afirmarea principiului suveranității populare, este legătura dintre doctorii scolastici

---

(1) Concl. VI. Cf. P. Janet, op. cit., t. I, p. 416.
(2) Concl. X și alin. I, c. XII. Cf. Janet, op. cit., t. eu, p. 459.

și scriitorii protestanți care, în timpul Reformei, au făcut un salt uriaș înainte în doctrina democratică.

Principiul suveranității naționale se conturează treptat din toate doctrinele teocratice sau democratice. Mișcarea democratică depășește cadrul teoretic al speculațiilor filosofice sau juridice, pentru a se concretiza în însăși actele vieții naționale.

Un Etienne Marcel și un Robert Lecoq și-au unit forțele într-o mare mișcare pentru a pune capăt absolutismului regal, o cerere curajoasă care a fost auzită pentru prima dată în Statele Generale între 1356 și 1358 (1).

Secolul al XV-lea nu a fost decât un ecou fidel al celor precedente. Gerson, cancelarul Bisericii din Paris, vorbind în numele Universității, a definit tiranul astfel: „Prințul este un tiran atunci când își împovărează poporul cu taxe, tributuri și corvoade și se opune asociațiilor și progresului literelor" (2).

El admite rezistența ca apărare legitimă impusă de legea naturală și evocă din tragediile lui Seneca satisfacția cerească din jurul morții tiranului (3). Jean le Majeur, doctor al Sorbonei, a declarat că regele își deține regatul de la popor și că, pentru un motiv rezonabil, poporul are dreptul să-i ia coroana .

---

(1) P. Méaly, op. cit., p.

(2) Gerson, Serm. coram rege Franciæ nomine Universitates parisiensis, t. IV. Cf. Crétineau-Joly, op. cit., p. 333, ed. 1706.

(3) Și dacă supușii îl urmăresc în mod manifest și cu încăpățânare în a prejudicia și de facto pe prinț, atunci această regulă naturală, de a respinge forța prin forță, își are locul. Și cea a lui Seneca în tragediile sale; nicio victimă nu este mai plăcută lui Dumnezeu decât un tiran (Contra adulatores principium, Consid. 7, t. IV, pars II, p. 622 și 624).

În mod similar, teologii Conciliului de la Constanța din 1414 au concluzionat, în legătură cu propozițiile lui Wycliffe, că imperiul poate detrona persoana împăratului, care este grav vinovat, și îi poate aplica o pedeapsă salutară, regatul putând acționa în același mod în ceea ce privește persoana regelui (2).

Acesta este genul de creștere pe care a cunoscut-o teoria rezistenței politice în doctrinele filosofice în ajunul Reformei.

§ 7. Reforma și Liga.

Secolul al XVI-lea a fost o perioadă a luptelor și discordiei, a pasiunilor puternice și a unei îndrăzneli neobișnuite, dar a fost și o perioadă a ideilor fertile, în care gândirea a manifestat cea mai mare activitate, accentuând dezvoltarea democratică cu o logică inexorabilă. Este apărarea drepturilor popoarelor împotriva spiritului autoritar al regilor și triumful definitiv împotriva statului dreptului individual ca principiu al societății civile și fundament al dreptului natural (3).

Reforma, care avea să se întindă pe un secol de dispute, războaie și masacre, nu a fost inițial doar o mișcare de emancipare religioasă, fără a ataca puterile politice stabilite. „De la Papă smulg sabia", spunea Luther, „nu de la Împărat". Luther și Calvin au predicat supunerea absolută față de

---

(1) Joannes Major, De auct. conc. super Papam, t. II, Opera Gerson, Coll. 1159.
(2) Von der Hardt, t. III, Rerum Conc. Constantiensis, Franc-fort, 1698.
(3) Beudant, Le droit individuel et l'Etat, Paris, 1920, p. 77.

puterile pământului. Voiau să scuture jugul Romei, dar în această eliberare a gândirii și credinței erau cuprinse toate celelalte. Astfel, discipolii acestor doi fondatori ai Reformei au abandonat cauza puterii absolute, pentru a se înclina spre ideile populare. În fața persecuțiilor și a Saint-Barthélemy-ului, pamfletarii protestanți au răspândit cu îndrăzneală doctrina suveranității populare; sub Francisc al II-lea și Carol al IX-lea, aceste tipuri de scrieri abundă, acoperindu-i cu insulte și sarcasm pe Guise, Caterina de Medici și pe rege însuși. Această literatură pamfletistă conține uneori adevărate tratate de știință politică, de interes universal și permanent, care au afirmat clar dreptul la insurecție.

Într-un mic manual publicat în 1574, sub titlul „Despre drepturile magistraților asupra supușilor lor" și al cărui autor, mult timp necunoscut, este Theodore de Bèze, găsim pusă deschis întrebarea de a ști „dacă supușii au mijloace juste și, după Dumnezeu, de a reprima chiar și prin arme, dacă este necesar, tirania foarte notorie a unui magistrat suveran? ... Neg, răspunde el, că nu este permis oamenilor asupriți de o tiranie foarte manifestă să folosească remedii juste (1). Theodore de Bèze citează exemple izbitoare: „astfel, din memoria noastră", spune el, „suedezii l-au închis pe regele lor Gustavus, pentru că nu i-a administrat regatul cu suficientă înțelepciune, iar scoțienii au detronat-o și condamnat-o la închisoare perpetuă pe regina lor, acuzată de mai multe adultere foarte josnice,

---

(1) Memoriile statului francez sub Carol al IX-lea, vol. II, ediția a II-a.

de uciderea cu cruzime a regelui, soțul ei (1). El chiar admite tiranicidul atunci când este vorba de un tiran fără titlum

Dar să ne concentrăm asupra Franco-Galliei, publicată în 1574 și al cărei autor, François Hotman, a fost unul dintre cei mai învățați juriști ai timpului său. Deși este mai degrabă un tratat despre monarhia franceză și legile sale fundamentale decât o carte politică sau filozofică, opera lui Hotman este totuși o teză istorică pe care autorul o folosește pentru a combate instituțiile politice ale țării sale și pentru a face să triumfe ideea democratică. Într-o schiță istorică, el arată că, de la originile Galiei, au existat întotdeauna adunări naționale sau State Generale deasupra regalității, că puterea suverană aparținea națiunii și că regii erau doar lideri aleși în anumite condiții. Națiunea poate, așadar, și astăzi, prin reprezentantul său, Statele Generale, să detroneze prințul nedemn, să aleagă regele, să transfere puterea dintr-o cameră în alta. Vorbind apoi despre Liga Binelui Public, îndreptată împotriva lui Ludovic al XI-lea, Hotman proclamă dreptul la insurecție: Deși orice sediție este întotdeauna periculoasă, totuși, există uneori unele care sunt juste și aproape necesare; „dar nu există nimic atât de drept și atât de necesar ca atunci când poporul, călcat în picioare și asuprit de cruzimea unui tiran, merge și cere ajutor întregii congregații de cetățeni adunați în mod legitim" (2). Aceasta este sinteza Franco-Galliei, care, în vremea când mii de supuși cădeau victime regelui lor, un istoric le-a amintit poporului că strămoșii lor, dăruindu-se

---

(1) Ibidem
(2) Franco-Galia, p. 126.

regilor nu intenționasera sa se dea tiranilor sau călăilor, ci gardienilor și protectorilor libertății; că în toate timpurile suveranitatea aparținuse națiunii și că, prin urmare, aceasta avea toate prerogativele inerente acesteia, printre care si dreptul de a-i demite pe despoți și de a asigura siguranța publică prin toate mijloacele aflate la puterea sa (1).

Câțiva ani mai târziu, în 1579, a apărut o lucrare remarcabilă, mai întâi în latină sub titlul Vindiciæ contra, tyrannos și cu pseudonimul Junius Brutus, care ne conduce, prin îndrăzneală și logică a gândirii, la insurecția armată pură și simplă. Vindiciæ contra tyrannos cuprinde trei întrebări pe care le vom examina separat:

Ar trebui supușii să se supună prințului când acesta poruncește ceva contrar legii lui Dumnezeu? Cu siguranță nu, pentru că Dumnezeu domnește prin propria sa autoritate, regii prin împrumut. Toată puterea și suveranitatea aparțin lui Dumnezeu. Regii sunt doar vasalii sau vicarii săi, dar constituiți din poporul care a contractat o alianță cu divinitatea în conformitate cu istoria sacră. Acest tratat încheiat între Iehova și evrei, subzistă întotdeauna în toate timpurile și pentru toate popoarele; trebuie așadar să se supună regilor, numai în măsura în care ei înșiși sunt fideli domnului suprem.

Este permis, întreabă el în a doua întrebare, să rezisti prin forță prințului care poruncește ceva împotriva legii divine? Bazându-se pe argumente preluate din Biblie, autorul răspunde afirmativ:

---

(1) P. Méaly, op. cit., p. 53 și următoarele.

„Si obediamus rebelles sumus" (1). Istoria iudaică oferă numeroase exemple de prinți pedepsiți pentru că au încălcat legea și, uneori, când poporul închidea ochii și nu mai cerea ca aceasta să fie respectată cu credință, profeții le aminteau de datoria lor. Dacă un astfel de caz era permis pentru poporul evreu... cred că vom agrea faptul că trebuie acordat tuturor creștinilor, indiferent de regat și țară (2). Prin urmare, este permis ca poporul să reziste prin forță tiranului care ruinează Biserica.

În sfârșit, întrebarea care este de importanță capitală pentru noi: este permis să rezistăm unui prinț care asuprește nu numai Biserica, ci și Statul? Poporul este cel care instaurează regi, care le pune sceptre în mâini și care aprobă alegerea lor prin sufragiu (3). Prin urmare, poporul este superior regilor; ne putem imagina foarte bine un popor fără prinț, dar niciodată un prinț fără popor. Poporul este cel care le încredințează regatul pentru binele comun al supușilor săi. Regele asupritor, sperjurător, nu mai are, așadar, dreptul la ascultarea supușilor săi; poate și trebuie să fie detronat. Aici ne confruntăm cu o dificultate, aceea de a ști cine este responsabil pentru proclamarea confiscării și detronarea prințului. Pentru a o rezolva, autorul reia vechea distincție dintre tiranul fără titlu și tiranul în funcție. Dacă este vorba de un uzurpator, primul supus care apare, fără a exercita o funcție publică, îl poate lovi, fiind autorizat să facă acest lucru de legea naturală care poruncește ca libertatea și viața sa să fie apărate și cine va avea dreptul la onoruri

---

(1) Putere legitimă, întrebarea I, ed. 1581, p. 25.
(2) Putere legitimă, ibid., p. 31 și Méaly, op. cit., p. 213 și următoarele.
(3) Despre puterea legitimă, ibid., p. 96.

și recompense. Aceasta este cea mai energică sancțiune care poate fi acordată unei teorii a suveranității limitate.

Dacă, dimpotrivă, este vorba de un rege legitim care a devenit tiran, trebuie mai întâi să dăm dovadă de răbdare, apoi de reproșuri și avertismente. Dacă persistă în abuzurile sale, ruinează statul, dacă răstoarnă toate drepturile și ignoră toate îndatoririle, dacă își încalcă jurământul și își tratează supușii ca pe dușmani, atunci se pune cu adevărat problema intervenției poporului pentru a opri tirania. În acel moment nu se mai pune problema sfaturilor, nu se mai apelează la răbdare. „Cu cât tiranul este mai tolerat, cu atât devine mai insuportabil." Atunci, depinde de cei mari, de reprezentanții poporului, să intervină și să folosească violența. Regele având contract cu întregul popor și nu cu indivizi luați individual, aceștia din urmă nu au niciun drept împotriva prințului. Numai voința generală a poporului poate ordona revolta, iar prin popor înțelegem magistrații delegați sau Statele care nu sunt altceva decât chintesența sau scurta colecție a regatului.

Așadar, iată-ne în punctul insurecției armate permise poporului, un drept care exista în antichitate și pe care teologii Evului Mediu îl acordau doar Bisericii. Numai papa putea elibera poporul de jurământul său; aici este vorba de poporul însuși. Aceștia au contractat cu Dumnezeu în solidaritate cu regele, au contractat și cu regele; contractul încălcat de rege, poporul devine din nou liber (1). Poporul, sub conducerea magistraților săi, poate pune la cale

---

1) H. Lureau, Les doctrines democratiques chez les ecrivains protestants francais, Bordeaux, 1900, p. 149 et suiv.

o conspirație pentru a-l răsturna pe prinț. „Dacă tiranul este atât de puternic încât nu poate fi răsturnat decât prin arme, va fi permis ca reprezentanții poporului să facă poporul să ia armele și să folosească toate mijloacele de forță și viclenie împotriva celui care a fost judecat dușman al patriei și al republicii. Ne întrebăm apoi dacă majoritatea, dacă reprezentanții poporului sunt complici ai regelui nelegiuit; ce mai rămâne de făcut pentru o minoritate care vrea să păstreze legea lui Dumnezeu întreagă și inviolabilă? Exemplele orașului Lobna și ale Macabeilor, furnizate de Biblie, par să autorizeze insurecția. Dumnezeu poate uneori, spune autorul la sfârșitul Vindiciae contra tyrannos, în inacțiunea magistraților regatului, ai provinciilor, ai orașelor sau a oricărei alte fracțiuni organizate, să ridice un trimis extraordinar care se va ocupa de apărarea poporului asuprit, împotriva tiranului asupritor (1).”

Ceea ce sporește și mai mult valoarea acestui tratat este o idee destinată să cunoasca succesul mai târziu, ideea de contract. Două teorii contestaseră până atunci originea suveranității: unele susțineau că puterea civilă emanată de puterea ecleziastică trebuie să dea socoteală de conduita sa față de aceasta din urmă; altele, dimpotrivă, că puterea civilă, fiind constituită imediat de Dumnezeu, nu are socoteli de dat niciunei alte puteri, cu excepția celei a lui Dumnezeu. Junius Brutus își rezumă sistemul astfel: „Prinții sunt aleși de Dumnezeu, dar constituiți de popor... În instituirea regelui intervine un contract între prinț și popor: contract tacit sau expres, natural sau civil, din care funcționarii regatului

---

(1) Ibidem,

sunt gardienii. Cel care încalcă pactul este un tiran... Magistrații au datoria să-l reducă la datorie prin forță.

Teoriile expuse în Vindiciae contra tyrannos dau o lovitură mortală acelor predecesori ai săi, care susțineau că poporul abandonase suveranitatea deplină, fără nicio rezervă, și, prin urmare, teoria puterii absolute, deschizând astfel o cale largă ideilor democratice care, spre sfârșitul secolului al XVIII-lea, au condus la marea Revoluție Franceză.

Ideile democratice ale protestantismului au trecut rapid granițele altor state. Astfel, în Germania și Olanda, Althusius (1) a devenit un fervent apărător al acestora. În lucrarea sa principală: Politica methodice digesta, găsim clar formulat principiul suveranității poporului, precum și principiul inalienabilității puterii suverane. Althusius recomandă împotriva principelui legitim care exercită puterea tiranic, jus resistentiæ et exauctorationis, al cărui exercițiu este acordat doar poporului în propriul său interes și eforilor. Supușii, luați individual, au doar dreptul la rezistență pasivă și, în caz de amenințare imediată, dreptul la apărare legitimă derivat din dreptul natural. Cât despre efori în ansamblu, aceștia au puterea, chiar datoria, după ce au constatat tirania și l-au criticat pe tiran fără rezultat, să îi retragă imperiul, să-l condamne la moarte și să-l execute (2). Ideea dominantă a lui Althusius este, conform studiului erudit al lui Gierke despre politică, că pentru orice

_____

(1) J. Althusius, profesor de drept calvinist (1557-1638).
(2) Gaudu, Eseu despre legitimitatea guvernului, de fapt, Paris, 1913, p. 40.

asocierea, ca si pentru orice autoritate, causa efficiens, este consimțământul părților interesate; scopul final este binele comun: fundamentul lor ultim rezidă în ordinea divină a lumii, așa cum aceasta din urmă se manifestă în natură (1). Rezultă de aici că obligația de a trăi în societate nu înlătură cea de a obține consimțământul indivizilor înainte de a le impune legile sale. Relația „Summus Magistratus" cu poporul este analizată într-un contract sinalagmatic între o „consociatio mandans" și mandatarul său. Rezultă de aici că ceea ce poporul nu deleagă, el păstrează; dar trebuie și poate acorda doar o delegație limitată și revocabilă în caz de abuz, astfel încât să rămână în toate cazurile dominus nemuritor (2).

Opera lui Althusius, departe de a fi nimic mai mult decât o declarație revoluționară, este efortul științific și filosofic pe care îl dedică reconcilierii principiului autorității cu cel al libertății.

În Anglia, scoțianul Buchanan, istoric distins și poet celebru, a justificat revolta împotriva Mariei Stuart. În 1579, a publicat în De jure Regni apud Scotos un dialog în care, cu rafinamentul unui ciceronian, a reluat tema susținută în Franco-Gallia și Vindiciæ contra tyrannos.

De asemenea, trebuie menționat că Buchanan nu a fost primul care a apărat teoria suveranității populare dincolo de Canalul Mânecii. Deja sub Elisabeta, un anume Hooker revendicase sprijinul poporului

---

(1) Gierke, I. Althusius și dezvoltarea teoriilor dreptului natural al statului, Breslau, 1902, p. 21.
(2) Gierke, op. cit., p. 31.

în lucrarea sa „Ecleziastical Polity"; și Knox, care, ajutat de predicatorii prezbiterieni, recunoscuse dreptul poporului de a detrona regii (1).

La fel ca adversarii lor protestanți, doctorii catolici din Evul Mediu și mai ales susținătorii Ligii, s-au agățat de doctrinele democratice și s-au clasat printre susținătorii rezistenței, fără a o plasa măcar sub tutela oligarhică a magistraților.

Bellarmine și Suarez (2), doi iezuiți spanioli și discipoli fideli ai Sfântului Toma de Aquino, sunt scriitorii acestei perioade în care putem urmări cel mai bine mișcarea ideilor doctrinei scolastice, din secolul al XIII-lea până la începutul secolului al XIV-lea.

Cardinalul Bellarmine, autorul Controverselor, contrar doctrinei general acceptate: că nu este permis creștinilor să susțină un rege infidel sau eretic, ci că este întotdeauna la latitudinea Papei să judece dacă regele trebuie detronat sau nu, el lasă poporului o facultate foarte largă de sancțiune în ceea ce privește suveranul său. Dacă apare o cauză legitimă, mulțimea poate transforma regalitatea într-o aristocrație sau o democrație și invers, așa cum citim că s-a făcut la Roma (3). Or, se știe că cauzele acestor transformări la Roma au fost doar tirania regilor și al claselor privilegiate.

Suarez, cel mai important scriitor al ordinului

---

(1) Labitte, Despre democrația printre predicatorii Ligii, Paris, 1865, p.70

(2) Bellarmin, iezuit și cardinal (1542-1621); Suarez, teolog și filosof (1548-1617).

(3) Citim că, dacă există o cauză legitimă, mulțimea poate schimba regatul, fie că este vorba de Aristocrație sau Democrație, și invers, așa cum s-a întâmplat la Roma (De Controversiis, cartea a III-a, De laicis, cap. VI 4°).

Iezuiților sunt, este ,fara îndoială, cel mai mare nume al Școlii în filosofia politică și dreptul natural. Eclecticismul său rezumă și reprezintă cel mai bine continuarea operei conservatoare și conciliante din Evul Mediu; el completează învățătura teologică arătând ce trebuie înțeles prin acele cauze legitime care permit unei națiuni să își exercite drepturile. În admirabilul său tratat De Legibus, el dedică Cartea a III-a studiului dreptului civil, ale cărui motive sunt extrase din două surse: conținutul pactului original și legile echității naturale (1), deoarece, dacă contractul obligă părțile contractante, justiția naturală nu impune obligații. De aceea, rezervele pe care națiunea le face în transmiterea puterii constituie pentru ea un drept de care se poate folosi în mod legitim și, din același motiv, confruntată cu un suveran care își exercită puterea într-un mod dăunător pentru societate, națiunea se găsește întotdeauna înarmată cu dreptul natural de a-și asigura apărarea, drept la care nu renunță niciodată. Mai departe și în același tratat, Suarez prescrie condițiile prin care o națiune se poate elibera în mod legitim de dominația tiranică, indiferent dacă aceasta rezultă din încălcarea „pactului primitiv sau a legilor echității naturale". Dacă un rege legitim, scrie el, guvernează tiranic și nu există altă modalitate de a se apăra decât să-l detroneze sau să-l expulzeze, națiunea, pe baza opiniei publice și a celei comune a orașelor și a nobililor, poate face acest lucru, în virtutea dreptului natural care permite respingerea violenței prin

---

(1) Aceste cazuri trebuie înțelese fie conform condițiilor contractului anterior, fie conform cerințelor justiției naturale, căci trebuie respectate pactele și acordurile juste (Defensio fidei: lib. III, cap. III, §3) (Cf. Feret, op. cit.).

violență, și pentru că acest caz de rezistență legitimă, indispensabil salvării societății, este întotdeauna inclus în primul contract, prin care națiunea și-a transferat puterea regelui (1). Sinteza unei astfel de doctrine a fost formulată în patru propoziții: 1. este necesar ca insurecția să fie faptul națiunii și nu mișcarea tumultuoasă a unei suburbii, a unui oraș sau a unei provincii, deoarece numai națiunea este înarmată cu acest drept; 2. este necesar să nu existe alt remediu pentru opresiune; 3. ca națiunea să se pronunțe prin organele sale naturale; 4. și în final ca insurecția să fie hotărâtă și condusă în așa fel încât consecințele să nu fie social mai dezastruoase decât cele ale tiraniei... si prudenter sine majore populi detrimento fiat (2).

În De Legibus, care nu este doar un tratat despre dreptul natural, ci și despre dreptul politic, Suarez tratează puterea de a face legea, condițiile legitimității sale și ale acceptării sale. Potrivit lui, suveranitatea nu rezidă în niciun om individual, ci în colectivitatea oamenilor, adică în societate în ansamblu, în popor. Dar acest fundament al suveranității primordiale a poporului a fost sursa a două teorii: una favorabilă absolutismului, cealaltă libertății. Dacă acest drept de suveranitate este inalienabil, deși poporul renunță temporar la el, pentru a-l da cu sau fără condiții celui care îl guvernează, acesta rămâne întotdeauna stăpânul de a-l lua înapoi când dorește, rămâne întotdeauna suveranul în drept. Trădați, au dreptul să ceară

---

(1) Defensio fidei, cartea a VI-a, cap. IV, § 15.
(2) Feret, op. cit., p. 110.

garanții, să ia înapoi ceea ce a dat, să instaureze un alt guvern, alte condiții.

Dacă, dimpotrivă, suveranitatea poate fi înstrăinată, după ce a cedat-o, poporul nu o mai posedă. Nu-i mai rămân alte libertăți decât cele pe care și le-a rezervat prin contract și, dacă nu a pus nicio condiție, este sclav. Așa putem ajunge, pornind de la același principiu, la două doctrine opuse. Potrivit lui Suarez, poporul, având încredere în prinții săi, abandonează toate drepturile sale acestora, le transmite în mod absolut, dar nu irevocabil. În ziua în care prințul nu își îndeplinește îndatoririle, din cauze legitime, așa cum am văzut, poporul își poate relua exercițiul suveranității. Aceasta este învățătura marilor maeștri iezuiți, adică a școlilor catolice, care ne conduce la insurecție, în cazul în care regalitatea degenerează în tiranie.

I. Liga (1).

Doctrinele politice ale Ligii nu au nicio originalitate; postulatele lor amintesc de doctrinele protestante din a doua jumătate a secolului al XVI-lea, puse în slujba luptelor și pasiunilor catolice, cu diferența că Liga a mers mult mai departe decât insurecția protestantă; ea l-a alungat și l-a detronat pe rege. În De justa abdicatione Henrici III, Boucher, care s-a dedicat justificării acestui act al Ligii, prezintă un

---

(1) Liga era o confederație a partidului catolic, fondată de către Ducele de Guise în 1576, cu scopul aparent de a apăra religia catolică împotriva calviniștilor, dar în realitate pentru a-l răsturna pe Henric al III-lea.

amestec de doctrine scolastice și protestante, privind predominanța papei și a poporului asupra prinților. Dacă papa, gardian suprem al turmei umane, consacrat de Hristos, îl poate detrona pe Henric al III-lea, poporul poate și el, deoarece există un contract între regi și supușii lor; aceștia formează republica care menține suveranitatea și care are putere de viață și de moarte asupra conducătorilor săi (1). Boucher denunță tirania lui Henric al III-lea pentru crimele de care se face vinovat și justifică depunerea. (Mai mult, cunoaștem evenimentele: Henric al III-lea a fost asasinat la Saint-Cloud, pe 1 august 1589, de dominicanul Jacques Clément, glorificat pentru actul său.)

Astfel, conform lui Boucher, dreptul de depunere este dublu; unul aparține Bisericii, celălalt poporului. Papa sau reprezentanții săi pot abroga legile, modifica constituțiile, cu condiția să elibereze poporul de jurământul de ascultare și să ia în considerare încredințarea turmei umane mântuite de Hristos unui păzitor mai de încredere (2).

Suveranitatea poporului nu poate fi contestată. Poporul este cel care face regii, dreptul de alegere este superior dreptului de moștenire și, odată ce a numit un rege, republica își păstrează totuși puterea.

Monarhia este doar un contract reciproc, ut in contractibus de mutuo, așa că trebuie să menținem vechea formulă franceză „a scoate regii din peisaj".

---

(1) Despre abdicarea dreaptă, fol. 19 recto și 20 verso, Paris, 1589.
(2) Pontiful Roman, sau cel care, după propria sa discreție... schimbă legile regatului, abrogă legile, apoi eliberează popoarele de sub el... de legătura ascultării și lucrează pentru ca turma mântuită de Hristos să fie încredințată altei turme mai convenabile. Cf. Labitte, La démocratie chez les prédicateurs de la Ligue, ediția a 2-a, 1865 (sau: De justa abdi-catione, lib. IV, Paris, Nivelle, 1589).

Mariana (1), în tratatul său De rege et regis institutione, pe care am avut ocazia să-l discutăm mai sus (vezi p. 28), se declară susținător al guvernării unui singur popor, dar subordonează monarhia puterii poporului.

Cetățenii nu ar fi consimțit niciodată să se deposedeze de orice suveranitate fără nicio garanție. Autoritatea poporului rămâne întotdeauna superioară celei a prinților (2). În toate împrejurările grave, puterea poporului își reia drepturile și numai poporul trebuie să decidă asupra abrogarii legilor, asupra taxelor, asupra modificărilor care trebuie făcute în succesiunea la tron și, mai presus de toate, suveranitatea națiunii subziste pentru a pedepsi, a detrona și a lovi prinții răi.

Astfel, iezuiții au continuat predarea doctrinelor democratice, unindu-se în același spirit cu protestanții, pentru a zdruncina puterea despotică a regilor.

O politică cu totul diferită de empirismul cazuistic practicat de membrii Ligii, o politică doctrinară, animată de un profund simț al dreptului, a ajuns să se afirme cu violență declamatorie la sfârșitul acestui secol, în favoarea doctrinelor democratice: este politica filosofilor

În Franța, La Boétic (3), un tânăr filosof, dușman al tiraniei, care nu aparținea nici protestanților, nici

---

(1) Mariana (Jean de), iezuit și teolog spaniol (1537-1624).
(2) Mariana, De rege et regis inst., cap. IX și cap. XIII, cartea I.
(3) Etienne de la Boëtle, scriitor francez, impregnat de cultura antică; prieten al lui Montaigne (1530-1563).

catolici, s-a făcut elocventul apărător al drepturilor naturale ale poporului. Întreaga sa carte „Despre robie voluntară "este un lung și disperat strigăt de mânie împotriva regilor asupritori. El crede în suveranitatea inalienabilă a poporului, de care numai el are dreptul să dispună: reluarea exercitării sale îi aparține, neascultarea față de tirani este prin urmare legitimă. Umanitatea ar fi curând asuprită, spune Janet, dacă nu ar exista câteva inimi înflăcărate, pentru a le aminti altora, chiar și cu unele excese, de drepturile și titlurile demnității umane sacrificate de puterile corupte (1). Însuși înțeleptul Erasmus, în Adagele sale, îndreaptă satire amare împotriva capetelor încoronate: Examinați istoria antică și modernă, spune Erasmus, și cu greu veți găsi unul sau doi prinți care să nu fi adus, prin ineptitudinea lor, cele mai mari rele ale umanității... Și cui ne putem plânge, dacă nu nouă înșine? » Apoi pictează portretul dur al unui vultur, emblema regală, acoperindu-l pe regele rău cu o ironie sângeroasă: „Să examinăm cu atenție capul și trăsăturile vulturului, acei ochi lacomi și ticăloși, acea curbură amenințătoare a ciocului, acei obraji cruzi, acea frunte aprigă, nu vom recunoaște imediat imaginea regelui? Dintre toate păsările, singurul vultur a apărut înțelepților, adevăratul tip al regalității: nu este nici frumos, nici muzical; este carnivor și jefuitor, solitar și urât, poate face rău uimitor, dar răutatea sa îi întrece puterea" (2).

Ajunși la sfârșitul secolului al XVI-lea, o privire retrospectivă subliniază importanțele unei epoci atât de bogate în speculații de tot felul, care au contribuit la progresul

---

(1) P. Janet, op. cit., t. II, p. 102.
(2) Cf. P. Janet, op. cit., t. II, p. 104.

științelor politice și educației statelor. Am văzut, pe de o parte, că teoriile protestante folosesc toate metodele, istoria, autoritatea biblică pentru a face să triumfe principiul suveranității populare; pe de altă parte, că politica catolică a fost preocupată de aceleași probleme și cu o îndrăzneală din ce în ce mai mare.

Secolul al XVI-lea a fost sursa incontestabilă a două mari idei: libertatea politică și libertatea religioasă. A fost secolul care, prin renașterea spiritului antic, prin reînnoirea credinței religioase și printr-o puternică pasiune pentru libertate, a dat lovitura decisivă Evului Mediu (1), încheindu-se cu o înviere completă a doctrinelor democratice.

---

(1) Janet, op. cit., t. II, p. 132.

CAPITOLUL III

Timpurile moderne. Doctrine absolutiste.

§ 8. Hobbes - Bossuet - Fénelon.

———

Secolul al XVII-lea a început sub aceleași auspicii ale luptelor și pasiunilor politice ca și secolul precedent.

Ideile intercalate și uneori confuze, a căror apariție bruscă a avut loc în secolul al XVI-lea, au fost formulate în principii pur filozofice care au servit la descoperirea, prin analiză rațională, a originii societății și a dreptului și, prin urmare, la fixarea limitelor puterii guvernamentale.

Discuția doctrinară este legată de revoluția engleză, care a oferit primele roade coapte pentru razele suveranității populare. Hobbes a combătut-o, Locke a apărat-o, iar pe același teren lupta a continuat între Filmer și Sydney, Bossuet și Jurieu. Doctrina absolutismului a fost reluată cu forță, fiind îndreptată nu împotriva papei pentru a-i paraliza pretențiile de împărat la monarhia universală, ci împotriva afirmării drepturilor conținute în suveranitatea populară (1). Teoria dreptului divin, formulată încă din secolul al XI-lea, nu mai era o noutate în secolul al XI-lea. Împăratul Henric al IV-lea, la Conciliul de la Worms ținut în 1076, a negat că ar fi

———

(1) P. Fournier, Doctrina absolutismului. Rev. critică a legislației și jurisprudenței, 1905, p. 78.

primit puterea din mâinile Papei, ci direct de la Dumnezeu; Henric al V-lea şi Frederic Barbarossa în secolul al XI-lea, Frederic al II-lea în secolul al XI-lea, au folosit acelaşi limbaj faţă de revendicările papale. În secolul al XIV-lea, doctrina a depăşit cadrul restrâns al curţii Sfântului Imperiu Roman pentru a se răspândi în tratate precum Întrebările lui William Ockam, compuse în 1326, şi unde autorul consideră că Dumnezeu conferă puterea în două moduri: fără niciun ajutor din partea creaturilor umane, aşa cum a fost principatul lui Moise sau pontificatul Sfântului Petru; şi cu ajutorul oamenilor prin alegere (1). Prin urmare, electorii nu pot acorda celor aleşi decât o simplă capacitate de a primi putere suverană de la Dumnezeu (2). Inspirat de aceleaşi idei, Ludovic de Bavaria, într-un protest adresat Papei în 1338, revendică încă o dată demnitatea şi puterea Împăratului,ca emanând numai de la Dumnezeu. A fost susţinută în Franţa cu aceeaşi ardoare de Filip cel Frumos împotriva lui Bonifaciu al VIII-lea, care a afirmat însuşi la Statele Generale că predecesorii săi nu deţinuseră niciodată regatul Franţei de la nimeni altcineva decât de la Dumnezeu şi că el îl ţinea din mâinile lor prin voinţă divină (3).

Mai târziu, Henric al IV-lea, după ce a abjurat protestantismul, a urcat pe tron cu acest exordiu: „Întrucât a binevoit Dumnezeu să mă cheme la această demnitate regală pe care o deţin astăzi şi să mă stabilesc în ea ca locotenent al său, pentru a domni şi a guverna

---

(1) William of Ockam, Opt întrebări, căutare. II, cap. I. p. 335. Dans Goldast, Monarchia, Frankfurt, 1614. II, p. 314 şi următoarele. Cf. P. de Lagarrigue, teza Bordeaux, 1906, p. 44.
(2) Ibid., cap. III, p. 336 şi următoarele.
(3) Picot G., Istoria Stărilor Generale, Paris, 1888, I, p. 22, ediţia a 2-a.

poporul său francez, vreau să-l imit în toate și peste tot (1). Doctrina a devenit treptat foarte răspândită în Franța și culminează în celebra formulă a lui Ludovic al XIV-lea: „Statul sunt eu". În această perioadă, Bossuet, adoptând teza lui Hobbes despre contractul social, a publicat Politica, preluată din scriptura sfântă, pe care a dedicat-o apoteozei puterii regale.

Hobbes (2): iată figura dominantă a secolului al XVII-lea, teoreticianul absolutismului regal, a cărui doctrină implică negarea totală a ideii de lege. Puterea absolută făcuse progrese amenințătoare în Anglia, unde nefericita familie Stuart urma să plătească cu sângele său pentru isprăvile fatale săvârșite în numele principiului dreptului divin, pe care Iacob I și fiul său, Carol, l-au dezvoltat în scrierile lor politice (3) și pe care Milton l-a respins în lucrarea sa „Iconoclastul". Această cauză odată pierdută, speranțele s-au agățat de ultimul apologet al unei puteri fără margini, admirabilul apărător al unei instituții care își atingea sfârșitul.

Hobbes ia ca punct de plecare, în celebra sa doctrină, starea naturală, această stare de război a tuturor împotriva tuturor, pe care oamenii au părăsit-o unindu-se pentru apărarea lor comună. Pentru constituirea acestei uniuni care formează societatea civilă, un simplu consimțământ al membrilor nu este suficient; o supunere a voinței fiecărui individ față de cea a altuia sau a unei adunări.

---

(1) Le Monde, ziar, 18 septembrie 1874. Cf. Lagarrigue, op. cit., p. 46.
(2) Thomas Hobbes, filosof englez (1588-1679).
(3) Iacob I al Angliei, Operele englezești (The Ced., 1616, trad., latină de J. of the Mountains, 1619). Basilicon, doron. Jus hberx monarchue. Cf. P. Janet, op. cit., t. II, p. 144.

care decide pentru toți în privința problemelor este necesară. Este singura modalitate de a stabili o putere irezistibilă care garantează executarea legii naturale; fiecare renunțând la forța sa în favoarea unui om sau a unei adunări.

Există aici un contract real, un pact prin care mulțimea devine o persoană, iar această persoană este Statul sau Republica, Leviatanul lui Hobbes pe care îl definește astfel: O persoană autorizată în acțiunile sale de către un anumit număr de oameni, în virtutea unui pact reciproc, în acest scop să folosească după bunul plac puterea tuturor, pentru a asigura pacea și apărarea comună (1). Acum, a transmite dreptul cuiva nu înseamnă a-i rezista: dacă toți transmit în același timp dreptul lor și, prin urmare, promisiunea de a nu rezista, această putere publică rămâne singură înarmată cu dreptul primitiv și absolut. În acest fel, suveranitatea nu rezidă în mulțime, care nu are o singură voință, ci în Stat, din momentul în care a devenit una și aceeași persoană, a cărei voință este echivalentă cu toate voințele individuale (2).

Instituția puterii civile este, așadar, o alienare completă și nu o delegare a suveranității. Contractul reciproc de non-rezistență, care are loc doar între membrii mulțimii, nu poate în niciun fel să oblige suveranul care nu a intervenit în el; de unde și autoritatea sa absolută.

Prin urmare, Hobbes îi atribuie prințului toate atributele puterii

---

(1) Leviathan, De civit, c. XVIII. Cf. Janet, p. 159.
(2) Persona, unas cujus voluntas ex pactis plurium hominum, pro voluntate habenda est ipsorum omnium (De civ. Imper.V, c. XVIII). Cf. Janet, p.159.

suverane și următoarele trei arată clar cât de departe merge această teorie a absolutismului: 1. dreptul de a stabili prin lege ce este just și ce este nedrept; 2. dreptul de a autoriza sau apăra doctrine și opinii; 3. dreptul de proprietate (1). În fața acestor drepturi exorbitante ale puterii publice, Hobbes nu rezervă niciunul pentru supuși. În cele din urmă, Hobbes concluzionează din aceste principii că suveranul nu poate fi judecat, ucis sau pedepsit în niciun fel: Din faptul că fiecare individ, scrie el, și-a supus voința voinței celui care deține puterea suverană în Stat, astfel încât nu își poate folosi propriile forțe împotriva lui, rezultă clar că suveranul trebuie să fie nejustificat orice ar întreprinde (2). Orice nesupunere față de putere ar tinde să resusciteze forțele individuale, ar fi un început de întoarcere la starea naturală, care este cea mai rea și din care rezultă că, orice ar dori puterea, supușii sunt obligați să se supună și nu au dreptul să reziste...

Un sistem straniu și respingător, atât prin absurditatea principiilor sale, cât și prin consecințele sale înspăimântătoare. Accidentul care l-a aruncat pe ilustrul filosof în partidul dreptului absolut, care era cel al Stuarților, este atribuit întâmplării și temperamentului său. Vederea revoluției și a exceselor ei nu a făcut decât să-i confirme afecțiunile și principiile sale. A avut naivitatea să creadă că societatea s-a dizolvat pentru că o vedea zdruncinată de o revoluție și trebuia să găsească cauza în răsturnarea autorității stabilite. Se afla sub inspirația

---

(1) P. Janet, op. cit., 162, t. II.
(2) Hobbes, Elem. philosoph du citoyen, ch. VI, § XII, in fine (Cf. Smyrniadis, Paris, 1921, p. 16).

acestei idei de a căuta legile naturii umane și cele ale formării societăților, pentru a ajunge la principiile pe care le-a formulat în afara oricărei noțiuni de drept (1).

Un alt susținător al puterii absolute, care a conceput în această perioadă un sistem original în Anglia, a fost Sir John Filmer, autorul celebrei teorii a patriarhatului. El a echivalat puterea regală cu puterea paternă, întorcându-se la vremurile în care monarhia era confundată cu paternitatea, adică la patriarhi și, în final, la Adam și Noe.

Să revenim la Bossuet (2) care susține în Franța, cu aceeași strălucire ca Hobbes în Anglia, cauza puterii absolute, dar atașându-se de alte principii moral superioare celor ale lui Hobbes. Hobbes atribuie originea societății interesului și fricii, în timp ce Bossuet adaugă la aceste două principii fraternitatea universală. Hobbes vorbește puterii doar despre drepturile ei, Bossuet îi arată îndatoririle ei; le vorbește regilor într-un limbaj mândru, pe care spiritul servil al lui Hobbes nu-l cunoștea: Sunteți zei, le spune Bossuet, dar, o, zei din carne și sânge! și zei din noroi și praf! veți muri ca oamenii, veți cădea ca cei mari. Măreția îi separă pe oameni pentru puțin timp: o cădere comună îi face pe toți egali (3). Bossuet se declară adversar al unei puteri arbitrare a cărei justificare subtilă este De Cive a lui Hobbes; el recunoaște

---

(1) Jouffroy Th., Curs de drept natural, Paris, 1876, vol. I, lecția XII.
(2) J.-B. Bossuet, episcop de Meaux, orator sacru care a apărat dreptul divin al regilor (1627-1704).
(3) Bossuet, Politica din Scriptură, 1. V, art. IV (Cf. Janet, op. cit., t. II, p. 277).

existența anumitor legi fundamentale, împotriva cărora orice acțiune rămâne nulă și neavenită (1), și apoi plasează religia și măreția divină mai presus de puterea regală.

Totuși, indiferent de diferența de principii care îi separă pe cei doi teoreticieni, ambii sunt uniți în ardoarea cu care justifică servitutea.

Bossuet, la fel ca Hobbes, ia ca punct de plecare starea naturală, anterioară guvernării civile, unde totul era pradă tuturor. Pentru a scăpa de aceasta, fiecare renunță la propria voință de a o transmite guvernării, astfel încât toată forța aparține magistratului suveran.

Conform lui, suveranitatea se naște din abandonarea și renunțarea pe care fiecare persoană o face la forța sa individuală, ceea ce duce la o abdicare completă a mulțimii (2).

Poporul este astfel deposedat de orice suveranitate, principiu care trebuie căutat mai sus, în Dumnezeu însuși, care este regele regilor și la început singurul rege. Toate guvernele sunt așadar de origine divină, căci toate emană de la Dumnezeu și toate, prin particula de autoritate pe care o posedă, Îi plac lui Dumnezeu, care vrea ordinea și care le autorizează, deoarece mențin unitatea și pacea în societate; în consecință, toate trebuie ascultate și respectate.

Cât despre rege, nimeni nu a împins cultul regalității atât de departe ca Bossuet, din care face o nouă religie. Regalitatea, susține el, își are originea în însăși divinitatea, iar regele trebuie să țină cont doar de

---

(1) Bossuet, ibid. (op. cit.), liv. eu, art. IV, și liv. VIII, art. II (Cf. Janet, op. cit., t. II, p. 278).
(2) Bossuet, Cinq. evita. aux protestants, XLIX (Janet, p. 279).

puterea cu care doar Dumnezeu l-a investit; pe pământ, ea nu depinde de nicio putere, autoritatea sa și el însuși sunt sacre și nu există nicio forță coercitivă împotriva prințului, supușii nu i se pot opune decât cu remonstrații respectuoase, fără revoltă și fără murmure (1). Astfel formulată, puterea prințului este doar imaginea cea mai opresivă dintre toate tiraniile, iar frânele pe care Bossuet intenționează să le pună despotismului regelui, pe care îl plasează deasupra legii și îl face supus unei singure sancțiuni, sancțiunea tribunalului divin, sunt foarte fragile și iluzorii pentru a rezista ambițiilor și lăcomiei unui prinț. Este ușor de înțeles că, având astfel de principii, Bossuet cu greu acordă poporului dreptul de a rezista opresiunii sau de a-l detrona pe suveran. Cruzimea, infidelitatea, impietatea sau orice altceva nu sunt motive pentru a te elibera de autoritatea suveranului legitim (2).

De la apogeul acestei teorii a dreptului divin și a monarhiei absolute, pe care evenimentele de moment păreau să o confirme, lui Bossuet i-a fost greu să prevadă cât de înșelător și trecător era idealul său. Asemenea lui Hobbes, el nu vedea în revoluția engleză decât o mișcare anarhică, fără a fi putut discerne că tocmai această revoluție a deschis popoarelor oprimate o nouă cale a dreptului și a libertății, în timp ce magnifica monarhie a lui Ludovic al XIV-lea nu era decât sfârșitul unui regim destinat să dispară (3).

Alături de absolutismul extrem al lui Hobbes și Bossuet

---

(1) Politică, liv. VI, art. I, p. 1 (Bossuet, Ouvres completés, ed. Lachat, Paris, 1864, XIII).
(2) Bossuet, liv. VI, art. 5.
(3) Paul Janet, Hist. Sc. politique, t. II, p. 287.

putem include absolutismul atenuat al lui Fénelon (1), și el susținător al monarhiei și dreptului divin, dar al unei monarhii aristocratice și reprezentative. Doctrina lui Fénelon nu este, fundamental, diferită de cea a lui Bossuet: el admitea, la fel ca acesta din urmă, că autoritatea vine de la Dumnezeu și că poporului, indiferent de forma sa, i se interzice să întreprindă orice pentru a-i schimba condițiile. El respinge cu tărie doctrina dreptului la insurecție și este suspicios față de guvernarea populară, el susține superioritatea monarhiei față de toate celelalte forme de guvernare.

Însă Fénelon, cu tot respectul pe care principiile sale îl arată autorității suverane, nu pare convins să-i trateze pe regi ca pe zei; disertațiile sale despre Télémaque, despre îndatoririle regilor, despre pericolele pe care le asumă prin excesele lor de libertinaj, lux și abuz de putere, sunt o dovadă în acest sens.

Exercitarea puterii trebuie să fie limitată de o lege fundamentală, binele public, iar acțiunile prințului însuși nu trebuie să contravină interesului tuturor. În realitate, Fénelon pare, așadar, să distingă unele legi care sunt impuse chiar și suveranilor (2): „Niciun suveran", spune el, „nu poate cere credința internă a supușilor săi în religie. El poate împiedica exercitarea publică sau profesarea deschisă a anumitor formule, opinii sau ceremonii, care ar tulbura pacea Republicii, prin diversitatea și multiplicitatea sectelor; dar autoritatea sa nu merge mai departe", sau „Fiecare lege făcută, fiecare

---

(1) Fénelon, arhiepiscop de Cambrai, un scriitor seducător, ale cărui tendințe aristocratice s-au opus absolutismului lui Ludovic al XIV-lea (1651-1715).
(2) Gidel, Politica lui Fénelon, p. 33.

război declarat, orice taxă percepută în alt scop decât cel al binelui public, constituie o încălcare a drepturilor esențiale ale umanității (1).

Absolutismul lui Fénelon nu are violența excesivă a predecesorilor săi, ci dimpotrivă, prin aversiunea sa față de constrângerea aplicată conștiinței și preocuparea sa pentru binele public, este considerat un precursor al scriitorilor politici ai secolului al XVIII-lea.

Printre cei mai buni slujitori ai monarhiei, Fénelon, fără a învinovăți principiul puterii absolute în sine, îi adresează acesteia avertismente respectuoase.

Oamenii vorbesc cu emoție despre acest popor de rând, atât de util și atât de disprețuit, și sfătuiesc regalitatea că este bine să nu facă tot ce pot. În zadar; regalitatea a respins cu aroganță toate avertismentele, rezervând rușinea și exilul autorilor îndrăzneți.

Strigăte din ce în ce mai îndrăznețe, curând amestecate cu invective și somații, la care s-a adăugat glasul poporului, au fost semnalul ultimului ceas în care monarhia, exaltată de teoriile unui Hobbes sau ale unui Bossuet, ar fi putut să se reformeze, dar a l-a lăsat să treacă fără să știe cum să profite de pe urma lui .

§ 9. Contractul social al lui J.-J. Rousseau.

Un secol mai târziu, J.-J. Rousseau (2) a completat , cu mai multe capodopere,mișcarea filo-

---

(1) Ramsay, Eseu filosofic despre guvernarea civilă, conform principiilor lui Fénelon, c. XV (Cf. Janet, op. cit., p. 295).
(2) J.-J. Rousseau, filosof și scriitor, născut la Geneva în 1712, decedat la Ermenonville în 1778.

sofică a secolului al XVIII-lea, din care o păstrăm pe cea care i-a adus gloria și care conține cele mai puternice calități ale spiritului și stilului său: Contractul Social. Revenind la primele idei de politică, J.-J. Rousseau deduce principiile absolute ale însăși ideii de societate, exprimând condițiile esențiale ale existenței acesteia. Vreau să caut, spune el, dacă, în ordinea civilă, poate exista o regulă de administrare legitimă și sigură, luând oamenii așa cum sunt și legile așa cum pot fi (1). Primul său principiu este credința în bunătatea naturală a omului pe care legile și civilizația au făcut-o rea și nefericită; el trebuie, prin urmare, să depună eforturi pentru a reface organizația socială, a o scăpa de viciile sale și a regenera umanitatea chiar și prin constrângere (2). Ideea principală ar fi respectul și valoarea libertății, deoarece: „a renunța la propria libertate înseamnă a renunța la demnitatea ta de om, la drepturile libertății însăși, la îndatoririle tale. Nu există nicio compensație posibilă pentru cineva care renunță la tot. O astfel de renunțare este incompatibilă cu natura omului și înseamnă a îndepărta orice libertate din voința sa (3). Dar protejarea libertății nu poate veni decât din convenții și legi, pentru a împiedica pe cel drept să fie asuprit de cel rău. Prin urmare, este necesar să se găsească o formă de asociere care să poată apăra și proteja cu toată puterea sa persoana și proprietatea fiecărui asociat și prin care fiecare-"

---

(1) Rousseau, Contractul social, cartea I, cap. I.
(2) Delbos, Filosofia practică a lui Kant, p. 128. Cf. Char-mont, op. cit., p. 38.
(3) J.-J. Rousseau, Contral social, liv. V, cap. IV.

dăruindu-se tuturor, nu se supune decât sieși și rămâne la fel de liber ca înainte (1).

Această formă de asociere este constituită prin elaborarea unui contract social care conține înstrăinarea fiecărui asociat cu toate drepturile sale față de comunitate. Pare ciudat că Rousseau, care argumentase cu atâta forță împotriva lui Grotius că nici un om, nici un popor nu își pot înstrăina sau renunța la libertatea lor, găsește apoi cheia pactului social în înstrăinarea fiecăruia față de toți. El susține, este adevărat, că această înstrăinare este lipsită de pericol, în primul rând pentru că fiecare se dăruiește în întregime, condiția este aceeași pentru toți; nimeni nu are interesul să o facă onerosă pentru ceilalți și, în al doilea rând, că, fiecare dăruindu-se tuturor, nu se dăruiește nimănui; și, din moment ce nu există un asociat asupra căruia să dobândești același drept pe care i-l cedezi asupra ta, câștigi echivalentul a ceea ce pierzi și mai multă putere pentru a păstra ceea ce ai (2). Consolare zadarnică și palidă de a accepta sclavia pentru motivul că toți ceilalți îi sunt supuși. Iluzia că, din moment ce condiția fiecăruia este comună, nimeni nu are vreun interes să o facă onerosă pentru ceilalți, rămâne o simplă iluzie; În realitate, puterea suverană cade întotdeauna în mâinile câtorva care îi pot oprima pe ceilalți cu impunitate și chiar pe bună dreptate, întrucât fiecare asociat înstrăinând totul comunității, șeful statului poate spune că comunitatea sunt eu (3).

Însă gândirea lui Rousseau oscilează între două principii opuse, dreptul statului și dreptul individului,

_____

(1) Contractul social, vol. I, cap. VII.
(2) J.-J. Rousseau, Contractul social, cartea a II-a, cap. VI.
(3) P. Janet, op. cit., t. II, p. 430.

astfel încât, după ce a abandonat puterii publice totalitatea drepturilor asociaților, el se întreabă apoi care sunt limitele acestei puteri suverane. Această idee a limitării puterii îi preocupase deja, în același sens de interpretare, pe unii publiciști înainte de Rousseau, în special pe Hobbes și Spinoza. Limita puterii suverane, spune Hobbes, este punctul în care un supus ar prefera moartea ascultării (1); potrivit lui Spinoza, dreptul se măsoară prin putere: cel care poate face totul are dreptul la orice. În astfel de sisteme care plasează drepturile indivizilor între forță și bunăvoință, este imposibil să se descopere limite ale puterii suverane.

Rousseau caută să salveze într-un fel persoanele private care sunt independente de persoana publică. Suveranul, spune el, „nu poate împovăra supușii cu niciun lanț inutil comunității, iar ceea ce fiecare a înstrăinat prin pactul social al puterii sale, bunurile sale, libertatea sa, nu este decât partea din tot ceea ce are legătură cu comunitatea" (2). Judecătorul importanței sacrificiilor necesare comunității rămâne întotdeauna Statul. Statul este, așadar, în ceea ce privește membrii săi, stăpânul tuturor bunurilor lor prin contractul social, care nu cunoaște nicio lege superioară acesteia. Ce poate face individul împotriva unei astfel de puteri fără margini? Nimic, și chiar și atunci nu are niciun motiv să se revolte, deoarece voința generală este întotdeauna dreaptă și tinde întotdeauna spre utilitatea publică (3). Rezultă că

---

(1) Hobbes, De cives, sect. 2, c. VI, § 13.
(2) J.-J. Rousseau, Contrat social, liv. II, cap. IV.
(3) Ibidem, liv. 1, cap. III.

Rousseau concepe un suveran absolut și iresponsabil, că tot ceea ce a decis este nu numai obligatoriu, ci și just, că indivizii nu au alte drepturi decât cele pe care suveranul li le-a dat, că în cele din urmă între suveran și supuși nu există arbitru: Suveranul fiind format doar din indivizii care îl compun, nu are și nu poate avea un interes contrar cu al acestora: în consecință, puterea suverană nu are nevoie de un garant față de supuși, deoarece este imposibil ca organismul să vrea să facă rău tuturor membrilor și vom vedea mai jos că nu poate face rău niciunui individ. Suveranul, prin însuși faptul că există, este întotdeauna ceea ce trebuie să fie (1). Individul rămâne liber, însă, asigură Rousseau, fiecare dându-se tuturor nu se dăruiește nimănui. Această libertate, încărcată de lanțuri, duce la negarea completă a drepturilor indivizilor, a libertății individuale și a proprietății, ca orice alt sistem tiranic. Acesta este absolutism pur; Doctrina contractului social implică negarea rezistenței la opresiune, atât împotriva executivului, cât și împotriva legislatorului, acesta din urmă, spune el, fiind comunitatea însăși și comunitatea nu se poate ridica împotriva ei însăși (2). De altfel, aceasta este ceea ce a văzut Benjamin Constant când a scris atât de pe bună dreptate: Nu cunosc niciun sistem de servitute care să fi consacrat erori mai fatale decât metafizica eternă a Contractului Social (3).

Totuși, doctrinele lui Rousseau nu ar trebui

---

(1) Rousseau, Contractul social, cartea I, cap. VII.

(2) Ibidem, lev. II, cap. II.

(3) B. Constant, Curs de politică constituțională, Paris, 1819, t. I, p. 239.

confundate cu cele ale lui Hobbes, sub pretextul că ambele admit o stare naturală, că ele fac să înceteze înstrăinarea voluntară a fiecărei părți, în special față de Stat. Hobbes promite în schimbul acestei înstrăinări pace și nimic mai mult; nu se mai pune problema drepturilor; cât despre proprietate, nimic nu este mai sedițios pentru el decât să susțină că subiectul deține proprietatea asupra bunurilor sale.

Dimpotrivă, în ochii lui Rousseau, această alienare este provizorie și el vrea să spună prin aceasta că statul va restitui fiecăruia aceste drepturi, întărite de garanția publică; acest schimb de drept natural cu drept civil nu se face, așadar, în interesul despotismului statului, ci în interesul libertății.

Într-un cuvânt, Contractul Social conține un adevăr din ce în ce mai acceptat de opinia că fiecare popor este o persoană care își aparține sieși, care are guvernarea destinului său și care transmite cui îi place grija de a-l conduce (2). Acesta este principiul suveranității populare.

---

(2) P. Janet, op. cit., pp. 453 și 454.

CAPITOLUL IV

Teorii ale legii naturii.

§ 10. Grotius. - Puffendorf. - Leibnitz. - Spinoza.

Doctrina lui Hobbes, după ce a invadat și dominat un secol întreg, a ridicat o mare problemă privind originea justiției. Este ea o lege absolută sau o simplă convenție; o invenție a oamenilor sau o ordine a rațiunii eterne? Există justiția în sine sau este doar un simplu raport arbitrar care variază în funcție de timp și loc? Aceasta este problema care a dat naștere în secolul al XVII-lea unei noi științe, până atunci confundată cu morala teologică sau cu dreptul pozitiv, care, separându-se de ambele, se emancipează și prinde rădăcini în cadrul științelor morale și politice, sub titlul clasic de Drept Natural și Drept al Oamenilor (1).

Am găsit deja în teoriile lui Hobbes și Rousseau afirmarea unui stat de o natură care precede societatea civilă. Dar primul care a insistat asupra stării naturale a oamenilor primitivi a fost Hugh Grotius (2). Tratatul său despre dreptul păcii și al războiului este primul tratat despre dreptul natural și dreptul oamenilor, care juris-

---

(1) Janet, op. cit., t. II, p. 226.
(2) Hugh Grotius, jurist și diplomat olandez (1583-1645).

prudența și filosofia modernă pot fi citate încă cu mare succes.

În statul natural al lui Grotius, oamenii primitivi, deși independenți unii de alții, aveau totuși noțiunea despre ceea ce este drept și ceea ce este bine. El explică formarea societăților prin instinctul care îl împinge pe om să caute compania semenilor săi. Omul are o înclinație invincibilă pentru societate și pentru o societate regulată și pașnică (1). Instinctului social i se adaugă rațiunea, iar aceștia sunt cei doi piloni pe care se sprijină societatea între oameni. Prin urmare, utilitatea este departe de a fi sursa dreptății și a echității, așa cum susțin sofiștii și după ei Hobbes; sursa dreptului natural este însăși natura. Legea își are sursa în sine și este imuabilă, la fel ca natura și rațiunea (2).

Grotius abordează apoi problema fundamentală a politicii, dreptul la suveranitate. Hobbes văzuse originea suveranității în renunțarea la toate drepturile naturii, în favoarea puterii publice, în timp ce Grotius încearcă o împărțire a suveranității în funcțiile și speciile sale, fără a se preocupa de principiu în sine. El o consideră ca un fapt, diferit în funcție de timpuri și țări, dar nu ca un drept, și se apucă mai ales de a stabili că suveranitatea nu rezidă întotdeauna neapărat în popor (3). Așa cum în dreptul privat este permis să-ți înstrăinezi lucrul, tot așa în dreptul politic se poate ceda libertatea, iar ceea ce este permis unui individ este permis unui popor.

---

(1) Grotius, Legea războiului și păcii. Discursul preliminar și § 7-8 (Cf. Lagarrigue, op. cit., p. 57).
(2) Grotius, De jure pacis et belli, Cartea I, cap. 1, § 5.
(3) Grotlus, op. cit., 1. I, c. III.

Prin urmare, poporul își poate înstrăina suveranitatea, care aparține ulterior monarhului sau proprietarului care a cumpărat-o. Suveranitatea unui popor poate fi totuși pierdută prin dreptul războiului. Războiul conferă învingătorilor un drept de proprietate asupra celor învinși, care devin patrimoniul primilor: aceștia pierd libertatea de fapt și de drept (1). Există, fără îndoială, societăți în care guvernul a apărut din liberul consimțământ al părților contractante: națiunea și prințul; dar garanțiile stipulate pun părțile pe picior de egalitate, contrar opiniilor multor autori, care susțin că puterea supușilor este superioară celei regilor.

Poporul, dimpotrivă, promite ascultare. Dar în ce măsură? Grotius nu îndrăznește să împingă poporul, precum Hobbes, la ascultare absolută; el admite că atunci când puterile civile ordonă ceva contrar legii naturale sau poruncilor lui Dumnezeu, acel lucru nu trebuie făcut.

El este de părere, însă, că este mai bine să suferi când este vorba de mici nedreptăți, decât să te revolți; totuși, „este dificil de decis dacă legea care interzice rezistența față de puteri este obligatorie într-un pericol foarte grav și foarte sigur". Și din nou Grotius merge până acolo încât acordă întregului popor sau unei părți considerabile a poporului dreptul de a rezista și de a se apăra împotriva regelui său, dacă acesta din urmă se deda la excese de cruzime (2).

Cu toate distincțiile și restricțiile contradictorii pe care le aduce apoi în cazul în care un monarh

---

(1) Janet, op. cit., t. II, p. 229.
(2) Grotius, op. cit., Liv. I, cap. I și IV.

își poate pierde coroana, opera lui Grotius rămâne totuși primul tratat de drept natural, care încearcă să stabilească o limită a omnipotenței prinților.

Lipsa de claritate din opera lui Grotius, care, ca toți creatorii, prea preocupat să grupeze nenumăratele materiale, neglijase într-un fel rigorile formei, a fost rezolvată de Puffendorf (1), care a încercat să determine ideea de drept natural, distingând-o de teologie și de dreptul civil. Dreptul natural constituie tot ceea ce este ordonat de rațiunea dreaptă; dreptul civil, ceea ce derivă din puterea legislativă; teologia care conține prescripțiile Sfintei Scripturi.

În rest, gândirea lui Puffendorf este un fel de cale de mijloc între cea a lui Hobbes și cea a lui Grotius, împrumutată în mare măsură de la ultimii doi filozofi. Astfel, el admite, împreună cu Hobbes, că oamenii liberi și răi au format societăți pentru a reprima răutatea de care sufereau; că se unesc pentru apărarea lor comună și, în acest scop, își aleg guvernul prin ordonanță, ceea ce constituie o primă convenție. Apoi jură ascultare prințului constituit de ei și față de care, angajându-se prin contract să-l asculte, îi datorează supunere perfectă; aceasta constituie a doua convenție.

De la Grotius împrumută o limitare a puterii prințului; autorizează nesupunerea împotriva lui dacă acesta ordonă ceva contrar legilor divine sau naturale, dar nu fără a face o distincție curioasă: dacă prințul ordonă executarea unei acțiuni rea în numele său și în calitatea unui simplu instrument, cum ar fi doar

_____

(1) Puffendorf, publicist german (1632-1694).

o acțiune pe care o consideră a sa, atunci cineva se poate supune, deoarece prințul își păstrează responsabilitatea pentru aceasta. Dreptul de rezistență este acordat în cazul în care suveranul ne ordonă să facem în numele nostru, o acțiune nedreaptă care este considerată a noastră (1).

Barbeyrac, care a tradus opera lui Puffendorf din latină, adaugă într-o notă că astfel de distincții rămân întotdeauna zadarnice și că cele mai mari amenințări din lume nu trebuie niciodată să impună, nici măcar din ordinul unui superior, lucruri nedrepte și criminale.

Un autor universal și profund, care poate fi clasat printre scriitorii secolului al XVII-lea care s-au ocupat de dreptul natural, a fost cu siguranță Leibniz (2). Ideile sale politice, deși numeroase și împrăștiate, pe întinderea corespondenței și a pamfletelor sale, sunt destul de clare și categorice. Scopul științei politice, scria el în 1701, în ceea ce privește formele republicilor, trebuie să fie acela de a face să înflorească imperiul rațiunii. Scopul monarhiei este de a face să domnească un erou de o înțelepciune și o virtute eminente... Scopul aristocrației este de a da guvernare celor mai înțelepți și mai pricepuți.

Scopul democrației în politică este de a-i face pe oameni să fie de acord asupra a ceea ce este binele lor. Puterea arbitrară este cea care se opune direct imperiului rațiunii. Dar trebuie știut că această putere arbitrară poate fi găsită nu numai la rege, ci și

---

(1) Puffendorf, Îndatoririle omului și ale citogenului, Cartea a II-a. Capitolul XII (Cf. Lagarrigue, op. cit., p. 60).
(2) Leibnitz, ilustru filosof și savant german, cu o activitate universală (1646-1716).

în adunări, când cabalele și animozitățile prevalează asupra rațiunii" (1).

Prin urmare, Leibniz nu este un susținător al guvernării democratice și totuși nu este un susținător al puterii absolute a unui rege, dacă această putere este fără limite și fără nicio constrângere de niciun fel. Prinții care abuzează de prerogativele lor asupra supușilor lor nu sunt niciodată, ne amintește el, la adăpost de pumnalul unui asasin.

Mai mult, el admite chiar dreptul la insurecție: „Sunt obișnuit să spun că ar fi bine dacă prinții ar fi convinși că poporul are dreptul să li se opună și că, dimpotrivă, poporul ar fi convins de ascultarea pasivă" (2). Un popor nu trebuie să accepte ruina prin capriciul și răutatea unei singure persoane, însă, trebuie să se recurgă la rezistență doar atunci când lucrurile au ajuns la extreme mari (3).

În cele din urmă, Leibniz găsește adevărata temelie a Statului în virtute și în frica de Dumnezeu. Adevărul și binele politic constau într-o armonie în care fiecare persoană își păstrează locul și își îndeplinește funcția proprie, „unitatea vie a tuturor lucrurilor" fiind realizată chiar prin această varietate. Definiția mea a Statului, conchide el, este că este o societate mare al cărei scop este securitatea comună; ar fi de dorit să le putem oferi oamenilor ceva mai mult decât securitate, și anume fericirea, și trebuie să ne dedicăm acesteia, dar

---

(1) Scrisori din iulie 1701, L. VIII, p. 266-70, ed. 1863 (de Klopp).
(2) Scrisori către Boinebourg, noiembrie 1695, Klopp., VII, 119.
(3) Scrisori către Burnet de Kemmey, 26 martie 1706, Klopp, IX ,217 (Cf. P. Janet, t. II, p. 246).

cu atat mai mult siguranța este mai puțin esențială, iar fără ea binele încetează (1).

Între doctrina lui Hobbes, care găsește fundamentul dreptului în forță, și cele ale lui Grotius și Leibniz, care îl eliberează de dreptul natural, se situează doctrina lui Spinoza (2), care încearcă să le împace pe primele două, plecând de la legea forței, pentru a se ridica la legea rațiunii (3).

Prin lege naturală, Spinoza înțelege legile naturii ale fiecărui individ, conform cărora acesta este determinat să existe și să acționeze. Potrivit lui, legea se întinde atât cât se întinde puterea, din care rezultă că, în starea naturală, omul nu este obligat să trăiască sub legea rațiunii. „Din aceste principii", spune el, „rezultă că legea naturală interzice doar ceea ce nimeni nu dorește și ceea ce nimeni nu poate... Și acest lucru nu este surprinzător, deoarece natura nu este închisă în legile rațiunii umane care se referă doar la utilitatea și conservarea omului; ci sunt compuse dintr-o infinitate de legi referitoare la ordinea eternă a naturii, din care omul este doar o particulă... (4).

Aceste principii amintesc de cele ale lui Hobbes și conduc la concluzii absolut identice. Starea naturală permite fiecăruia să râvnească la tot ceea ce îi este util; individul poate avea drepturi absolute și incomensurabile asupra tuturor lucrurilor, așa cum poate avea dreptul să-și însușească ceea ce râvnește prin toate mijloacele posibile. De aici, fiecare având aceleași drepturi și respectând aceloraşi pasiuni

---

(1) Scrisoare către domnul de Palaiseau, Klopp, IX, 142.
(2) Spinoza B., filosof olandez (1632-1677).
(3) Janet, op. cit., t. II, p. 248.
(4) Spinoza, Tractatus Politicus, c. II, § 8 (Cf. P. Janet, op. cit., vol. II, p. 252).

devin prin forta alegerii inamici.: starea naturală devine, prin urmare, o stare de război perpetuă (1). Dar omul nu numai că se supune stării naturale
; se supune și rațiunii. Rațiunea ne învață să preferăm societatea stării naturale, pacea- războiului. Dacă această rațiune ar fi suficient de puternică încât nimic nu ar putea-o abate, oamenii nu ar avea nevoie decât să o consulte pentru a ști ce este mai bine pentru ei, renunțând de bunăvoie la legea naturală pentru a accepta domnia virtuții. Din păcate, natura este întotdeauna prezentă în mintea omului, care își caută propriul bine în detrimentul altora, care ar dori să-și satisfacă toate dorințele și să evite un rău doar de teama unui altul și mai mare. De asemenea, oamenii și-ar pierde orice siguranță, dacă nu ar opune obstacole celor care încalcă pacea, iar aceștia cedând întregii societăți puterea și dreptul lor (2). În raport cu drepturile dobândite care sunt absolute, puterea societății sau a Statului este, de asemenea, absolută.

Ajungând la astfel de coeziuni, prin care recunoaște suveranitatea absolută în Stat, Spinoza nu uită să se preocupe de drepturile supușilor. Scopul Statului nu este sclavia, ci libertatea; este de a face oamenii să trăiască în armonie și pace, în dreptate și caritate, plasându-i sub guvernarea rațiunii, principiul libertății. Suveranitatea absolută este acordată Statului doar pentru a asigura libertatea cetățenilor săi. Dacă suveranul își folosește dreptul absolut

---

(1) Spinoza, ibid. 14; și Tractatus theologico-politics, c. XVI.
(2) Spinoza, Tr. teol. polit., c. XVI, și Tr. polit., c. III. și IV.

într-un mod extravagant și violent, în propriul său interes și nu în cel al supușilor săi, el nu face nici mai mult nici mai puțin decât să dizolve Statul.

Mai mult, această putere absolută aparține suveranului doar dintr-un punct de vedere speculativ; de fapt, această putere nu există. Într-adevăr, este de neconceput ca fiecare să cedeze toate drepturile sale, deoarece, dacă nu se anihilează complet, lucrul pare absolut imposibil. Fiecare își rezervă o anumită parte din putere, stabilește o limită, un obstacol în fața exceselor puterii suverane (1). Regii, spune Spinoza, nu sunt zei, ci oameni care se lasă adesea păcăliți de cântecul sirenelor. Dacă totul ar depinde de voința inconstantă a unui singur om, nimic nu ar fi stabil.

Însă ceea ce este caracteristic doctrinei lui Spinoza este faptul că el păstrează dreptul natural chiar și în statul civil și acordă drepturi suveranului asupra supușilor săi doar în măsura puterii sale. În acest caz, există o mică diferență între cele două stări, nici măcar deloc, dacă legea se confundă cu puterea, adică cu forța, și dacă acest drept subzistă în mod egal în ambele. Atunci este permis să faci orice împotriva Statului, așa cum Statul poate face orice împotriva mea. El adaugă apoi că dreptul natural nu încetează în statul civil; ceea ce încetează este dreptul de a-ți face dreptate. Dar abandonând dreptul de a mă apăra în favoarea societății, nu sunt liber să-l iau înapoi după bunul plac, cu condiția să pot, din moment ce dreptul natural subzistă încă în statul civil? Nu se întoarce oare întotdeauna starea de război?

---

(1) Spinoza, Teologie politică, c. XVII.

Oricât de contradictorii ar fi principiile prin care Spinoza încearcă să se separe de Hobbes, el se îndepărtează considerabil de acesta în consecințele doctrinei sale. Hobbes cere Statului doar pace, în timp ce Spinoza cere libertate: „Dacă", spune el, „numim sclavia, barbaria și singurătatea sub numele de pace, nu există nimic mai mizerabil decât pacea... Pacea nu constă doar în absența războiului, ci în unirea minților și în concordie" (1).

Astfel sunt, în trăsăturile lor generale, teoriile dreptului natural, care, oricât de puțin favorabile ar fi rezistenței politice, o admit totuși, dar cu anumite rezerve. Cu materialul oferit de dogma acestei școli de drept natural au elaborat un Locke și un Jurieu sistemele lor liberale.

_____

(1) Spinoza, Tr. polit., c. VI, § 4.

CAPITOLUL V

Doctrine liberale.

§ 11. Locke - Jurieu.

În fața doctrinelor absolutiste și a promotorilor lor, adversari declarați ai Revoluției, s-a opus galaxia apărătorilor drepturilor poporului împotriva drepturilor și opresiunii regilor. Găsim printre ei urmele doctrinelor democratice din secolul al XVII-lea, ale lui Junius Brutus, ale lui Knox și ale lui Buchanan care sunt inspiratorii evidenți ai tuturor publiciștilor republicani precum Milton, Harrington și Sydney, sau ai liberalilor precum Locke și Jurieu, mulțumiți cu monarhia temperată (1).

Milton este un susținător fervent al Republicii, ai cărei conducători sunt pentru el slujitori neîncetați ai poporului, în timp ce un rege, dimpotrivă, vrea să fie venerat ca un semizeu" (2).

După moartea lui Carol I, care a stârnit indignarea regaliștilor din toate părțile, Milton a fost însărcinat cu apărarea cauzei sale; a făcut acest lucru mai întâi în lucrarea sa „Iconoclastul", scrisă ca răspuns la „Imaginea Regală", o broșură atribuită lui Carol I, apoi în „Prima sa Apărare a Poporului Englez", susținând energic dreptul la regicid.

---

(1) P. Janet, op. cit., t. II, p. 188.
(2) Geffroy, Scrierile politice ale lui Milton, Paris, 1848. Cf. Janet, op. cit., p. 188.

Însă doctrinele pozitive ale lui Milton sunt cuprinse în scrierile sale despre Responsabilitatea regilor și magistraților, unde își depășește cu mult vremea prin ideile sale largi și moderne pe care le profesează asupra a două mari probleme, prea puțin cunoscute la acea vreme de partidele politice: libertatea presei și libertatea religioasă. Argumentele lui Milton în favoarea libertății presei nu sunt departe de cele pe care opiniile liberale le folosesc astăzi: „Cine ucide un om ucide o ființă rațională; dar cine distruge o carte bună anihilează însăși rațiunea... Cenzura nu este doar un ultraj împotriva demnității umane; este o invenție complet inutilă, care nu își atinge scopul; ea urmărește să ferească mințile și inimile de contactul cu imoralitatea; dar ignoră faptul că vederea răului ne inspiră dezgust sau chiar ne oferă adesea arme împotriva lui..." (1).

În Aforismele politice (2) ale lui Harrington, aparținând partidului republican la fel ca Milton și pe care le va dezvolta ulterior în Oceana, autorul întemeiază ordinea socială pe proprietate, astfel încât, dacă jumătate din pământ sau bunuri sunt în mâinile unei singure persoane, Statul trebuie să fie monarhic; în mâinile mai multora, aristocratic; în mâinile tuturor, democratic.

Sidney, un contemporan al lui Harrington, face din Discursul său despre guvernare un răspuns la Patriarhul lui Sir John Filmer, demolând complet principiul acestuia de legitimitate monarhică ereditară. Dacă Dumnezeu ar fi vrut, spune el, să atașeze dreptul suveran unei anumite

---

(1) Areopagetica. Cf. Janet, p. 190.
(2) James Harrington, publicist englez (1611-1677).

familii, el ar fi dat tuturor celor care descind din ea o anumită marcă particulară, pentru ca poporul să-i poată recunoaște (1). De asemenea, el combate doctrina monarhiei absolute, ca toate sistemele himerice ale lui Filmer.

I. Locke

Unul dintre cei mai mari gânditori ai secolului al XVII-lea, care a dominat secolele următoare prin influența sa considerabilă, a fost, fără îndoială, filosoful englez John Locke (2). Inspirând prin metafizica sa toată filosofia empirică și senzualistă a secolului, Locke a împărtășit iluminarea marii sale minți în toate domeniile științei, religiei, pedagogiei și politicii. Exilat în Olanda sub restaurația Stuarților și atașat partidului Prințului de Orange, s-a întors în Anglia abia după Revoluția din 1688, când a avut ideea de a scrie celebra pledoarie în favoarea acestei revoluții. Publicat în 1690, Eseul său despre guvernul civil, dincolo de caracterul său partizan, este un tratat filosofic în care Locke stabilește principii generale aplicabile tuturor statelor.

Lucrarea conține două tratate, dintre care unul este o respingere categorică a sistemului lui Filmer, iar celălalt o expunere dogmatică a principiilor guvernării civile.

La fel ca Hobbes, Locke caută originea societății civile într-o stare naturală, dar una care diferă semnificativ de cea stabilită de primul. Potrivit lui Hobbes, în starea

---

(1) Sidney, Discurs despre guvernare (Cf. Janet, op. cit., p. 193).
(2) John Locke, născut în Wrington, s-a căsătorit în Oates (1632-1704).

naturală, omul are dreptul să recurgă la toate mijloacele utile pentru conservarea sa, de unde și acest război perpetuu, fiecare ascultând doar de legea forței și a nevoii. Potrivit lui Locke, această stare naturală este o stare de libertate perfectă în care oamenii pot face orice doresc, dar cu condiția să rămână în limitele legii naturii; o stare care, deși lipsită de legi civile și politice, nu este absolut fără lege. O lege a naturii superioară și anterioară tuturor legilor sociale este deasupra tuturor pasiunilor și intereselor individuale. Este o stare de egalitate și libertate, dar fără licențe, o stare în care omul nu are nici dreptul, nici libertatea de a se distruge pe sine, nici de a-și face rău semenilor, cu excepția dreptului de a-i pedepsi pe cei care nesocotesc legea naturii, iar acest drept aparține tuturor (1). Rezultă de aici că starea naturală a lui Locke nu este o stare de război, că există de îndată ce oamenii trăiesc în conformitate cu rațiunea; ci ceea ce produce starea de război sunt atacurile împotriva vieții sau libertății altora. Fiecare persoană este obligată să asigure executarea legilor naturii, să contribuie prin urmare la conservarea rasei umane, fiecare are dreptul să-i protejeze pe cei nevinovați și să-i pedepsească pe cei vinovați, deoarece cel care încalcă legile este dușmanul fiecărui individ și, prin urmare, fiecare este interesat să-i pedepsească.

ofensa și să se ceară repararea acesteia. S-ar putea obiecta faptul nerezonabil că oamenii sunt judecători ai propriei cauze, dar acesta este doar un dezavantaj necesar al stării naturale și una dintre cauzele determinante ale intrării în societatea civilă.

---

(1) Locke, Guvernarea civilă, Amsterdam, 1691, cap. I, §§ I, III și IV.

Societatea civilă s-a constituit atunci când fiecare dintre membri s-a deposedat de puterea sa naturală, punând-o în mâinile societății în ansamblu, astfel încât aceasta să poată dispune de ea în tot felul de cauze care nu împiedicau apelurile la legile stabilite (1).

Oricine părăsește starea naturală pentru a intra într-o societate politică trebuie considerat ca fiind încredințat că a pus toată puterea necesară actului său în mâinile celui mai mare număr de membri... Astfel, ceea ce constituie o societate civilă este consimțământul unui anumit număr de indivizi liberi, capabili să fie reprezentați de cel mai mare număr dintre ei (2).

Consimțământul reciproc, un contract, acesta este principiul care prezidează formarea societății civile; doar că aici, societatea nu moștenește, ca la Hobbes, toate drepturile sale, ci doar dreptul de a pedepsi și de a face dreptate, având întotdeauna ca regulă de utilizare drepturile naturale ale indivizilor. În starea naturală lipsesc legi stabilite, un judecător imparțial care să soluționeze disputele și o autoritate puternică, executoare a sentinței; de aici, necesitatea revenirii la societatea civilă căreia i se încredințează exercitarea autorității desemnate în acest scop.

a) Natura și întinderea puterii autorității.

În doctrinele absolutiste, în special cea a lui Hobbes, indivizii renunță la drepturile lor printr-un pact de alienare totală în favoarea prințului, iar de îndată ce puterea este conferită autorității supreme, poporul se distantează

---

(1) Locke, op. cit., cap. VI, § XI.
(2) Ibid., cap. VII, V.

nepăstrând niciun drept împotriva prințului care singur creează legea.

Locke corectează eroarea enormă a contemporanului său:

Transferul acestei puteri către autoritate nu este cu greu un contract de înstrăinare, ci o delegație. O delegație parțială care le rezervă drepturile care le aparțin și care constituie limita puterii guvernamentale.

Prin scopul său, societatea civilă fiind conservarea vieții, libertății și proprietății membrilor săi, ar fi absurd, atunci când guvernul instituit în acest scop își folosește puterea împotriva acestor instituții sacre, să renunțe la puterea naturală de a rezista, de a se apăra, de a constrânge și de a pedepsi. Puterea suverană într-o societate civilă nu poate face nimic împotriva însuși obiectivului instituției sale și, de îndată ce se întoarce împotriva acestui obiectiv, se pune într-o stare de război, instaurează ea însăși starea naturală, pe care era chemată să o pună capăt.

Această delegare nu conferă autorității o putere arbitrară asupra supușilor; deposedarea lor în favoarea comunității nu este sclavie. Prin astfel cedarea privilegiilor lor naturale, neavând altă intenție decât să își poată păstra mai bine persoanele, libertățile, proprietățile... puterea societății sau a autorității legislative stabilite de ele nu poate fi niciodată presupusă să se extindă mai departe decât cere binele (1).

Astfel constituită, societatea civilă are trei puteri: legislativă, executivă și confederativă, prima dintre acestea fiind puterea supremă și suverană. Prin urmare, puterea de a legifera aparține statului care, prin reglementarea

---

(1) Locke, ibid., cap. VIII, § 1.

drepturilor indivizilor poate determina anumite reduceri, în interesul general, dar aceste drepturi subzistă totuși, iar legile stabilite de Stat nu sunt drepturi acordate, ci consacrarea drepturilor naturale ale indivizilor, anterioare și superioare Statului. A legifera înseamnă a stabili apărarea fiecăruia și nu a distruge, a sărăci sau a ruina, deoarece legile naturii subzistă întotdeauna ca reguli eterne pentru toți oamenii, atât pentru legislatori, cât și pentru ceilalți. Puterea legislativă fiind doar puterea fiecărui membru al societății dată prințului sau unei adunări, ea nu poate fi mai mare decât cea pe care toate aceste persoane diferite o aveau în starea naturală, nimeni neputând conferi altuia mai multe puteri decât au el însuși. În acest fel, puterea autorității politice, care rezidă în principal în puterea legislativă, este limitată de drepturile naturale ale indivizilor.

Exercitarea sa trebuie să se facă conform legilor stabilite public și fără privilegii în beneficiul oligarhiei; legile și regulamentele trebuie să tindă doar spre binele public; averea poporului nu poate fi impozitată fără consimțământul acestuia exprimat de reprezentanții săi și, în final, puterea legislativă, aleasă de popor, nu poate delega altora responsabilitatea de a legifera, această putere neputând să rezide de drept decât acolo unde poporul a stabilit-o" (1).

Acestea sunt, conform lui Locke, limitele puterii legislative, care, deși este suverană, nu poate fi totuși absolută. Cât privește puterea executivă, aceasta se bucură

---

(1) Locke, op. cit., cap. X, § IX (Cf. Smyrniadis, teza Paris, 1921, p. 80).

în raporturile sale cu legiuitorul de ceea ce se numește prerogativă, adică o separare a atribuțiilor, care îl obligă pe acesta din urmă să lase la discreția primului o multitudine de inițiative în domeniul neprevăzutului.

Legile însele cedează uneori în favoarea executivului, care trebuie să le îndulcească severitatea și să facă tot ce este util pentru binele public, chiar dacă depășește cadrul legilor și, în final, în anumite conjuncturi, chiar să renunțe la executarea legii.

Legea supremă, cea a salvării poporului, încredințează rezultatul anumitor împrejurări excepționale prudenței puterii executive, dar departe de a putea folosi o astfel de prerogativă după bunul plac, respectiva putere este obligată să o folosească întotdeauna în avantajul poporului, astfel încât, dacă o abuzează, poporul să nu-i încalce drepturile limitându-i prerogativa, ci să recâștige posesia unei părți din această putere nelimitată pe care i-o concedase. De aici reiese clar definiția acestei prerogative de care Sutarit a abuzat atât de mult împotriva libertăților poporului și care poate fi exprimată astfel: puterea de a face binele public fără reglementare și fără legi (1). Dar cine va judeca dacă puterea executivă și-a folosit bine prerogativa pentru binele comun, cine va fi judecătorul actelor guvernului, nu numai ale celor care emană de la puterea executivă, ci și de la cea legislativă?

b) Legitimitatea rezistenței agresive a poporului.

Odată instaurată, puterea legislativă devine suverană de facto, fără ca poporul care este autorul ei să abdice

---

(1) P. Janet, op. cit., vol. II, p. 215 și 216.

prin însuşi faptul acestei instituţii, ca în doctrina lui Hobbes, unde poporul, de îndată ce guvernul este instituit, încetează să mai fie suveran şi pierde orice drept de justiţie şi control. Conform lui Locke, poporul care instituie un guvern pentru a se proteja, nu poate abandona acestuia toate drepturile sale, un contract absurd şi contrar naturii lucrurilor, el nu renunţă în niciun fel la dreptul său de suveranitate. Poporul îşi păstrează întotdeauna dreptul de a se proteja împotriva tuturor întreprinderilor, inclusiv a celor ale legislatorilor săi, dacă s-ar întâmpla să fie suficient de nebun şi de rău pentru a forma planuri împotriva libertăţilor şi a proprietăţii personale a supuşilor (1). Dacă ar folosi puterea împotriva lor şi nu pentru ei, şi din nou, deşi constituţiile nu admit că poporul este judecător şi nu are puteri legale, în virtutea unei legi care precede toate legile pozitive, şi-a rezervat implicit un drept, adică, atunci când nu există apel pe pământ, dreptul de a examina dacă are un motiv just de a apela la cer (2). Acum, în gândirea filosofului, dreptul de a apela la cer este dreptul la insurecţie, de care poporul englez s-a folosit împotriva lui Carol I şi Iacob al II-lea.

Pe scurt, doctrina lui Locke învaţă legitimitatea dreptului la insurecţie împotriva autorităţii politice, atunci când aceasta din urmă deviază scopul puterii cu care a fost investită. Dar, în ciuda liberalismului său fervent, el nu îl recomandă fără unele rezerve, şi anume: 1° când cineva nu poate recurge la mijloace legale şi 2° când

---

(1) Locke, op. cit., cap. XII, § 1.
(2) Locke, Eseu despre guvernarea civilă, c. XIII, X.

atacul nu este îndreptat doar împotriva unuia sau mai multor indivizi, ci împotriva corpului social.

1. În primul caz, nu trebuie, sub cel mai mic pretext, să te ridici împotriva guvernului; nu rezultă, scrie Locke, că, deşi te poţi opune în mod legitim exercitării nelegitime a puterii, trebuie, pe cel mai mic subiect, să derutezi guvernul. Căci, atunci când patricianul ofensat poate, apelând la legi, să fie repus în drepturi şi să i se repare daunele suferite, nu există nimic care să poată servi drept pretext pentru forţă, pe care cineva are dreptul să o folosească doar atunci când este împiedicat să apeleze la legi; şi nimic nu trebuie considerat violenţă şi ostilitate decât ceea ce nu permite un astfel de apel. Natura violenţei şi circumstanţele în care aceasta are loc, făcând imposibil orice recurs la legi, starea de război fiind resuscitată între guvern şi popor, acesta din urmă poate, prin urmare, recurge la toate mijloacele, chiar şi la cele violente, pentru apărarea şi conservarea sa. Într-adevăr, continuă Locke, tocmai cel care împiedică apelul la legi este cel care dă naştere stării de război şi, de asemenea, el este cel care face juste şi legitime acţiunile celor care i se opun (1).

2. Este suficient pentru ca cineva să se ridice împotriva prinţului sau a guvernului să fi fost atacate drepturile câtorva indivizi? Cu siguranţă nu; insurecţia îşi găseşte justificarea doar atunci când corpul social însuşi este ameninţat. Declarându-se în favoarea rezistenţei colective, Locke consideră că ar fi excesiv să se tulbure ordinea publică pentru apărarea câtorva interese particulare

---

(1) Locke, op. cit., cap. XVII, § IX.

oricât de sacre ar fi acestea, mai ales că o astfel de mișcare izolată ar fi ineficientă și sortită pieririi (1).

„Dar dacă procedeul nedrept al prințului sau al magistratului, adaugă el, s-a extins la cel mai mare număr de membri ai societății și a atacat corpul poporului; sau dacă nedreptatea și opresiunea au căzut doar asupra câtorva oameni, dar în ceea ce privește anumite lucruri care sunt de ultimă importanță, astfel încât toți sunt convinși în conștiința lor că legile lor, proprietatea lor, libertățile lor, viața lor sunt în pericol și poate chiar religia lor, nu pot spune că aceste tipuri de oameni nu ar trebui să reziste unei astfel de forțe ilice folosite împotriva lor” (2). Oricât de sever ar fi în acordarea dreptului de rezistență doar corpului social (dreptul de rezistență agresivă), Locke este apoi de acord că există cazuri excepționale în care acest drept poate fi revendicat și de o minoritate a corpului social.

Rezistența poate fi opusă atât actelor puterii legislative, cât și celor executive.

Când legiuitorul instituie arbitrariul prin semnele unei puteri absolute asupra libertăților, proprietății sau vieții poporului, el își pierde complet puterea care îi fusese conferită pentru scopuri complet opuse. Poporul își reia puterea suverană pentru a o încredința unei noi autorități legislative mai capabile să vegheze asupra conservării ei. Când legiuitorii, scrie Locke, se străduiesc să ia și să distrugă lucrurile care aparțin poporului în sine sau să-l reducă la sclavie, sub o putere

---

(1) Locke, op. cit., cap. XVII, § X. Cf. Smyrniadis, teza Paris, 1921 (op. cit.), vol.), p. 93.
(2) Locke, op. cit., cap. XVII, § XI.

arbitrară, se pun în stare de război cu poporul care de atunci înainte este absolvit și scutit de orice fel de ascultare față de ei și are dreptul să recurgă la acest refugiu comun, pe care Dumnezeu l-a destinat tuturor oamenilor, împotriva forței și violenței (1).

Dacă executivul își abuzează prerogativa, eludând legile sau folosind-o contrar scopului pentru care i-a fost încredințată, în așa fel încât poporul este expus la mari pericole, atunci acesta din urmă trebuie să se gândească la siguranța și salvarea sa. Dar cine va judeca chestiunea dacă executivul și-a folosit bine prerogativa? Nu poate exista niciun judecător pe pământ între puterea executivă și cea legislativă; aceasta din urmă, conchide Locke, depinde în ceea ce privește convocarea sa de voința executivului; nici între puterea legislativă și popor, astfel încât, fie că puterea executivă sau legislativă, atunci când are puterea supremă în mâinile sale, se angajează să-i înrobească și să-i distrugă, poporul nu are alt remediu de folosit în acest fel de cazuri... decât să apeleze la cer (2). Cerul, adică judecătorul la care se referă poporul, rezistând prin forță opresiunii conducătorilor.

c) Dizolvarea și reconstituirea puterii legislative.

Știm că dintre cele trei puteri pe care le posedă societatea civilă a lui Locke, puterea legislativă este puterea supremă și suverană, întrucât ea este cea care prescrie

---

(1) Locke, op. cit., cap. XVII, § XIII.
(2) Locke, op. cit., cap. XIII, § II și X. Cf. Smyrniadis, op. cit., p. 97.

reguli pentru toate acțiunile și tot de la el derivă puterea de a pedepsi. Puterea executivă îi este subordonată și trebuie să-i dea socoteală pentru gestionarea sa. Dar se întâmplă ca prin manevrele executivului rolul puterii legislative să fie redus la nimic, ruinat sau dizolvat; atunci urmează dizolvarea și moartea întregului corp politic, dat fiind că esența și uniunea unei societăți constau în a avea o singură voință și un singur spirit (1).

În astfel de circumstanțe, poporul are dreptul de a reînființa adunarea care îl reprezintă și de a o readuce în exercițiul puterii legislative, iar dacă întâmpină obstacole, poate proceda prin forță (2). Poporul are atunci dreptul de a acționa ca suveran și de a exercita autoritatea legislativă sau de a instaura o nouă formă de guvernare și de a plasa puterea supremă, cu care se află în întregime și pe deplin investit, în mâini noi, după cum consideră de cuviință (3).

Astfel, atunci când puterea legislativă este suprimată sau modificată de către executiv, poporul are dreptul să instituie o alta.

Mai mult, dacă puterea executivă se angajează să facă legi, după dizolvarea adunării legislative, acestea nu au nicio valoare și poporul nu este obligat să le respecte (4); guvernul încetează să existe din punct de vedere juridic, iar puterea supremă revine societății.

În ceea ce privește puterea executivă, Locke conchide că ceea ce s-a spus în general cu privire la puterea legislativă, privește și persoana celui care este investit cu puterea executivă.

———————

(1) Locke, op. cit., cap. XVIII, § III.
(2) Locke, op. cit., cap. XII, § VII.
(3) Locke, op. cit., cap. XVIII, § XXX.
(4) Locke, op. cit., cap. XVIII, § III.

Aceasta este, pe scurt, în urma Revoluției din 1688, doctrina liberală a lui Locke, care avea să inspire alegătorii americani din 1776 și Declarațiile Drepturilor Omului din 1789 și a cărei influență pare să devină o armă din ce în ce mai prețioasă în mâinile democrației moderne.

d) Criticile lui Locke la adresa teoriei sale și respingerile acestora.

Arzător și ireductibil în fanatismul său pentru libertatea poporului, Locke este dornic să răspundă în avans la presupusele obiecții pe care adversarii săi le vor ridica împotriva rezistenței agresive.

El se întreabă mai întâi dacă nu este periculos pentru stabilitatea societății să se opună autorității publice. Dacă cineva se opune ordinelor prințului sau poruncilor sale de fiecare dată când se crede maltratat și își imaginează că nu are dreptul să facă ceea ce face, nu ar fi curând societatea răsturnată și distrusă, și în loc să vadă o oarecare guvernare și o oarecare ordine, nu ar vedea decât anarhie și confuzie?

El răspunde că forța trebuie folosită doar împotriva forței și violenței nedrepte și ilegitime; că oricine rezistă în orice alt caz atrage o condamnare justă, dar că nu rezultă din aceasta că de fiecare dată când cineva se opune întreprinderilor unui suveran, trebuie să rezulte nenorociri și confuzie (1). Și aceasta deoarece, în anumite țări, persoana prințului este inviolabilă orice ar face, cu excepția cazului în care intenționează, punându-se în stare de război cu poporul său, să dizolve

---

(1) Locke, op. cit., cap. XVII, §. V și VI.

guvernul și nu-l obligă să recurgă la această apărare care aparține tuturor celor aflați în starea naturală. Se stabilește, de asemenea, că poporul trebuie să recurgă la forță împotriva prințului doar atunci când corpul social este amenințat și nu numai atunci când se face un simplu atac împotriva câtorva interese particulare.

Referindu-se apoi la opinia oamenilor a căror ignoranță și inconstanță sunt, se spune, adesea exploatate de lingușitori și oameni ambițioși, el se întreabă dacă, recunoscând dreptul de insurecție la acest popor ignorant, mereu nemulțumit de soarta sa, aceasta nu ar expune Statul la o ruină sigură?

Este foarte dificil, răspunde el, să-i convingi pe oameni să schimbe forma de guvernare cu care sunt obișnuiți.

Dimpotrivă, are o puternică aversiune față de aceste tipuri de schimbări, iar puțina dispoziție pe care o are în mod natural de a-și abandona vechile constituții a apărut suficient în mișcările revoluționare care au izbucnit în Anglia (1).

Un popor nu se revoltă niciodată din cauza unor erori administrative minore; el tolerează chiar și pe cele foarte grave și se hotărăște să ia armele doar atunci când s-a săturat de tergiversările și trucurile care îl fac să simtă că a pus la cale planuri fatale împotriva sa și că este expus celor mai mari pericole (2).

În cele din urmă, puterea pe care o are poporul de a-și asigura din nou securitatea prin stabilirea unei noi puteri legislative, atunci când legiuitorii săi au administrat guvernul contrar angajamentelor încheiate și au invadat

(1) Locke, op. cit., cap. XVIII, § XV.
(2) Locke, op. cit., cap. XVIII, XVII,

ceea ce îi aparţinea în sine este cel mai puternic bastion care se poate opune rebeliunii, deoarece adevăraţii rebeli sunt cei care încalcă legile (1). Oricine foloseşte primul forţa împotriva legii se pune în stare de război cu cel pe care îl atacă; în consecinţă, deţinătorii autorităţii sunt cei care introduc starea de război, ei sunt rebelii, atunci când încalcă drepturile care consacră drepturile naturale ale indivizilor. De atunci toate legăturile, toate angajamentele anterioare sunt rupte; toate celelalte drepturi încetează, cu excepţia dreptului de a se apăra. A susţine atunci că ar fi imprudent să recunoaştem dreptul poporului de a rezista prin forţă opresorilor săi tirani înseamnă, de asemenea, a spune că oamenii oneşti şi paşnici nu ar trebui să folosească forţa împotriva hoţilor şi piraţilor, pentru a evita vărsarea de sânge... Prin urmare, revine părţii ofensate să judece poporul singur, deoarece nimeni nu poate judeca mai bine dacă o misiune este îndeplinită bine decât cel care a dat-o.

Acesta este, în esenţă, conţinutul Eseului despre guvernarea civilă al lui Locke, unul dintre cele mai bune, mai solide şi mai puţin discutabile tratate despre adevăratul principiu al libertăţii. Libertatea nu este dreptul de a face totul, aşa cum se vede în sistemul lui Hobbes, şi nici dreptul de a face ceea ce permite legea; se poate ca legea să fie opresivă şi să interzică şi cea mai legitimă utilizare a libertăţii (2). Libertatea este dreptul de a-ţi folosi drepturile naturale sub garanţia legii; astfel încât legea naturală rămâne întotdeauna fundamentul dreptului politic.

---

(1) Locke, op. cit., cap. XVIII, § XVIII.
(2) Janet, op. cit., t. II, p. 220.

II. Jurieu.

Aparținând celei de-a doua jumătăți a secolului al XVII-lea, Pierre Jurieu (1) a fost atât martor, cât și victimă a persecuțiilor declanșate în Franța împotriva membrilor religiei reformate. Refugiindu-se în Olanda, a început să scrie celebrele sale Scrisori pastorale, pentru a sprijini și a reînvia curajul coreligionarilor săi rămași în Franța. În Anglia, la acea vreme, aveau loc evenimente considerabile, anunțând înfrângerea Stuarților și triumful revoluției, a căror cauză principală era măsurile de toleranță luate față de catolici. Prin urmare, Jurieu avea tot interesul să justifice o revoluție a cărei cauză îi era atât de dragă; dar înainte de a trece la justificarea evenimentelor din 1688, el a considerat că era „absolut necesar să examineze chestiunea generală privind puterea suveranilor" (2).

Astfel, în interesul unei cauze religioase, Jurieu a devenit un teoretician politic fervent.

Trei dintre Scrisorile sale pastorale sunt dedicate expunerii sistemului său politic: a 16-a tratează puterea suveranilor, originea și limitele acesteia; a 17-a tratează continuarea puterii suveranilor și drepturile popoarelor, pentru justificarea protestanților; și, în final, a 18-a, justificarea Prințului de Orange și a națiunii engleze.

La scurt timp după apariția ultimelor sale scrisori,

---

(1) Jurieu, teolog protestant francez, faimos pentru polemicile sale cu Bossuet și Bayle și pentru ura sa față de Ludovic al XIV-lea (1637-1713).
(2) Jurieu, Scrisoarea a XVI-a, p. 361 (cf. R. Lureau, Doctrinele politice ale lui Jurieu, teză Bordeaux, 1904, p. 23).

adică spre sfârşitul anului 1689, Jurieu a publicat la Amsterdam: „Suspinele Franţei
înrobite, care aspiră la libertate", o lucrare cu un caracter cu totul diferit de prima.
Prima este prezentată sub forma unui tratat pur teoretic şi dogmatic, în timp ce a
doua este o pagină de istorie şi critică; una ne aminteşte de Vindicia contra tyrannos
a lui J. Brutus, cealaltă de Franco-Gallia a lui Hotman (1).

a) Originea suveranităţii.

Originea puterii, în jurul căreia au existat întotdeauna şi încă există multe
controverse, poate fi redusă la două idei, două concepţii opuse: prima care consideră
puterea politică ca o instituţie divină stabilită de Dumnezeu şi, în consecinţă, toată
puterea vine de la el, iar a doua cunoscută sub numele de doctrină democratică sau
de suveranitate populară. O diferenţă intervine însă între concepţia democratică şi
cea a suveranităţii poporului; prima se referă la exercitarea puterii, a doua nu mai
vizează exercitarea, ci însăşi originea puterii. A fi democrat înseamnă a admite că
toţi indivizii unei societăţi, ai unei naţiuni, trebuie să participe la exercitarea puterii
politice (2).

Ar fi inutil să adăugăm că Jurieu s-a raliat celei de-a doua idei, despre originea
suveranităţii: „Marele principiu din care decurg în mod clar toate concluziile
noastre", spune el, „este acesta: Poporul este sursa

---

(1) R. Lureau, op, cit., p. 27.
(2) R. Lureau, op. cit., p. 38.

autoritatii suveranilor, poporul este primul subiect în care rezidă suveranitatea, poporul revine în posesia suveranității, de îndată ce persoanele sau familiile cărora le fusese dată aceasta ajung să lipsească, poporul este în cele din urmă cel care îi face pe regi (1). Vedem că la Jurieu, ca și la Locke, ideea contractuală este cea care pune în aplicare principiul suveranității populare. Trebuie însă specificat că expresia contractului presupune în realitate două pacte distincte: pactul de uniune sau contractul social propriu-zis, care realizează reuniunea indivizilor izolați și care marchează trecerea de la starea naturală la starea civilă, și în final indivizii odată grupați, societatea odată constituită, urmează al doilea pact; contractul de suveranitate prin care societatea stabilește o autoritate politică, indispensabilă menținerii și dezvoltării sale (2).

Jurieu ia în considerare doar al doilea pact, cel care are loc între popor și prinț, din care face punctul principal al doctrinei sale și pe care îl folosește pentru a stipula garanțiile poporului împotriva regelui: „Dacă autoritatea suveranilor vine de la popor, dacă poporul este suveranul, este mai clar ca lumina zilei că există un pact reciproc între popor și suveran. Căci este împotriva rațiunii să concepi că un popor se predă absolut, fără tratat și fără condiții, unui singur om, fără a-și pune viața, bunurile și publicul în siguranță prin legi" (3). Într-adevăr, în vremea când Jurieu scria, nu era dificil să identifici principiile unei astfel de doctrine. Imaginea

---

(1) Jurieu, Scrisoarea XVIII, p. 390.
(2) R. Lureau, op., cit., p. 42.
(3) Jurieu, Scrisoarea XVI, p. 370,

contractului de suveranitate apăruse deja în scrierile lui J. Brutus, Buchanan, Grotius etc., iar în vremea sa, exemplul revoluției engleze se realiza sub ochii săi. Când Iacob al II-lea a fost forțat să abandoneze puterea, poporul englez, oferind coroana unui alt prinț, a avut grijă să formuleze dinainte principiile la care noul monarh trebuia să se conformeze.

Angajamentul solemn pe care William de Orania și l-a luat de a respecta drepturile enumerate în textul care i-a fost prezentat nu a fost nimic mai mult decât un contract autentic încheiat între popor, prin reprezentanții săi, și persoana pe care a investit-o cu putere.

b) Întinderea și pierderea suveranității.

Deși suveranitatea aparține inițial poporului, nu acesta o exercită; regele, stabilit de popor, este cel care o exercită efectiv. Care sunt atunci drepturile regelui?

Gândul lui Jurieu pare să reiasă în primul rând din următorul paragraf: Orice putere legitimă, cea mai absolută, are sau trebuie să aibă în mod natural limite... Aceste limite se găsesc tocmai acolo unde se termină salvarea și conservarea poporului, care este legea suverană (1). Salus populi suprema lex, aceasta este formula clasică care i se pare că conține principiile unui bun guvern, precum și criteriul cel mai exact care ar permite judecarea conduitei regilor; este o regulă care nu trebuie să sufere

---

(1) Jurieu, Scrisoarea XVI, p. 396.

nicio excepție și care nu poate suferi de pe urma ei decât prin violență (1).

De îndată ce această regulă este încălcată, exercițiul suveranității poate fi pierdut de către rege. Dreptul de rezistență la opresiune și dreptul de insurecție nu sunt decât o consecință a ideii contractuale: În orice pact reciproc, partea care își încalcă promisiunile o eliberează pe cealaltă de obligație (2). Orice ordin și orice dispoziție care emană de la autoritatea politică este impusă și trebuie executată, atâta timp cât tinde la fericirea poporului, astfel încât orice ispravă a regelui care dăunează națiunii o autorizează pe aceasta din urmă să refuze ascultarea și chiar să se revolte.

Jurieu respinge astfel teoria ascultării pasive propovăduită de doctrinarii absolutiști ale căror argumente extrase din maximele creștine erau de natură să impresioneze mințile acestui secol religios. Ni se aduc obiecții, spune el, cu privire la conduita primilor creștini, care, în timpul a zece persecuții, nu au opus nimic persecutorilor lor decât răbdarea (3). Primii creștini, este adevărat, neputând rezista, au făcut mai bine să moară păstrându-și puritatea sufletelor. Exemplul legiunii tebane care s-a lăsat masacrată din ordinul lui Maximian pentru a nu jertfi idolilor, este un exemplu trist în acest sens; rezistența lor nu ar fi servit decât la pătarea reputației lor de răbdare. Dar când prin rezistență cineva își poate salva viața și religia, pe cea a fraților săi, se poate și trebuie să se folosească de ea. Acest fapt că primii creștini, victime ale principiului că un creștin nu trebuie să se opună

---

(1) Ibidem, p. 369.
(2) Ibidem, Scrisoarea XVII, p. 389.
(3) Ibidem, Scrisoarea IX, p. 201.

in a se lăsa măcelărit atunci cand ar ar putea evita acest lucru prin rezistență, aceste exemple nu ne-ar putea obliga, deoarece s-ar baza pe o credință falsă (1). În plus, Evanghelia nu ia nimănui dreptul de a se apăra împotriva atacurilor violente. Nu a recunoscut Iisus Hristos dreptul de rezistență atunci când i-a pus pe ucenicii săi care l-au însoțit în Grădina Măslinilor să se înarmeze cu săbiile lor? Dojenile pe care i le-a adresat Sfântului Petru nu înseamnă că a vrut să învinovățească folosirea forței, ci pur și simplu că nu a vrut ca ucenicii săi să o folosească pentru timpul și ora respectivă (2).

Chestiunea religioasă fiind astfel rezolvată, Jurieu examinează punctul de vedere pur politic. Se vorbește mult despre această maximă a juriștilor, spune el: princeps legibus sulutus est, dar dacă trebuie să opunem maximă unei maxime, cea din urmă, salus populi suprema ler est, este mult mai faimoasă și mai adevărată decât prima; salvarea și conservarea poporului este legea supremă. Prin urmare, trebuie să ne reglementăm în ascultarea pe care o datorăm suveranilor în ceea ce privește conservarea societății și putem rezista oricui o distruge (3).

Jurieu invocă apoi dreptul la autoconservare și la legitimă apărare. Spuneți ce vreți, toată lumea va crede întotdeauna că este permis să te aperi. și că, redus la trista alegere de a fi ucis sau de a ucide, este permis să alegi ultima cale (4). Susținător declarat al rezistenței agresive, Jurieu nu admite însă

---

(1) Jurieu, Scrisoarea XVII, p. 386, ediția a 3-a, Rotterdam, 1688.
(2) Ibid., Lettre IX, p. 205.
(3) Ibid., Lettre XVII, p. 398.
(4) Ibid, Lettre XVII, p. 388.

regicidul pentru care ek are o profundă aversiune. El consideră execuția lui Carol I al Angliei o acțiune teribilă. Dar cine este responsabil pentru exercitarea acestui drept de rezistență? Niciodată un individ, sub niciun pretext, nu-l poate exercita în mod legitim. Un individ nu alcătuiește un popor întreg, spune el, iar un suveran nedrept pentru un individ poate fi pentru alții un bun tată al patriei. Prin urmare, este mai bine să suferi decât să privezi publicul larg de protectorul său (1).

Numai poporul, luat în ansamblu, are dreptul să se opună actelor de opresiune prin forță și, din nou, prin cuvântul popor, trebuie să înțelegem reprezentanții națiunii și nu mulțimea.

În concluzie, mai trebuie să vedem cazul în care rezistența este permisă. Legea suverană este mântuirea poporului, spunea el, așa că nu trebuie niciodată să te opunem într-un Stat voinței suveranului decât atunci când aceasta duce pe deplin și direct la ruina societății, deoarece dacă poporul ar cere regelui repararea unor nedreptăți minore, ar suferi mult mai mult decât ar câștiga.

Pentru a rezista în mod legitim autorității publice, aceasta trebuie să cauzeze daune grave și ireparabile intereselor esențiale ale societății. „Când dauna este minoră și nu implică subversiunea totală a legilor și pierderea de vieți omenești și a religiei, este necesar să te supui acesteia (2).

Prin urmare, conform lui Jurieu, putem reduce la două condițiile necesare pentru ca rezistența să fie permisă:

---

(1) Ibid., Scrisoarea XVIII, p. 412.
(2) Jurieu, Scrisoarea XVIII, p. 413.

Pe de o parte, întreaga societate trebuie să fie afectată, iar pe de altă parte, trebuie să fie afectată într-un mod serios. Cu toate acestea, Jurieu nu se abține să adauge, asemenea scolasticilor, că și în această ipoteză, siguranța publică poate sfătui împotriva rezistenței „atunci când există mai mult rău de temut în a rezista decât de suferit. Mai mult, în ipotezele în care rezistența este admisă, nu trebuie uitat că, înainte de a recurge la ea, trebuie să fi încercat toate căile blânde pentru a învinge spiritul celor care guvernează și a le înmuia inimile" (1). Așa încheie Jurieu expunerea doctrinelor sale politice, schițând drepturile popoarelor și ale indivizilor anterioare și superioare Statului.

—————————

—————————

(1) Jurieu, Scrisoarea XVIII, p. 413.

CAPITOLUL VI

Secolul al XVIII-lea.

§ 12. Discipolii lui Puffendorf. - Mably. - Fiziocrații.

A fost un secol de reacție împotriva epocii absolutismului politic și religios a lui Ludovic al XIV-lea, ale cărui semne apăruseră deja într-un mod moderat în scrierile lui Fénelon, pentru a fi accentuate în cele ale lui Saint Pierre și Argenson, dușmani declarați ai guvernului regelui. Dintr-o mulțime de inovatori și gânditori care doreau să distrugă credințele trecutului și să modifice societatea din punct de vedere religios și politic, ies în evidență numele celebre ale unui Rousseau, un Montesquieu sau un Voltaire. Vechile școli persistă, se nasc altele noi. Puffendorf are discipoli precum Wolf, Burlamaqui și Vattel; Quesnay fondează economia politică.

Comentatorii lui Grotius și Puffendorf, discipolii școlii dreptului natural, dau mai multă precizie și claritate operei maeștrilor lor, nu fără a se abate uneori de la principiile formulate de aceștia.

Astfel, Burlamaqui (1) nu consideră că un popor își poate înstrăina complet libertatea prințului. Dacă unui individ vătămat nu i se permite să reziste, o națiune...

---

(1) J.-J. Burlamaqui, filosof, publicist și moralist din Geneva (1694-1748).

întreagă se poate ridica atunci când suveranitatea, în loc să urmărească binele comun, îi plasează pe supuși într-o stare mai rea decât starea naturală mereu incertă (1).

Dacă suveranul duce lucrurile la extrem, dacă tirania sa este insuportabilă și dacă pare evident că a pus la cale distrugerea libertății supușilor, atunci cineva are dreptul să se ridice împotriva lui și chiar să-i smulgă din mâini tezaurul sacru al suveranității (2).

Vattel (3), admițând că un popor poate da imperiul în toată suveranitatea principelui, care în acest caz nu este răspunzător de administrarea sa față de nimeni, se întreabă în cele din urmă dacă rezultă din aceasta că suveranul poate abuza de autoritatea sa cu impunitate. Probabil că nu. „Poporul", spune el, „chiar și în cazul în care nu și-a rezervat nimic, nu i-ar putea încredința Imperiul decât sub condiția tacită ca acesta să-l folosească pentru a procura binele și mântuirea societății. Dacă, așadar, principele eșuează în acest angajament indispensabil, dacă guvernează ca un tiran, el însuși încalcă pactul, sau contractul, care este fundamentul puterii sale; poporul își recapătă drepturile și poate pedepsi în mod legitim asupritorul (4).

Referindu-se apoi la caracterul promisiunilor pe care prințul le face poporului de a guverna bine, el concluzionează că acestea nu sunt promisiuni imperfecte, ceea ce în latină se numește pollicitatio; sunt promisiuni perfecte și

---

(1) Burlamaqui, Drept natural și politic, Partea a II-a, Capitolul VI (Cf. Lagarrigue, op. cit., p. 76).
(2) Burlamaqui, ibid.
(3) Emmerich de Vattel, publicist elvețian (1714-1767).
(4) Vattel, Chestiuni de drept natural, Berna, 1752, partea a VIII-a, p. 315 și următoarele.

obligatorii, întrucât sunt făcute solemn și chiar cu jurământ. Dacă suveranul guvernează tiranic, promisiunile pe care le-a făcut și jurat vor servi la consolidarea cu atât mai mult a dreptului pe care îl are poporul de a i se opune și chiar de a-i lua puterea de care abuzează (1).

Ca toți colegii săi de studiu, Vattel are grijă să adauge că nu este permis să tulburi Statul printr-o revoltă, în urma unor vexații care privesc doar câțiva indivizi; dimpotrivă, depinde de ei să sufere cu curaj, mai degrabă decât să expună Statul unor astfel de pericole. Numai poporul, sau cel puțin marea pluralitate, și numai atunci când există rele, poate risca totul mai degrabă decât să sufere, poate da o mână de ajutor de comun acord pentru a scutura jugul și astfel revoluția se desfășoară fără mari pericole pentru Stat (2).

Abatele de Mably (3), inspirându-se direct din Platon, facilitează influența ideilor platonice asupra Revoluției Franceze și asupra socialismului modern. Doctrina sa neagă principiul proprietății individuale, pe care îl consideră a fi răul radical al societății, și prezintă comunitatea bunurilor ca ideal al justiției sociale. Însă, în ceea ce privește drepturile pe care omul le posedă în starea naturală, Mably este recunoscut ca adevăratul succesor al lui Locke. Omul nu își înstrăinează niciodată drepturile și libertatea, la care nu poate renunța. Despotismul nu poate exista nici istoric, nici logic, atâta timp cât există drepturi pe care nu ești stăpân să le înstrăinezi (4).

---

(1) Ibidem, p. 337 și altele asemenea.
(2) Ibidem.
(3) Gabriel de Mably, filosof și istoric francez (1709-1875).
(4) Mably, Despre drepturile și îndatoririle cetățeanului, scrisoarea a III-a, p. 337 (Opere, Paris, anul III, vol. XI).

Dacă vreodată un popor, spunea el, ar consimți să se supună necondiționat autorității unui despot, ar fi un act folic, prin care oamenii, formând o societate, s-ar abate tocmai de la scopul esențial al societății, care este de a-și păstra viața, libertatea, pacea și proprietatea (1).

Rațiunea îi arată fiecărui cetățean drepturile pe care un guvern nu le poate încălca. Dacă într-o țară Statul este sacrificat pasiunilor prințului și dacă despotismul, dușmanul naturii și al drepturilor, duce la sclavie, datoria fiecărui cetățean bun este să răstoarne un astfel de despot. Poporul are întotdeauna dreptul de a schimba forma de guvernământ, deoarece în el rezidă puterea supremă și ar fi o nebunie să credem că suveranul se poate lega irevocabil prin propriile legi și poate deroga dinainte astăzi de cele pe care va considera necesar să le stabilească mâine (2). Toate aceste idei ne sunt în general cunoscute, ca fiind profesate de toți cei care s-au atașat doctrinei suveranității populare și a drepturilor naturale ale omului.

Însă acolo unde Mably se diferențiază de predecesorii săi, introducând o opinie mult mai îndrăzneață, este atunci când sfătuiește poporul să nu aștepte să apară cele mai grave abuzuri ale tiraniei. De îndată ce regele încearcă să-și mărească cheltuielile, să-și extindă prerogativele dincolo de limitele prescrise pentru el sau îndrăznește să spună că ceea ce are nu deține de la poporul său, națiunea trebuie atunci, la primul simptom de ambiție, să acționeze cu cea mai mare vigoare..

_____

(1) Ibidem, A treia scrisoare, p. 339.
(2) Mably, Despre drepturile și îndatoririle cetățeanului, scrisoarea a II-a, p. 341.

Sistemul său a fost puternic criticat pentru că duce la revoluții perpetue și războaie civile. De ce nu, răspunde el, războiul civil este uneori un mare bine. Este un rău în sensul că este contrar societății și fericirii pe care oamenii și-au propus-o prin formarea de societăți și că provoacă moartea multor cetățeni, așa cum amputarea unui braț sau a unui picior este un rău pentru mine, deoarece este contrară organizării corpului meu și îmi provoacă o durere arzătoare; dar când am gangrenă la un braț sau la un picior, această amputare este un bine. Astfel, războiul civil este un bine atunci când societatea, fără ajutorul acestei operații, ar fi expusă la pieire în gangrenă și, ca să vorbim fără metafore, ar risca să moară din cauza despotismului (2).

Acestea sunt teoriile abatelui de Mably, a cărui nuanță strict sedițioasă a făcut să pălească multe scrieri dinaintea sa, exprimând aceleași idei, dar într-un mod mai mult ideologic și literar decât practic.

Fiziocrații, fondatorii economiei politice moderne, au contribuit și ei la progresul și lărgirea concepțiilor sociale și politice.

Teoriile lor sunt pline de originalitate, deși uneori discutabile. Dar ceea ce este nou și solid în aceste teorii este faptul că au făcut din dreptul de proprietate fundamentul ordinii sociale. Puterea politică, potrivit lor, nu este responsabilă de elaborarea legilor, ci pur și simplu de descoperirea și recunoașterea legilor naturale ale ordinii sociale,

---

(1) Mably, Ibidem, scrisoarea a III-a, p. 349.
(2) Mably, Ibidem, scrisoarea a III-a, p. 325.

şi de punerea în aplicare a doar ceea ce este deja într-un fel pus în aplicare de natură (1).

Prin urmare, acestea sunt legate de doctrinele stării naturale. Omul se naşte cu drepturile sale inalienabile, pe care nu le pierde în niciun fel la intrarea în societate; dimpotrivă, comunitatea le întăreşte şi le garantează mai bine. Grupaţi, indivizii îşi sporesc exercitarea dreptului lor natural şi chiar îşi asigură întreaga întindere a acestei exercitări, dacă constituţia societăţii este conformă cu ordinea evident cea mai avantajoasă, relativă la legile fundamentale ale dreptului lor natural" (2).

Inspirat de principiile individualiste ale lui Locke, ne-am aştepta ca doctrina politică a fiziocraţilor să fie la fel de liberală ca doctrina lor economică, adesea formulată prin cuvintele laissez faire, laissez passer. Din păcate, este vicioasă şi regresivă. A încredinţa funcţia puterii, societatea însăşi, unei autorităţi tutelare, fără altă garanţie decât dovada acestor legi naturale, înseamnă a nega tot ceea ce experienţa şi ştiinţa au putut învăţa despre garanţiile care trebuie cerute puterii publice (3). Această doctrină a fost aspru criticată ca ducând la despotism. În lucrarea sa Despre ordinea naturală şi esenţială a societăţilor politice, Mercier de la Rivière încearcă să răspundă acestor critici, distingând două tipuri de despotism: despotismul arbitrar şi despotismul legal (4).

---

(1) P. Janet, op. cit., t. II, p. 636.
(2) Quesnay, Opere, citat de Lagarrigue, op. cit., p. 81.
(3) P. Janet, op. cit., t. II, p. 636.
(4) M. de la Rivière, Ordinul esenţial, c. XXIII şi XXIV.

Acesta din urmă, fiind bazat pe dovezi, adică pe cunoașterea adevăratelor legi ale ordinii sociale, nu prezintă niciun pericol; deoarece interesul suveranului este cel al supușilor săi. Despotismul arbitrar, dimpotrivă, se bazează pe ignoranță, nici măcar nu poate fi numit guvernare. El pune capăt tuturor legăturilor sociale dintre popor și despot.

Astfel, pentru fiziocrați, cel mai bun guvern este un guvern puternic care va merge până la absolutism; numai acesta poate garanta, în Stat, drepturile și libertățile indivizilor.

Un despot luminat se bucură, cel puțin în teorie, de toate luminile inteligenței și geniului; ordinele sale vor fi, prin urmare, întotdeauna pline de dreptate, iar supușii nu trebuie decât să se supună fără să se plângă.

Sub domnia unui astfel de principe înzestrat cu toate virtuțile, neexistând opresiune, nu putea fi vorba de rezistență (1).

Nu se poate nega însă că influența fiziocraților a fost mare și marcată de progres în vremea lor. Această școală numără printre discipolii săi un Turgot care a jucat un rol considerabil sub Ludovic al XVI-lea; un Dupont de Nemours, un Condorcet și un Mirabeau s-au distins pe rând în timpul Revoluției.

Gândurile acestuia din urmă, conținute în Eseul său despre despotism, ne permit deja să-l recunoaștem pe tribunul care avea să joace mai târziu un rol atât de important în Adunarea Constituantă revoluționară: Niciun om, conchide el, nu are dreptul să-l asuprească pe un alt om, pentru că nimeni nu ar vrea să fie asuprit, iar dacă unul își trage un drept din forță, altul mai puternic

---

(1) Porquier Lagarrigue, op. cit., p. 82.

va putea întotdeauna revendica același drept; un cetățean poate și trebuie să-și apere libertatea cu curaj și încăpățânare (1). Te poți apăra împotriva cuiva care atacă libertatea, așa cum îi respingi pe răpitorii soției sau a copiilor tăi; pentru un cetățean adevărat, apărarea împotriva unuia sau a altuia este cea mai sacră dintre îndatoriri (2). Toate aceste figuri fac parte din lunga procesiune de precursori ai marii revoluții franceze, alături de Montesquieu, Voltaire și Rousseau ale căror doctrine le vom examina pe scurt.

§ 13. Montesquieu.

Una dintre operele capitale ale secolului al XVIII-lea este, fără îndoială, Spiritul legilor, opera fundamentală a lui Montesquieu (3). Teoriile sale politice conțin cea mai declarată aversiunea și cea mai sângeroasă critică a despotismului, pe care l-a combătut cu cel mai mare succes, precum și ultimele vestigii de barbarie, sclavie și cruzime în legi (4). Cât despre filosofia legilor, Montesquieu o formulează astfel: Legile sunt relațiile necesare care decurg din natura lucrurilor. Aceasta înseamnă că legile nu decurg din capriciul legislatorilor, ci că se datorează anumitor condiții sociale și istorice. Diferența dintre legi provine din diferența dintre guverne; este, prin urmare, suficient să cunoaștem principiile fiecărui guvern pentru a le înțelege.

---

(1) Mirabeau, Eseu despre despotism, Londra, 1775, p. 264.
(2) Ibidem.
(3) Montesquieu (Ch. de Secondat, baron de), publicist ilustru și filosof francez (1689-1755).
(4) Janet, op. cit., t. II, p. 333.

spunea el, legile, ca si izvorul lor (1).

În legislația diferitelor popoare, putem distinge, conform lui Montesquieu, trei caracteristici principale. Există state ale căror legi par inspirate de virtutea publică și făcute de oameni, iar pentru oamenii care știu să se conducă singuri, ele cer cetățeanului un anumit sacrificiu al pasiunilor sale față de patrie, ceea ce ar împiedica dominația oamenilor unii asupra altora, plasându-i pe toți pe același nivel.

În alte state, legile par, dimpotrivă, să prescrie tot ceea ce tinde să-i facă pe anumiți oameni respectabili față de alții, stabilind astfel grade între cetățeni.

În cele din urmă, există state ale căror legi tratează oamenii ca pe niște brute, ignorând totul în afară de ascultarea oarbă; acesta este guvernul terorii.

Virtutea, respectul și frica, acestea sunt principiile din care decurg diferitele sisteme legislative și care ne conduc la trei forme de guvernare:

aceea în care un popor virtuos se poate guverna singur, sau republica, aceea în care poporul preferă legea virtuții, legea fixă care asigură securitatea, sau monarhia; în sfârșit, aceea în care poporul, ascultând doar de frică, nu poate fi guvernat de legi, ci de cea mai crudă forță a cuiva, sau despotismul (2).

Dintre aceste trei forme de guvernare, republica și monarhia au o constituție, un mecanism de reglementare a vieții publice, în timp ce despotismul

---

(1) Montesquieu, Spiritul legilor, L. I, c. II (Cf. Janet, op. cit., vol. II, p. 335).
(2) Montesquieu, op. cit., L. II, c. I.

bazându-se doar pe voința unei singure persoane, nu poate avea nimic sigur sau precis. Prințul este totul, oamenii nu sunt nimic. Montesquieu își îndreaptă cele mai sângeroase trăsături ale elocvenței sale împotriva unui astfel de guvern: Când sălbaticii din Louisiana, spune el, vor să aibă roade, taie copacul de la poalele lui și culeg fructele. Acesta este un guvern despotic" (1). „Întrucât principiul guvernării despotice este frica, scopul său este liniștea: dar nu pacea, ci tăcerea acestor orașe este pe cale să le ocupe inamicul (2). Aceste descrieri ironice ale despotismului sunt avertismente pe care Montesquieu le dă guvernelor moderate, tentate să dărâme barierele fericite care le separă de despotism (3).

Lăsând la o parte criticile la care se pretează această faimoasă teorie a celor trei guvernări, este fără îndoială clar că Montesquieu a fost un dușman convins al despotismului, împotriva căruia și-a concentrat toate forțele analizei și geniului său pentru a arăta greșelile unui astfel de guvern. Cât despre monarhii, acestea înclină din toate părțile spre despotism, „se corup atunci când se elimină treptat prerogativele corpurilor sau privilegiile orașelor, dar ceea ce a ruinat dinastiile Tsin și Sui, spune un autor chinez... este că prinții au vrut să guverneze totul imediat de la sine. Aluzia este îndreptată direct către monarhia franceză a lui Ludovic al XIV-lea, împotriva căreia nu a încetat niciodată, într-un mod mai mult sau mai puțin deghizat, să ridice critici severe.

---

(1) Ibid., L. II, c. V și L. V, c. XIV, XV.
(2) Ibid., L. VIII, c. II, III, IV.
(3) P. Janet, op. cit., t. II, p. 341.

Însă Montesquieu a devenit un fervent apărător al libertății civile în teoria sa despre Constituția Angliei, care nu a încetat niciodată să-i uimească pe teoreticienii din toate epocile.

El enunță acolo faimoasa definiție a unei Constituții libere, care stabilește principiul separării puterilor în stat.

O constituție este liberă atunci când nimeni nu poate abuza de putere și, prin urmare, puterea are o limită, deoarece oricine deține cea mai mică parte din ea este înclinat să o abuzeze. Astfel, într-o constituție liberă, puterea oprește puterea; de unde și necesitatea existenței mai multor puteri în Stat.

Montesquieu nu a fost primul care a distins mai multe funcții într-un guvern civil; Aristotel a fost primul care a conceput împărțirea celor trei puteri sau puteri, iar după el, Locke a reprodus-o. Ceea ce i se datorează lui Montesquieu este meritul de a fi arătat că prima garanție a libertății rezidă în această separare a puterilor, un principiu descoperit prin examinarea constituției engleze, pe care toți publiciștii îl ignoraseră înaintea lui. Dacă cel care deține puterea executivă într-un Stat, creează în același timp legile, în acest Stat nu există libertate, deoarece el poate face legi tiranice, pentru a le executa apoi, la fel, tiranic.

În acest fel, puterea executivă poate confisca după bunul plac bunurile supușilor săi, declarându-le proprietatea sa prin lege; ea poate astfel să ia libertatea și chiar viața cetățenilor, și aceasta în virtutea constituției. Dacă, dimpotrivă, executarea legilor este acordată puterii legislative, se obține același rezultat, chiar dacă aceasta ar fi aleasă de poporul însuși.

Prin urmare, libertatea și securitatea cetățenilor nu sunt

asigurate doar prin separarea acestor două puteri. Cât despre a treia putere, cea de a judeca, aceasta ar prezenta cel mai mare pericol pentru libertate dacă ar fi unită cu una dintre celelalte două puteri. În acest caz, magistratul are, ca executor al legilor, puterea pe care și-a dat-o ca legislator. El poate devasta statul prin voințele sale generale; și, întrucât are încă puterea de a judeca, poate distruge fiecare cetățean prin voințele sale particulare" (1).

Dar nu mai insistăm asupra importanței acestui principiu, devenit universal; ne este suficient să adăugăm în concluzie că Montesquieu, prin teoriile sale politice și sociale care au provocat atâtea reforme reușite, a adus cele mai mari servicii cauzei umanității.

§ 14. Voltaire.

Filosofia politică a secolului al XVIII-lea a fost criticată pentru că este prea preocupată de drepturile oamenilor și prea puțin de îndatoririle lor, dar dacă acuzația poate fi cumva justă, nu trebuie uitat că, timp de secole, oamenii s-au preocupat doar de îndatoririle lor, uitând complet de drepturile lor.

Până în secolul al XVII-lea, prinților, celor mari și puternici li se permisese să se deda la tot felul de nedreptăți, barbarie și abuzuri față de popor.

O legislație formată din rămășițele dreptului roman și ale dreptului feudal și prost adaptată noilor schimbări, nu păstra niciun respect pentru om;

---

(1) Montesquieu, citat de Janet, op. cit., t. II, p. 368.

societatea ducea lipsă de umanitate și chiar de dreptate. În această perioadă a transformărilor voluntare a apărut Voltaire (1), care, dintre toți scriitorii timpului său, a fost cel care s-a dedicat cu cea mai mare ardoare și a lucrat cu cea mai mare consecvență nobilei sarcini de a corecta prejudecățile și abuzurile (2) timpului său. Toleranța religioasă, abolirea iobăgiei și atâtea alte reforme și cuceriri sociale sunt strâns legate de numele lui Voltaire.

În politică, spiritul liberal al lui Voltaire se exprimă cu o îndrăzneală neobișnuită. Într-o scurtă lucrare intitulată Idei republicane, el ne lasă să vedem foarte clar ce gândește despre un popor care acceptă puterea despotică: Despotismul pur, spune el, este pedeapsa pentru conduita rea a oamenilor. Dacă o comunitate de oameni este stăpânită de unul singur sau de câțiva, este vizibil pentru că nu are nici curajul, nici priceperea de a se guverna singură. Nu este aceasta o modalitate de a arăta poporului calea spre libertate prin insurecție?

Nu a fost surprinzător când, câteva decenii mai târziu, Revoluția avea să poarte amprenta clară a acestui spirit voltairian. Guvernarea civilă pentru el era „voința tuturor executată de unul sau de mai mulți, în virtutea legilor pe care le-au adoptat toți" (3). În Eseul despre morală, vorbind despre Starea a Treia, el spune: Starea a Treia, care formează baza națiunii și care nu poate avea niciun interes particular, iubea tronul; sau, subliniind un

---

(1) Voltaire, celebru filosof și scriitor francez (1694-1778).
(2) Janet, op. cit., t. II, p. 408.
(3) Montesquieu, Idei republicane, citat de Janet, op. cit., t. 11, p. 413.

predicator sub Ludovic al XIII-lea care se dovedise îndrăzneț, el observă că exista atunci îndrăzneală, iubirea de libertate, atât de naturală oamenilor, apoi flata reformele ideilor republicane (1).

Egalitatea nu-i este mai puțin dragă: „Există țări", spune el, „demne să fie locuite de oameni, decât acelea în care toate condițiile sunt supuse în mod egal legilor (2).

Acestea sunt principii care, chiar și astăzi, au rămas mult mai mult în domeniul abstractului decât în cel al realizărilor concrete. Cuvântul umanitate îi era drag, dar atunci această noțiune nu devenise elastică și banală ca astăzi, la mila tuturor speculatorilor de idei; ea exprima „o solicitudine vie pentru tot ceea ce atingea omul, drepturile sale, demnitatea sa, fericirea sa" (3).

În acea vreme, se întâmpla ceva nou și neașteptat, care condamna societatea la transformări profunde. Sub greutatea corupției, a ruinei complete a tuturor instituțiilor medievale care înrobiseră atât mintea, cât și materia, vechiul edificiu al unei societăți care aparținea doar trecutului crăpa din temelii.

Pe rămășițele fumegânde ale acestui trecut abominabil, o filozofie îndrăzneață și generoasă și-a conceput opera, bazată pe principii ale dreptății și echității sociale. O puternică conștiință de sine a restaurat onoarea termenului „l'homo sum "

---

(1) Ibidem.
(2) Ibidem.
(3) Ibidem, p. 415.

a lui Terence care devenise motto-ul secolului și mai ales cel al lui Voltaire (1).

Astfel, idealul lui Voltaire, folosind filosofia ca armă, era să pună capăt prejudecăților seculare, care, adăpostite de opresiune și servitute, înăbușiseră glasul sfânt al umanității.

---

(1) Ibidem

CAPITOLUL VII

Enciclopediștii și epoca prerevoluționară.

§ 15. Diderot. - Condillac. - Helvetius. - Abatele de Raynal.

O nouă pleiadă de filozofi care sunt legati prin ideile lor de Enciclopedie, acest magnific repertoriu științific și filosofic al secolului al XVIII-lea, și de fondatorul său, Diderot, au amestecat în operele lor, doctrine politice, idei și pasiuni care aveau să caracterizeze mai târziu spiritul revoluționar.

În timp ce liderii revoluției citeau teoriile filosofice ale lui Montesquieu și Rousseau, inaccesibile masei, aceasta din urmă erau hrănita de fanatismul excesiv al lui Holbach, Raynal și Mably (1). Diderot (2), primul dintre enciclopediști, a acordat puțină atenție filosofiei. Cu toate acestea, aproape peste tot, în numeroase scrieri, el își dezvăluie ideile cu privire la regimul politic al timpului său. Combate ideea despotismului iluminat, susținută la acea vreme de economiști. „Se poate abuza de putere", spunea el, „atât pentru a face bine, cât și pentru a face rău (3). Confruntat cu guvernul arbitrar și abuziv al lui Ludovic al XV-lea, Diderot a lăudat guvernarea

---

(1) P. Janet, op. cit., t. II, p. 478.
(2) Denis Diderot, filosof francez, unul dintre cei mai fervenți susținători si promotori ai ideilor filosofice ale secolului al XVIII-lea (1713-1784).
(3) Diderot, Opere complete, Paris, 1875, t. IV; Miscellanea, p. 448.

liberală al Ecaterinei a II-a a Rusiei: În momentul în care Majestatea Voastră este ocupată să creeze cetățeni, noi suntem ocupați să creăm sclavi (1).

Condillac (2), un prieten al lui Diderot, aparținând și el partidului filozofilor, are idei foarte liberale. El susține că legile erau la început doar obiceiuri, convenții tacite care reglementau diferitele relații dintre indivizi. Aceste convenții prezentând un serios dezavantaj prin varietatea lor, s-a simțit nevoia de a le fixa și așa au devenit legi pozitive (3). Apoi, pentru a asigura executarea acestor legi, era necesară o putere, un suveran. El nu uită, vorbind despre distribuția puterilor, ceea ce fixează distincția dintre guverne, pentru a ne oferi definiția a ceea ce el numește un guvern liber: „Este cel care reglementează utilizarea puterii suverane, în așa fel încât cetățenii sunt sustrași oricărei autoritati arbitrare și că forța acesteia este folosită exclusiv pentru a reprima licența "(4). Preocupările lui Condillac se extind mai presus de toate, urmând exemplul lui Montesquieu, la despotism, când cele trei puteri sunt unite în mâinile unei singure puteri. Între republică și despotism, el plasează monarhia moderată, caracterizată prin faptul că monarhul nu poate schimba arbitrar legile fundamentale.

_____

(1) Diderot, Eseu istoric despre poliție, Rev. hisl., t. XXV, 1884, iulie-august.
(2) Etienne Bonnot de Condillac, faimos filosof francez, conducător al școlii senzualiste (1715-1780).
(3) M. Bérenger, Spiritul lui Mably și Condillac, Grenoble, 1789, p. 21 și următoarele.
(4) Bérenger, op. cit., p. 49.

Helvétius (1), în scrierile sale, „Despre spirit și om", ne transmite câteva principii interesante pentru înțelegerea simptomelor și a spiritului vremurilor. De asemenea, insistă mult asupra despotismului, din care vede două surse: cel stabilit prin cucerire și arme și cel stabilit prin timp, lux și blândețe. Apoi enumeră efectele triste ale acestuia din urmă: 1. Oamenii aflați la putere nu pot avea nicio idee despre dreptate și nu sunt niciodată animați de altceva decât de acel spirit de egoism și vertij care anunță distrugerea imperiilor. 2. Este în natura despotismului să înjosească și să degradeze sufletele; iar disprețul, degradarea poporului întreține ignoranța vizirilor. 3. Un al treilea efect al despotismului este ridicolul in care se aruncă virtutea; aceasta este onorată doar cu numele. 4. În cele din urmă, guvernele despotice sunt ușor răsturnate. Cum ar putea un popor sclav să reziste unei națiuni libere (2)?

Nici aristocrațiile nu sunt preferabile, deoarece acolo puterea se află în mâinile unui anumit număr, iar fericirea celor mulți este sacrificată intereselor și orgoliului celor puțini.

Guvernarea de către toți, aceasta este cea mai bună formă de guvernare. „Să nu se mire nimeni", a spus el, „dacă această formă de guvernare a fost întotdeauna citată ca fiind cea mai bună. Cetățenii respectă doar legislația pe care și-au dat-o singuri. Ei văd deasupra lor doar dreptatea și legea."

În De l'Homme, Helvétius dedică mai multe

―――――――――

(1) Helvétius (Claude Arien), scriitor și filozof francez (1715-1771).
(2) Helvétius, De l'esprit, Disc. III, c. XVII și s.

capitole pentru a apăra libertatea presei. „Prințul datorează națiunilor adevărul și libertatea presei ca mijloc de a îl descoperi" (1).

Gândirea lui Helvétius reprezintă bine spiritul reacționar al vremii, împotriva viciilor flagrante ale vechiului regim.

Filosoful care a folosit mult mai multă pasiune, claritate și violență decât Helvétius, raliindu-se la ipoteza contractului social, pentru a explica rațiunea existenței unei societăți a fost d'Holbach. Pentru el, societatea este o adunare de indivizi uniți de nevoia de conservare și fericire comună. Fiecare cetățean încheie un pact tacit cu aceasta, dobândind astfel drepturi asupra societății (2). Același pact care îi leagă pe membrii societății între ei îi leagă și de guvern. „Rămâne, așadar, între popoare și conducătorii lor un pact conceput aproximativ în acești termeni: Angajați-vă să ne guvernați bine... Dacă ne faceți doar rău, angajamentele noastre sunt nule." Dacă uneori acest pact nu este scris sau stipulat în mod expres, este pentru că popoarele nu au prevăzut opresiunea și, cedând puterea suveranilor, nu au intenționat în niciun fel să-i autorizeze să facă rău. La fel ca Helvétius, d'Holbach (3), pentru a protesta împotriva puterii arbitrare și a monarhiei lui Ludovic al XV-lea, a atacat despotismul, o denumire vagă și elastică sub care erau acoperite toate abuzurile (4).

Despotismul, a spus el, nu este o formă de guvernare

---

(1) Helvétius, Despre om, c. XII.
(2) Holbach, Sistemul social, Partea a II-a, c. I.
(3) Holbach (Baron de), filosof materialist și ateu, de origine germană; A trăit și a murit la Paris (1723-1789).
(4) P. Janet, op. cit., t. II, p. 492.

este absența tuturor formelor (1). D'Holbach nu-i cruță pe suverani de atacurile sale violente. Suveranii și-au creat un cod separat, conform căruia fiecare crimă fericită este justificată. A asasina un om înseamnă a comite o crimă; a asasina națiuni marchează un scop eroic. Politica a devenit în multe țări o adevărată conspirație împotriva poporului. În aproape toate părțile globului nostru, suveranul este totul, națiunea este nimic. Singura crimă în politică este să nu reușești (2). Un rege bun este un produs foarte rar, iar experiența dovedește că un rege bun poate fi înlocuit în orice moment de un monstru sau de un nebun. Stabilitatea monarhiilor pe care le lăudăm atât de mult seamănă cu acele boli cronice care subminează corpul uman.

D'Holbach își îndreaptă spiritul critic împotriva despotismului tuturor statelor. Având un caracter îndrăzneț și violent, a contribuit la răspândirea ideilor de libertate după care poporul era dornic.

Lucrarea care a contribuit cel mai mult la răspândirea violenței ideilor și a furiei pasiunilor politice în rândul maselor a fost celebra „Istorie filosofică și politică a stabilimentelor comerciale ale europenilor în cele două Indii", de abatele de Raynal (3). El tună împotriva tiraniei și, la fel ca La Boétie, o denunță ca fiind opera poporului și nu a regilor: „De ce sunt tolerate? De ce nu protestăm cu aceeași vehemență împotriva întreprinderilor despotismului, pe care el însuși le folosește cu violență și artificiu pentru a acapara

----

(1) D'Holbach, op. de exemplu, c. XIII.
(2) Ibid., c. XII și colab.
(3) Raynal (Abbé Guillaume-Thomas-Fr.), istoric și filozof francez (1713-1796).

facultățile oamenilor? În ochii lui, strigătele de robire sunt o rebeliune? Omul care ar revendica drepturile omului ar pieri în abandon și în infamie (1)."

Declamațiile sale împotriva regalității au fost atât de violente încât abatele si-a atras mustrarea Facultății de Teologie din Paris: Regii, spunea el, își dețin puterea numai de la Dumnezeu. Această maximă imaginată de cler nu este decât un lanț de fier care ține o întreagă națiune la picioarele unui singur om. Libertatea se va naște din sânul opresiunii; ea este în toate inimile. Toți oamenii vor simți, și ziua trezirii nu este departe, că libertatea este primul dar al cerului. Dacă oamenii și-ar cunoaște prerogativele, acest obicei străvechi al Ceylonului, de a condamna la moarte monarhul care încalcă legile, ar subzista în toate regiunile pământului... Amintirea acestei mari lecții durează secole și inspiră o teroare mai salutară decât moartea a o mie de vinovați. Te eliberezi de opresiunea unui tiran fie prin expulzare, fie prin moarte. Tiranul este un monstru cu un singur cap care poate fi doborât,,dintr-o singură lovitură." Acest limbaj violent și declamatoriu a avut un succes prodigios, iar opera abatelui de Raynal, deși lipsită de originalitate, a contribuit enorm la apariția unor planuri revoluționare.

Conștiința unei revoluții iminente se năștea în toate mințile limpezi și, deja din 1750, oamenii trăiau într-o așteptare perpetuă. D'Argenson scria la acea vreme: „Vorbim despre necesitatea unei revoluții iminente doar din cauza stării precare a unui guvern

---

(1) Raynal, Hist. philos., XVIII, 3 (t. X, p. 212, ed. 1785).

intern (1). Sau din nou: „Toate ordinele sunt nemulțumite. Materialele fiind peste tot combustibile, o revoltă poate duce la revoltă și de la revoltă la o revoluție totală în care ar fi aleși adevărați tribuni ai poporului, comitete, comune și în care Regele și miniștrii ar fi lipsiți de puterea lor excesivă de a provoca daune" (2).

Scrierile filosofilor își făcuseră treaba, secolul era în plină efervescență. Grimm, cel mai sceptic dintre enciclopediști și cel mai puțin posedat de acest entuziasm revoluționar al secolului, scria și el în corespondența sa: „Această neliniște care lucrează în tăcere asupra minților și le conduce la atacarea abuzurilor religioase și politice, este un fenomen caracteristic secolului nostru, așa cum spiritul reformei a fost în secolul al XVI-lea și prevestește o revoluție iminentă și inevitabilă. Se poate spune că Franța este centrul acestei revoluții" (3).

---

(1) D'Argenson, Memorii, VI, p. 464, citat de Raléa, op. cit., p. 46.
(2) Ibidem, VII, p. 51.
(3) Grimm, Corespondența, V, p. 358 și următoarele.

CAPITOLUL VIII

Două Revoluții.

§ 16. Revoluția Americană și Declarația de Independență.

––––––––––

Opera critică a filosofiei secolului al XVIII-lea, condensând în principii luminoase regulile unei noi societăți, fondate pe principii de drept, se pregătea să transpună în fapt schimbările pe care le adusese deja în ideile și mințile sfârșitului de secol.

Două mari evenimente, petrecute pe două continente diferite, dar aproape succesiv, au fost rezultatele acestei efervescențe filozofice: Revoluția Americană și Revoluția Franceză.

Poporul american, înclinat mult mai mult spre practică decât spre speculații abstracte, nu se preocupă de aceste mari construcții teoretice, precum cele pe care le-am întâlnit în gândirea engleză a secolului al XVIII-lea sau în gândirea franceză a secolului al XVIII-lea. Publiciștii americani și-au expus ideile politice chiar în acțiune, amestecându-se în mișcarea faptelor; singura lor preocupare a fost să înscrie principiile în legi și nu să caute aceste principii (1).

În afară de această trăsătură caracteristică, care este legată într-un fel de particularitățile rasei, nu este mai puțin adevărat că insurecția americană a fost precedată de

––––––––––

(1) Janet, op. cit., p. 694.

numeroase scrieri, în care apărătorii poporului american și-au formulat drepturile împotriva guvernului englez.

Printre aceste scrieri, cea care a avut cel mai mare succes a fost o broșură foarte scurtă a lui Thomas Payne (1), intitulată „Common Sense", care își păstrează meritul de a fi fost prima care a exprimat deschis ideea republicană în secolul al XVIII-lea. „Common Sense" începe cu o distincție între societate și guvernul său, o distincție prost înțeleasă până atunci de publiciști. „Unii scriitori", a scris el, „au confundat societatea cu guvernul, ca și cum ar exista doar o mică diferență, în timp ce acestea nu sunt distincte doar prin ele însele, ci și prin originea lor. Societatea este produsă de nevoile noastre; guvernul de viciile noastre; prima ne procură fericirea într-un mod pozitiv, prin unirea afecțiunilor noastre; cea de-a doua într-un mod negativ, prin restrângerea viciilor noastre. Una încurajează unirea, cealaltă creează distincții. Una protejează, cealaltă pedepsește (2).

Concluziile unei astfel de distincții, care indică guvernul ca agent al tuturor relelor pe care ar trebui să le suferim fără el, tind spre suprimarea sau schimbarea guvernului.

Alături de Thomas Payne, îl putem încadra pe Franklin (3), acest Socrate modern care a rezumat experiența umană în maxime concise și ingenioase. În "Regulile sale pentru

---

(1) Th. Payne, publicist englez, naturalizat francez, a fost numit membru al Convenției (1737-1809).
(2) Th. Payne, Simț comun (Cf. Janet, op. cit., p. 694).
(3) Benjamin Franklin, om de stat și publicist american; filosof și moralist, a fost unul dintre fondatorii independenței americane (1706-1790).

pentru a face dintr-un imperiu mare, unul mic", însumând într-o formă ironică toate nemulțumirile poporului american și pretențiile sale de independență, el formulează într-un fel o întreagă teorie a secesiunii (1).

Jefferson se exprimă apoi ca un dușman al regalității europene: „Dacă cineva îi consideră pe regi, nobili sau preoți drept gardieni fideli ai fericirii publice, trimiteți-l acolo; este cea mai bună școală din univers care să-l vindece de această nebunie. Va vedea cu ochii lui că aceste clase de oameni formează o linie radicală împotriva fericirii națiunii." Și mai departe: „Numai poporul ne poate proteja împotriva unor astfel de flageluri, iar impozitul care va fi plătit împotriva ignoranței nu va fi nici a mia parte din ceea ce va trebui plătit regilor, preoților și nobililor."

Jefferson este un susținător fervent al libertății, iar tulburările care o însoțesc uneori nu-l sperie. Astfel, referindu-se la unele revolte care avuseseră loc în Massachusetts, el spune: „Evenimentele de acest fel dau naștere la temeri exagerate în anumite minți mai susceptibile la frică decât la speranță. Oameni de acest fel sunt înclinați să concluzioneze prea repede că natura omului este de a fi incapabil să fie guvernat altfel decât prin forță. O astfel de concluzie nu se bazează nici pe principii, nici pe experiență" (2).

Potrivit lui, există trei tipuri de societăți: cele care trăiesc fără guvernare, precum indienii, pe care îi consideră poate cea mai bună formă, dacă nu ar fi ireconciliabilă cu creșterea populației; cele care trăiesc sub

---

(1) Janet, op. cit., p. 696.
(2) Jefferson, citat de Janet, p. 714.

un guvern cu participarea cetățenilor; în final, cei care au guverne al căror principiu este forța: este dominația lupilor asupra oilor. »

Jefferson consideră că a doua formă, care există într-o mică măsură în Anglia și mult mai mult în America, este singura demnă de natura umană, chiar dacă ar fi dobândită cu prețul unor tulburări.

Gândirea secolului al XVIII-lea traversase Atlanticul, iar promotorii independenței americane erau profund impregnați de ea. Ideea de pact sau contract social, care la acea vreme avusese un impact imens, datorită celebrei cărți a lui J.-J. Rousseau, domina mințile tuturor.

Ghidați de această idee a unui contract social, constructorii noului stat american au inaugurat sistemul declarațiilor de drepturi, ca formând pactul social al noilor societăți politice.

Astfel, Declarația de Independență din 1776 este precedată de o formulă care enumeră drepturile inalienabile ale individului, care vor fi chiar obiectul pactului social pentru toate noile state, constituite după ce s-au scuturat de jugul Angliei. Poporul Virginiei, primul, a adoptat în convenție națională, la 1 iunie 1776, o declarație care va servi drept model pentru toate celelalte colonii care au devenit state independente. Articolul 3 al acestei declarații trasează în linii clare scopul guvernului și sancțiunile, atunci când acesta ar fi incapabil sau contrar scopului urmărit: Guvernele sunt instituite pentru binele comun, pentru protecția și siguranța poporului, a națiunii sau a comunității. Ori de câte ori un guvern este incapabil să îndeplinească acest scop, sau va fi contrară acestora, pluralitatea națiunii are dreptul indubitabil, inalienabil, inalterabil de a o desființa.

Caracterul de pact social, aparținând declarațiilor americane ale drepturilor, reiese și mai clar dacă ne amintim că acestea au fost supuse unui referendum și astfel toți membrii comunității s-au angajat solemn să respecte clauzele contractului (1). Teoria contractului social care datează de la Sfântul Augustin, traversase Evul Mediu, epoca modernă și, după ce a fost formulată în termeni răsunători de către filosoful din Geneva, și-a găsit în cele din urmă în America o realizare concretă și eficientă.

Ceea ce ne interesează în mod deosebit în aceste pacte sociale este faptul că dreptul la insurecție, care fusese subiectul unor discuții filozofice seculare, este de data aceasta consacrat într-un text constituțional și din nou în circumstanțe care, sociologic și juridic, nu lasă nicio îndoială cu privire la existența sa.

Trebuie adăugat că nu este prima dată când ne confruntăm cu un text legal care recunoaște dreptul la insurecție, lucru pe care îl vom arăta mai târziu, dar în timp ce celelalte sunt inspirate intuitiv de viciile sau dezechilibrul în exercitarea puterii, acesta se datorează concepției care admite existența unor drepturi naturale imprescriptibile ale omului, având ca scop definit limitarea puterilor Statului.

§ 17. Revoluția Franceză și Declarațiile Drepturilor.

Al doilea eveniment major adăugat ca

---

(1) Duguit, Tratat de drept constituțional, vol. III, p. 600.

si concluzie a curentelor revoluționare de idei din secolul al XVIII-lea a fost Revoluția Franceză. Pe măsură ce se apropia marele eveniment, scrierile deveneau din ce în ce mai puțin teoretice, principiile enunțate erau deja răspândite și acceptate peste tot, tot ce mai rămânea era să se tragă consecințele (1). Nu duceau lipsă scrierile circumstanțiale referitoare la îmbunătățirea socială și emancipare. Mirabeau și Siéyès au fost doi oameni care au avut cea mai mare influență în Adunarea Constituantă și care au contribuit cel mai mult la determinarea sensului și a amplorii revoluției.

Operele politice ale primului, mare tribun al Revoluției, sunt destul de mediocre și chiar confuze, fără a fi însă lipsite de importanță și originalitate. Însăși titlurile lor, precum „Eseul despre despotism" și„ Lettres de cachet", de netrecut cu vederea, indică în sine spiritul scrierilor lui Mirabeau, care a jucat un rol atât de important la începuturile revoluției.

Cât despre abatele de Siéyès, un exemplu viu de oportunitate și tactică politică, acesta a scris în lucrarea sa „Ce este Starea a Treia?", prefața nemuritoare la marea Revoluție Franceză.„ Starea a Treia" este o națiune completă, spunea el. Dacă am elimina ordinea privilegiată, națiunea nu ar fi ceva mai puțin, ci ceva mai mult. Ordinul nobililor este un popor aparte în marea națiune. Starea a Treia este totul" (2).

El a prevăzut chiar dinainte cum va avea loc revoluția: Se va spune că Starea a Treia nu poate forma singură un Stat Generale. Cu atât mai bine! Va forma o Adunare

_____

(1) Janet, op. cit., t. II, p. 719.
(2) Ibidem, p. 723,

Națională. Într-adevăr, Siéyès nu se înșela; constituirea unei adunări naționale de deputați aparținând celei de-a treia stări a fost actul cu adevărat revoluționar din 1789. Dar scopul nostru nu este să ne oprim asupra faptelor care au urmat izbucnirii revoluționare; acestea sunt bine cunoscute. Ceea ce am dori este să scoatem mai clar în evidență interesul și valoarea marii cuceriri realizate de filosofia secolului al XVIII-lea și al cărei rezumat se găsește, fără îndoială, în Declarațiile Drepturilor.

Adunarea Națională din 4 august 1789 a decis ca noua constituție să fie precedată de o declarație de drepturi, precum statele din America de Nord.

Deși Franța nu era, precum coloniile engleze de peste mări, un stat nou care se constituia sub influența contractului social, printr-o adeziune comună de a conviețui conform anumitor legi, nu este mai puțin adevărat că Adunarea Națională se gândea la o reconstrucție generală pentru care era necesară întocmirea pactului societății regenerate care urma să se nască din revoluție (1).

Ideea a fost exprimată oficial de membrii proeminenți ai adunării, în special de Lally-Tollen-dal și de Desmeuniers: „Trebuie să facem", spunea primul, „o Declarație a Drepturilor Tuturor care este, ca să spunem așa, un pact social, un contract universal; trebuie să facem o declarație a drepturilor", spunea celălalt, „care precede constituția franceză, adică o declarație de principii comune tuturor guvernelor" (2). Caietele bailiului din Nemours vorbiseră deja „despre necesitatea

---

(1) Duguit, op. cit., t. III, p. 602.
(2) Arhivele Parlamentare, VII, p. 222 și 334.

stabilirii care sunt drepturile omului și ale cetățeanului."

În caietele orașului Paris găsim și un proiect de declarație a drepturilor, dar cel care a propus primul Adunării să preceadă Constituția cu o astfel de declarație a fost La Fayette.

Proiectul pe care l-a prezentat, susținut, pe lângă alte considerații, de prestigiul numelui său și de memoria rolului său în Războiul de Independență al Americii, a fost acceptat prin aclamații (1).

Principiile Declarației franceze din 1789 nu sunt conținute doar în actul care precede Constituția, fără a face parte din aceasta; ele se regăsesc chiar în preambulul Constituției. „Reprezentanții poporului francez", spune preambulul, „constituiți în Adunare Națională, considerând că ignoranța, uitarea sau disprețul față de drepturile omului sunt singurele cauze ale nenorocirilor publice și ale corupției guvernelor, au hotărât să expună într-o declarație solemnă drepturile naturale, inalienabile și sacre ale omului, astfel încât actele puterilor legislativă și executivă, putând fi comparate în orice moment cu scopul oricărei instituții politice, să fie mai respectate..."

Declarațiile Drepturilor tind, așadar, să determine limitele în care se poate extinde acțiunea Statului și de aceea au fost formulate ca principii solemne, care trebuie impuse legiuitorului constituant, ca și legiuitorului obișnuit.

_____

(1) Duguit, op. cit., t. III, p. 603.

I. Proclamația dreptului de insurecție.

Oamenii revoluției, punând la baza noii ordini sociale, fondată în 1789, Declarația Drepturilor, acest act solemn, atât filosofic, cât și politic, care rezuma aspirațiile întregii gândiri a secolului al XVII-lea, nu au uitat să includă în ea garanțiile împotriva oricărei tentative de anihilare a unei moșteniri care i-a costat atât de scump. Au avut grijă, mai întâi, să determine clar scopul Statului și apoi să enumere drepturile naturale și imprescriptibile ale omului: „Scopul oricărei asocieri politice este conservarea drepturilor naturale și imprescriptibile ale omului; aceste drepturi sunt: libertatea, proprietatea, securitatea și rezistența la opresiune (1). Nimic nu este mai caracteristic în această Declarație a Drepturilor decât absența oricărui mecanism învățat, a oricărei combinații studiate, pentru a ajunge la enunțarea garanțiilor, menite să asigure respectarea libertăților pe care le proclamă; ea pur și simplu înarmează în spatele acestor libertăți dreptul la insurecție (2).

Însă ceea ce Constituanții din 1789 recunoșteau doar dincolo de un anumit punct prin deducție, celor din 1793 le revenea să fie mai logici în scopul declarațiilor de drepturi.

Convenția s-a întrunit pe 21 septembrie 1792 și, decretând abolirea regalității, a declarat că nu poate exista o altă Constituție decât una acceptată de popor. A fost numit un comitet constituțional, iar pe 15 februarie 1793, Condorcet a prezentat ideile acestui comitet. Numărul de

––––––––––

(1) Declarația Drepturilor din 1789, articolul II din preambul.
(2) E. Boutmy, Studii de drept constituțional, Paris, 1895, p. 50 și s.

proiecte au abundat; rezistența la opresiune și corolarul acesteia, dreptul la insurecție, au făcut obiectul unor discuții ample și tumultoase.

La 17 aprilie 1793, raportorul Romme a prezentat Convenției primul proiect al Declarației Drepturilor, al cărui articol 18 proclama: „Toți cetățenii au dreptul să se ridice, prin toate mijloacele aflate la putere, împotriva oricui ar uzurpa puterea poporului (1). Articolul 19 al aceluiași proiect continua: „Insurecția, atunci când este provocată de sentimentul profund și general de opresiune adus la apogeu, de neputința sau disprețul protestelor pașnice formulate împotriva unei legi tiranice sau împotriva actelor arbitrare, este un drept religios și sacru care emană din suveranitatea poporului, căruia numai îi aparține să-i păstreze libertatea, atunci când aceasta este încălcată de autoritățile rebele" (2). Au urmat apoi proiectele Harnaud, Barère și Boissy-d'Anglas, concepute în același sens. Proiectul Carnot are un caracter mai clar: „Fiecare cetățean", spune el, „are dreptul să se înarmeze pentru propria apărare; și în pericol iminent pentru sine sau pentru binele public, are dreptul să respingă forța cu forța" (3). François Poultier merge până la tiranicid: „Fiecare cetățean", spune el, „poate ucide un uzurpator".

Romme, raportorul comitetului de analiză, a citit apoi o declarație a diferitelor proiecte ale Declarației Drepturilor și, prezentând unul dintre aceste proiecte adunării, a adăugat, referitor la articolul 32 al acestui proiect care propune organizarea legală a rezistenței, o perorație care a rămas celebră

---

(1) Arhivele Parlamentare, seria a treia, vol. 62.
(2) Ibidem.
(3) Ibidem.

de atunci. Referindu-se la dreptul pe care îl au toți cetățenii de a solicita revocarea unei legi opresive și la cazul în care chiar această lege, împotriva căreia doresc să protesteze, distruge libertatea presei, dreptul de petiționare, dreptul de întrunire pașnică, drepturi sacre care sunt garanția existenței noastre sociale, el concluzionează că atunci remediul în acest caz extrem și critic constă în voința imediată a poporului.

„Insurecția", a spus el, „este așadar un drept sacru, imprescriptibil și superior legii, iar acest drept, în exercitarea sa, nu cunoaște alt regulator decât însăși virtuțile celor asupriți și devotamentul lor generos și sublim față de păstrarea libertății publice. Prin insurecție ne-am rupt lanțurile în 1789; tot prin ea a fost răsturnată tirania în 1792."

„În semn de recunoștință și pentru a da o lecție națiunilor și generațiilor viitoare, ar trebui ridicată o statuie dedicată insurecției și amplasată ca santinelă lângă Statuia Libertății, pentru a le reaminti încontinuu oamenilor de drepturile lor și celor ambițioși de pedeapsa care îi așteaptă pe uzurpatori" (1).

Acestea sunt cuvinte mărețe care nu sunt rostite de două ori în istorie și care, cu cuvintele lor răsunătoare, vor călăuzi generațiile viitoare pe calea spre libertate.

Convenția Națională a votat la 23 iunie 1793 noua Declarație a Drepturilor Omului și Cetățeanului, publicată în fruntea Constituției din 24 iunie 1793. Articolul 11 al acestei Declarații proclamă: „Orice act exercitat împotriva unui om în afara cauzei și fără formele pe care le stabilește legea este arbitrar și tiranic; acela împotriva căruia s-a

---

(1) Arhivele Parlamentare, seria I, vol. 62, p. 266: Roma.

dorit a fi executat prin violență, are dreptul să îl respingă prin forță. Articolul 33: „Rezistența la opresiune este consecința celorlalte drepturi ale omului. Articolul 35: Când guvernul încalcă drepturile poporului, insurecția este pentru popor și pentru fiecare parte a poporului, cel mai sacru dintre drepturi și cea mai indispensabilă dintre îndatoriri. Și, în final, articolul 34: „Există opresiune împotriva societății, atunci când unul dintre membrii săi este oprimat. Există opresiune împotriva fiecărui membru atunci când societatea este oprimată."

Prin urmare, dacă Constituanții din 1789, recunoscând rezistența la opresiune, au implicat în mod formal dreptul la insurecție, Convenționalii din 1793 l-au recunoscut în mod expres. Nu contează prea mult faptul că Constituția din 1793 nu a fost niciodată aplicată și că a căzut, ca toate libertățile consacrate în ea, sub tirania Comitetului „Salutului Public". Dovezile istorice sunt concludente: poporul și reprezentanții săi au proclamat rezistența revoluționară împotriva oricărei opresiuni, fie ea parțială sau generală, exercitată împotriva unui membru sau împotriva întregii comunități sociale. După căderea lui Robespierre, autorii Constituției din anul III, preocupați să găsească un sistem de guvernare în care orice despotism și orice insurecție ar fi imposibile, au venit cu declararea îndatoririlor cetățeanului, suprimarea egalității politice, separarea puterii legislative în două camere, slăbirea executivului și, în final, dispariția dreptului de rezistență
la opresiune și insurecție (1). Ar trebui să considerăm dispărut pentru totdeauna dreptul

_____

(1) Porquler Lagarrigue, op. cit., p. 87.

la insurecție din legislația franceză? Răspunsul depinde de o altă întrebare, și anume dacă Declarația Drepturilor este încă în vigoare, dacă mai are valoarea pozitivă a unei legi, în așa fel încât dacă legiuitorul constituant sau obișnuit care a făcut o lege în contradicție cu principiile pe care le formulează, ar face o lege contrară legii, sau această Declarație este doar o simplă afirmație de principii fără forță efectivă, fiind de mult decăzută în desuetudine.

Pentru moment, un lucru trebuie ținut minte: Declarația Drepturilor, pe care opinia liberală și democratică o considerase drept fundamentul necesar și de nezdruncinat al noii ordini sociale, a precedat ca un fel de Decalog toate constituțiile ulterioare Revoluției, cu excepția legilor constituționale din 1875, când s-a renuntat la această tradiție, nu sub influența curentelor pozitiviste, așa cum susțin unii autori, ci sub presiunea evenimentelor care impuneau graba unei constituții, chiar dacă aceasta era provizorie.

Declarația Drepturilor a supraviețuit, în ciuda acestui fapt, tuturor cataclismelelor politice, și aceasta este cea care formează substratul politic al Franței moderne și, prin repercusiunile pe care nu a ezitat să le aibă asupra întregii lumi, constituie baza aproape tuturor sistemelor politice ale Europei (1).

———

(1) Joseph Barthélemy, Principiile dreptului public, Curs 1932.

CAPITOLUL IX

Filosofia germană.

§ 18. Kant. - Fichte.

Filosofia politică a secolului al XVIII-lea căpătase caracterul unei adevărate cruciade, luptând pentru cauza libertății și pentru alte drepturi ale omului. Spre sfârșitul acestui secol, a devenit din ce în ce mai agresivă și militantă; a abandonat cărțile pentru tribune și a coborât din studiu în piața publică, traducându-și principiile în fapte concrete. Însă, în timp ce această filozofie, care își avea centrul de greutate în gândirea franceză, folosea rațiunea pentru a critica defectele societății, Kant (1), celebrul filosof german, a început să critice însăși rațiunea. Punctul caracteristic al doctrinei sale este acela de a fi legat politica de drept și dreptul de morală (2). A ne ocupa de toate problemele tratate de Kant ar însemna să depășim sfera limitată a lucrării noastre, așa că ne vom limita la teoriile sale politice și în special la cea a dreptului la insurecție, prin care încearcă să se întoarcă la curentul gândirii din secolul al XVIII-lea.

Inspirandu-se din ideile secolului al XVIII-lea, Kant a adoptat pe deplin principiul separării puterilor în stat

---

(1) Emmanuel Kant, filozof german, născut și murit la Königsberg (1724-1804).
(2) Janet, op. cit., t. II, p. 574.

a lui Montesquieu, precum și teoria originală a contractului a lui Rousseau. Este considerat discipolul și succesorul filozofilor francezi, iar liberalismul său se opune în mod obișnuit absolutismului pangermaniștilor (1). La fel ca predecesorii săi, el ia ca punct de plecare al doctrinei sale politice starea naturală, în care, cu prețul anumitor limitări, recunoaște autonomia individului. „Acest drept unic, originar", spune el, „pe care fiecare persoană îl posedă prin singurul fapt că este om, este libertatea, independența față de orice constrângere impusă de voința altora, în măsura în care poate fi compatibilă, conform unei legi generale, cu libertatea fiecărei persoane (2).

Starea naturală ar include, așadar, o reciprocitate a obligațiilor. Filosoful continuă apoi cu necesitatea intrării în societatea civilă, fără a vedea în starea naturală o stare de nedreptate, ci cel mult o stare lipsită de garanții juridice, „status justitia vacuus", unde controversele juridice nu vor găsi un judecător competent să pronunțe o hotărâre având putere de lege (3). Diferența dintre cele două stări ar fi că în starea naturală nu există justiție distributivă, în timp ce în statul civil sau juridic, care de altfel nu conține nimic mai mult decât starea naturală, condițiile universale și publice permit fiecăruia să se bucure de drepturile sale (4).

---

(1) Victor Bach, Germania clasică și pangermanismul, Revista de metafizică și morală, noiembrie 1914, p. 755. Vezi în sens opus: F. Sartiaux, Kant și filosofia franceză a secolului al XVIII-lea, Revista Internațională de Pozitivism, noiembrie 1918, t. 21, p. 142 și următoarele.

(2) Kant, Elemente metafizice ale doctrinei dreptului, tr.Franceză, Paris, 1853, p. 55.

(3) Kant, op. cit., p. 167.

(4) Kant, op. cit., p. 362.

Această stare a societății, în care drepturile indivizilor sunt protejate de legi pozitive și în care autoritatea politică exercită o putere de constrângere, constituie Statul. Ideea de contract se regăsește la Kant, ca și la inspiratorii săi, la originea societății civile. Actul prin care un popor se constituie în Stat, sau ideea acestui act, este contractul originar, în virtutea căruia toți își renunță la libertatea exterioară, pentru a o relua apoi ca membri ai unei republici, adică a poporului ca Stat (1).

Există, așadar, un „pact social" original, și numai pe acesta se poate întemeia o constituție civilă și se poate stabili un Stat, dar această noțiune de contract pare a fi, în mintea lui Kant, mai degrabă o ipoteză rațională decât un adevăr istoric. Fie că este vorba de un fapt, fie de o idee pură a rațiunii, contractul social nu diminuează în niciun fel libertatea părților contractante în Stat, acesta rămâne intact, dar încetează prin pact să mai ia forma sălbatică și nereglementată, să fie supus unei dependențe juridice (2).

Ne întrebăm dacă o astfel de reglementare, chiar dacă este făcută în interesul general, nu afectează cu adevărat conținutul libertății. Kant susține că nu există nicio încălcare a libertății indivizilor, deoarece aceștia își impun singuri această reglementare. Din păcate, principiul kantian este eronat în sine. Fără a insista asupra diversității mijloacelor pe care practica actuală le folosește pentru a distorsiona exprimarea reprezentării populare, cum se poate vorbi de o libertate intactă, când Kant refuză

---

(1) Kant, op. cit., p. 172.
(2) Ibid.

categoric, sa ne lase a o vedea, atât la individ, cât și la societate in ansamblul ei, pentru a examina originea autorității și pentru a o răsturna în caz de tiranie (1)?

Trecând la teoria separării puterilor în stat, Kant distinge trei: puterea suverană, care rezidă în persoana legiuitorului; puterea executivă, deținută de cel care guvernează în conformitate cu legea; și puterea judecătorească, în persoana judecătorului. Pentru a înțelege mai bine raționamentul care îl conduce pe filosof să nege posibilitatea nedreptății, este necesar să ne întrebăm cui aparține puterea legislativă. „Puterea legislativă", spune el, „nu poate aparține decât voinței colective a poporului. Într-adevăr, întrucât de la ei trebuie să provină orice lege, ei nu pot face niciun fel de nedreptate nimănui prin legea lor. Acum, când cineva decide ceva cu privire la altul, este întotdeauna posibil să-i facă o nedreptate, dar orice nedreptate este imposibilă în ceea ce decid ei înșiși." Influența lui Rotisseau este evidentă; puterea legislativă aparține, prin urmare, voinței colective a membrilor societății uniți. Kant recunoaște că puterea legislativă, în calitate de suverană, are un drept de primat asupra executivului, care merge până la a admite depunerea acestuia din urmă, dar fără a o putea pedepsi, deoarece executivul este cel care are puterea de a constrânge în conformitate cu legea; altfel ar implica o contradicție faptul că ea însăși este supusă constrângerii.

Este ușor de înțeles că acest primat al puterii legislative este șters în fața impunității executivului, care îi conferă, pe scurt, omnipotență absolută și

_____

(1) Smyrniadis, op. cit., p. 120.

opresivă. O teorie lipsită de sens și periculoasă, defectuoasă prin punctul său de plecare, cu privire la originea puterii politice.

Originea puterii supreme, conform lui Kant, este pentru poporul supus acesteia ceva despre care nu trebuie să discute în mod concret. Fie că provine dintr-un contract real sau imaginar, fie că este stabilită prin forță, i se datorează ascultare absolută, iar acesta este un imperativ categoric.

Suveranitatea este sacră și chiar de esență divină:

„O lege atât de sacră încât este deja o crimă chiar și a te îndoi de ea, din punct de vedere practic, și, în consecință, a-i suspenda efectul pentru o clipă, nu pare să vină de la oameni, ci de la un legislator suprem și infailibil, și aceasta este ceea ce se înțelege prin maxima că orice autoritate vine de la Dumnezeu" (1).

Concluzionând că suveranitatea este sacră și de esență divină, Kant atribuie aceste caracteristici suveranității statale, acordându-i drepturi asupra supușilor săi și nimic altceva decât drepturi, refuzându-le în mod clar orice permisiune de a-i examina originea.

Pusă în fața acestei integrități a drepturilor care și-au fost asumate de deținătorul comenzii supreme și al puterii legislative, comunității îi rămâne doar datoria absolută de a se supune fără plângere autorității care are putere asupra ei. Este riguros pedepsibil chiar și să ceri și să revoci public, în caz de îndoială, titlul dobândirii sale și cu atât mai mult să opui rezistență în cazul în care acest titlu lipsește. Ideea de suveranitate, care se confundă cu ideea voinței colective, capabilă să-și dea legi, este un lucru sfânt, indiferent dacă

---

(1) Kant, op. cit., p. 178.

este doar un concept al rațiunii pure. Odată realizată, chiar imperfect, dar într-o anumită măsură de către un popor unit legal, este sacră precum constituția; căci fiecare obiect al experienței fiind întotdeauna infinit inferior ideii pure care este forma, nu există o singură constituție printre oameni care să nu poată fi răsturnată ca imperfectă, dacă beneficiul inviolabilității nu li s-ar aplica tuturor (1). Aceasta nu exclude posibilitatea unei îmbunătățiri a constituției, dar orice schimbare trebuie făcută prin intermediul reformelor și nu prin revoluții.

Este criminal să întreprinzi cercetări cu intenția de a schimba prin forță o constituție existentă; o astfel de modificare nu ar putea fi făcută decât printr-o revoltă populară și, prin urmare, lipsită de orice formă juridică. A te ridica și a cere forța înseamnă a răsturna toate raporturile juridice, a dizolva constituția civilă și a înlocui statul civil cu starea naturală (2).

Datoria poporului este să tolereze abuzul puterii supreme, continuă Kant, chiar și atunci când acesta este considerat insuportabil, deoarece orice rezistență la legislația suverană nu poate fi decât ilegală. Pentru ca poporul să fie autorizat să reziste, legislația suverană ar trebui mai întâi să conțină o prevedere, conform căreia acesta nu ar mai fi suveran, fiind înlocuit de poporul care este la rândul său declarat prin aceeași judecată, suveran al celui căruia îi era supus. Dar poporul nu numai că nu se poate elibera de autoritate

---

(1) Kant, op. cit., interpretat de Janet, vol. II, p. 617.
(2) Kant, op. cit., p. 211 și urm.

prin arme; el nu poate nici măcar include în constituție un articol care să permită rezistența împotriva șefului statului, în cazul în care acesta din urmă încalcă constituția.

Adversar ireductibil al rezistenței agresive, Kant face totuși loc unei „rezistențe negative" al cărei exercițiu aparține exclusiv reprezentanților poporului și care constă într-un refuz de a coopera cu puterea executivă, fără ca aceasta să poată merge până la răsturnarea autorității stabilite. „Este permis", spune el, „să nu consimți întotdeauna la ceea ce cere guvernul sub pretextul binelui public, pentru că dacă nu s-ar folosi niciodată acest drept, ar fi un semn sigur că poporul este pierdut, că reprezentanții săi sunt corupți, că șeful guvernului face din miniștrii săi instrumente ale despotismului și că aceștia trădează cauza poporului (1).

Conform acestor rânduri, s-ar crea iluzia unei rezistențe reale pe care filosoful din Kænigsberg o recunoaște în reprezentanții poporului; în realitate, această „rezistență negativă ar duce, într-un sistem reprezentativ, cel mult la răsturnarea guvernului, care nu poate constitui o garanție pentru libertățile corpului social, împotriva opresiunii autorității politice.

Ca o contrapondere la această doctrină absolutistă, Kant admite libertatea de a scrie. Libertatea de a scrie, spune el, este singurul paladiu al drepturilor poporului" (2). Însă această libertate nu este lipsită de margini, așa cum am putea fi tentați să credem; ea trebuie să se manifeste în limitele respectului și iubirii pentru constituție.

---

(1) Kant, op. cit., p. 183.
(2) Kant, op. cit., p. 371.

În ansamblul ei, doctrina lui Kant proclamă omnipotența puterii statale și obligă societatea , lipsită de orice garanție efectivă, la o supunere oarbă.

Este uimitor să vezi acest strălucit constructor de principii filozofice numărându-se printre cei care încă susțineau esența divină a suveranității, într-o perioadă în care teoria suveranității populare cunoscuse deja un enorm succes.

Această eroare nu poate fi atribuită decât unei prudențe excesive, căci el a trăit într-o monarhie absolută și și-a formulat doctrina într-o perioadă în care Revoluția Franceză amenința deja, cu principii eliberatoare, cucerirea spirituală a lumii. Astfel, rațiunilor sale de principiu i s-a adăugat în mare parte un determinism alcătuit din toate calculele impuse de împrejurările vremii.

I. Fichte

Evenimentul memorabil al secolului al XVIII-lea, Marea Revoluție Franceză, era pe ordinea de zi. Publiciștii și filozofii de pretutindeni s-au grăbit să-și exprime opiniile despre marea mișcare. Astfel, în timp ce în Anglia, un scriitor și gânditor pătrunzător, Burke (1), plasându-se din punctul de vedere al istoriei și tradiției, lupta împotriva revoluției, în Germania, Fichte (2), discipolul lui Kant, abia ieșit din facultate, impregnat de această intoxicație ideologică și speculativă

---

(1) Edmond Burke, orator și scriitor englez, autorul lucrării „Reflecții asupra Revoluției din Franța (1730-1797)."
(2) Jean Gottlieb Fichte, filosof german, maestru la Schelling (1762-1814).

al epocii, a adoptat punctul de vedere filosofic pentru a justifica revoluția împotriva stăpânului său.

El ne învață cu frazeologia sa exuberantă că „pentru a judeca legitimitatea unei revoluții, trebuie să ne întoarcem la forma originală a minții noastre; din sinele nostru, nu așa cum este modelat de experiență, ci din sinele pur, în afara oricărei experiențe, trebuie să tragem această judecată" (1).

Într-o revoluție, susține el, există două lucruri de distins: legitimitatea și înțelepciunea. Legitimitatea nu poate rezulta decât din principii a priori, extrase din esența sinelui; cât despre înțelepciune, trebuie consultată experiența, dar adevărata experiență, care este cea a psihologiei. Prin urmare, prin moralitate trebuie judecată legitimitatea unei revoluții. Istoria, care pentru Burke este totul în deducțiile sale, nu este nimic pentru Fichte. El se distanțează cu dispreț de complexul faptelor politice și sociale pentru a se închide în sinele său pur (2).

Pentru a aborda prima dintre cele două întrebări pe care le-a pus și care este și singura pe care a tratat-o, adică legitimitatea unei revoluții, el întreabă dacă este sau nu permis ca un popor să își schimbe constituția politică. Pentru a susține afirmativul, Fichte se bazează pe ideea lui Rousseau despre contractul social.

Contractul social nu trebuie înțeles într-un sens istoric; este doar o idee considerată ca regulă și conform căreia societățile trebuie să acționeze. Prin urmare, societățile civile nu se bazează în fapt, ci în drept

---

(1) Fichte, Considerații asupra Revoluției Franceze, trad. Barni, Paris, 1860, Introducție, p. 71 (Cf. Janet, op. cit., t. II, p. 628).
(2) Janet, op. cit., t. II, p. 629.

pe un contract (1). Din acest principiu rezultă în mod firesc că popoarele au întotdeauna dreptul de a-și schimba instituțiile care au devenit contrare scopului lor. Acum, pentru Fichte, acest scop este cultivarea și exercitarea tuturor facultăților în vederea libertății absolute și a independenței complete față de tot ceea ce nu suntem noi înșine.

Pe această pantă, Fichte duce principiul contractului social atât de departe încât acordă fiecărui individ dreptul de a se retrage din societatea civilă. El admite, de asemenea, dreptul de secesiune în sensul cel mai larg, iar dacă acest drept aparține celui mai mic număr, el aparține, cu un motiv și mai mare, celui mai mare număr sau tuturor. De la acest drept de secesiune, Fichte trece apoi la dreptul la revoluție.

Fichte a fost criticat pentru că a confundat dreptul la revoluție cu dreptul de a schimba constituția. Aceasta înseamnă a-i interpreta gândirea literal. Filosoful a înțeles, fără îndoială, prin constituție, complexul de morale și instituții ale unei ordini juridice care devenise dezastruoasă și contrară scopului său. A căuta legitimitatea unei revoluții în morală și a o face o chestiune de psihologie, după ce a justificat-o în drept, nu înseamnă a o confunda cu o simplă schimbare a constituției. Și chiar luată literal, nu se reduce o revoluție, de fapt, de mai multe ori, la o schimbare a constituției?

Iată de ce doctrina lui Fichte, oricât de abstract concepută ar fi, ni se pare,până la un anumit punct, dincolo de orice critică.

---

(1) Fichte, op. cit., c. I, p. 100.

CAPITOLUL X

Secolul al XIX-lea.

§ 19. Benjamin Constant. - Tocqueville. - Leon al XIII-lea. - D'Hulst.

———

Revoluția Franceză și marile sale cuceriri nu sunt doar încoronarea glorioasă a secolului al XVIII-lea, ci și deschiderea unei noi ere; ele sunt mai degrabă o introducere în istoria politică și socială a secolului al XIX-lea decât o încheiere a secolului precedent.

Marile principii ale filosofiei sociale și politice pentru care a militat se bucură de predominanță universală în vremea noastră. „Încă trăim", spune dramaturgul Ibsen într-una din piesele sale, „din firimiturile care au căzut acum un secol de pe masa revoluției". Lista reformelor cu care a îmbogățit moștenirea umanității enumeră, printre altele, abolirea iobăgiei în Rusia, a sclaviei negrilor în Statele Unite, a privilegiilor confesionale în Anglia, a sistemului feudal de pretutindeni, în cele din urmă libertatea sau toleranța în chestiuni religioase, independența științifică, libertatea industrială și comercială și, mai presus de toate, intervenția poporului în treburile guvernării (1).

Revoluția a rupt legăturile care, sub vechiul regim, atașau individul de stat și a deschis astfel o eră

———

(1) Janet, op. cit., t. II, p. 724

a individualismului în spiritul Declarației Drepturilor Omului (1).

La începutul secolului al XIX-lea, mai multe școli de gândire, unele apărând societatea vechiului regim, altele apărând secolul al XVII-lea și revoluția, i-au divizat pe publiciști, care s-au grupat în jurul mai multor școli, care pot fi reduse la patru principale: 1. școala aristocratică și teocratică; 2. școala constituțională și liberală; 3. școala democratică; și în final, școala socialistă, care, la rândul ei, a dat naștere unei noi școli, sociologii.

Școala aristocratică, regalistă, cu de Bonald, de Maistre și abatele de Lamennais, apără instituțiile monarhice, teocratice și aristocratice ale vechiului regim, împotriva instituțiilor liberale și populare rezultate din revoluție, acționând ca un reacționar împotriva legitimității suveranității nelimitate a poporului.

Cu Royer-Collard și Guizot, asistăm la o schimbare de direcție, la o tranziție către opiniile lumii noi, atașate principiilor Revoluției și reprezentate de școala constituțională.

În timp ce școala aristocratică condamna Revoluția fără rezerve, școala constituțională încerca să o justifice până când tânăra școală liberală, alături de Benjamin Constant, i-a întreprins apărarea cu brio (2).

Benjamin Constant (3), prin liberalismul său extrem de clar și cufundat într-o perpetuă necesitate de auto-

---

(1) Beudant, Dreptul individual și statul, Paris, 1891 (Prefață).
(2) Paul Janet, op. cit., t. II, p. 724 și următoarele.
(3) B. Constant de Rebecque, om politic, publicist și orator francez, născut la Lausanne în 1767, s-a căsătorit la Paris în 1830.

nomie personală ,ocupă un loc foarte important în mișcarea ideilor de la începutul secolului al XIX-lea. Scrierile sale politice trădează în cele mai mici detalii o preocupare puternică pentru libertatea individuală, pe care dorește să o protejeze cu orice preț de opresiunea guvernelor.,, Prin libertate ,eu înțeleg", spune el, ,,triumful individualității, atât asupra autorității care ar dori să guverneze prin despotism, cât și asupra maselor care cer dreptul de a înrobi minoritatea față de majoritate" (1).

În Cursul său de politică constituțională, care conține diversele sale scrieri publicate între 1817 și 1820, el tratează pe rând drepturile individuale și respectarea legii, arbitrariul guvernelor și reacțiile politice.

Argumentând împotriva lui Bentham, care susținea că noțiunea de drept, și în special cea de drepturi naturale, era de natură doar să ne inducă în eroare și că dorea să o înlocuiască cu cea de utilitate, care este mai simplă și mai inteligibilă, Benjamin Constant demonstrează că, definind corect cuvântul ,,utilitate" , nu putem trage din această noțiune aceleași consecințe ca cele care decurg din dreptul natural și din justiție (2). Examinând toate întrebările care ar pune în opoziție ceea ce este util și ceea ce este just, constatăm întotdeauna că ceea ce nu este just nu este niciodată util.

Chestiunea ascultării de lege, spune el, ne expune unor dificultăți insolubile. ,,Se va spune oare că trebuie să ascultăm de lege doar în măsura în care este dreaptă? Permitând

---

(1) Citat de Emile Faguet, Politica și moraliștii secolului al XIX-lea, s., Paris, 1891, p. 213.
(2) Benjamin Constant, Curs de politică constituțională, Paris, 1872, t. 1, p. 347.

rezistența cea mai lipsită de sens sau culpabilă, anarhia va fi peste tot. Se va spune că trebuie să ne supunem legii ca lege, independent de conținutul și sursa ei? Ni se va porunci să ne supunen celor mai atroce decrete și celor mai ilegale autorități... Va fi numele de lege întotdeauna suficient pentru a obliga omul la ascultare? Dar dacă un număr de oameni sau chiar unul singur, fără misiune, ar numi expresia voinței lor particulare lege, ceilalți membri ai societății ar fi oare obligați să i se conformeze? Afirmativul este absurd; „dar negativul implică faptul că titlul de lege în sine nu impune obligația de a asculta și că această obligație presupune o căutare prealabilă a sursei din care provine această lege" (1). Doctrina ascultării nelimitate față de lege a cauzat mai multe rele sub tiranie și în organele revoluțiilor decât toate celelalte erori care i-au dus pe oameni în rătăcire. Omul care își acordă ajutorul legii pe care o consideră nedreaptă este de neiertat, așa cum este și judecătorul care se întrunește într-o instanță pe care o consideră ilegală sau care pronunță o sentință pe care o dezaprobă; ministrul care execută un decret împotriva conștiinței sale; satelitul care arestează o persoană nevinovată pentru a o preda călăilor săi (2).

Arbitrariul este absența oricărei reguli, a oricărei limite. Între un popor și guvernul său există o reciprocitate a îndatoririlor; prin urmare, dacă relația guvernului cu poporul este arbitrară, relația poporului cu guvernul va fi, de asemenea, arbitrară. Arbitrariul face ca un guvern să fie nul, ca si

---

(1) Ibidem, p. 347.
(2) Ibidem, p. 354.

instituție, atâta timp cât nu oferă o formă de protecție, o lege fixă, determinată și garantată (1).

Prin urmare, un guvern constituțional încetează să existe de drept imediat ce Constituția încetează să existe, iar o Constituție încetează să existe imediat ce este încălcată; guvernul care a încălcat-o îi rupe titlul, iar dacă există prin acest act, o face prin forță, dar nu prin Constituție (2).

Când această armonie este distrusă, revoluțiile sunt inevitabile. Viața normală a unui popor rezultă dintr-o armonie perfectă între ideile și instituțiile sale. Acestea tind să restabiliască această armonie, ceea ce nu este întotdeauna scopul revoluționarilor, dar este întotdeauna tendința revoluțiilor.

Benjamin Constant ne-a lăsat și alte scrieri, printre care putem cita: Adolphe, un roman de mare pătrundere psihologică; Memoriile sale și, în final, o lucrare intitulată „Despre religia considerată în sursa, formele și dezvoltarea sa". Filosofia sa religioasă este strâns legată de politica sa. El a citit cu plăcere în Origene, ne spune Emile Faguet, că legile nu sunt sacre atunci când merg împotriva adevărurilor conștiinței. Nu este criminal să te unești în favoarea adevărului, chiar și atunci când legile externe (sociale) o interzic; nu păcătuiesc cei care se unesc pentru distrugerea unui tiran" (3).

Iată expuse deasemeni cât mai succint posibil ideile politice ale lui Benjamin Constant, care din punctul nostru de vedere

---

(1) B. Constant, op. cit., voi. II, p. 116 și următoarele.
(2) Louarde Ch., Lucrări politice ale lui B. Constant, Paris, 1874, p. 39.
(3) Faguet, op. cit., p. 240.

afirmă clar că nicio datorie nu ne leagă față de legi și guverne care depășesc limitele juste și a căror influență corupătoare amenință cele mai nobile aspecte ale existenței noastre... »

Școala democratică, într-o primă fază, supranumită cea a ideologilor, reprezentată de Destut de Tracy și Daunou, este doar un ultim ecou al revoluției pe cale de expirare și este legată de constituția din anul III: putere executivă divizată, sufragiu în două etape și un senat conservator.

Cât privește școala democratică în sine, aceasta pare a fi legată de iacobinism: <principala sa pasiune era reabilitarea oamenilor și a actelor Terorii și ale Convenției. Reprezentantul său celebru a fost Armand Carrel (1), un mare jurnalist care a devenit celebru pentru polemicile sale împotriva Tribunei, un ziar ultrarevoluționar condus de Armand Marrat (2).

Socialismul, odată ce calmul s-a restabilit după revoluție, reia în forme noi propagarea vechilor principii, tinzând spre îmbunătățirea societății.

În această perioadă, am asistat la apariția multor teorii ale reînnoirii sociale, în special în Franța, care, după perioada de război a Imperiului, aspira la pace. Astfel, socialiștii de la începutul secolului al XIX-lea nu mai erau revoluționari care apelau la forță, ci mai degrabă apostoli convinși de excelența sistemului lor, pe care îl așteptau să fie pus în aplicare prin voința luminată a corpului social.

---

(1) Armand Carrel, publicist francez; republican, a luptat împotriva monarhiei din Iulie (1800-1836).
(2) Janet, op. cit., t. II, p. 732.

Fourier (1), vorbind despre sistemul său falansterian, scria cu mulțumire de sine: „Dacă după o oarecare experiență, oamenilor li s-ar da seama ce este acest sistem, nu ne putem îndoi că mulți oameni s-ar îmbolnăvi de șoc și regret văzând toată fericirea de care ar fi putut să se bucure și de care nu s-au bucurat... Constrângerea Statului produce sterilitate și dovedește lipsa de geniu (2). Doctrina lui Saint-Simon, inspirată de același spirit tactic; ea nu vrea să provoace o răsturnare, o revoluție; este o transformare, o evoluție pe care vine să o prezică și să o realizeze...” (3)

Din scrierile lui Saint-Simon, deși a fost mai degrabă un inițiator de idei decât un teoretician constructiv, putem extrage prima sa idee care susține că prima clasă a Statului fiind clasa industrială, guvernul îi aparține. Aceasta constituie ceea ce se numește prima perioadă a socialismului, perioada industrialistă.

După moartea lui Saint-Simon, discipolii săi i-au dezvoltat sau denaturat ideile; fourierismul, owenismul și icarianismul s-au răspândit: aceasta a fost a doua perioadă, perioada utopică care, pornind de la ideea că societatea era abandonată anarhiei, trebuia organizată. Această idee de organizare socială a cuprins toate mințile, fiecare și-a prezentat planul și a cerut statului capitalul necesar acestui experiment social.

Școala socialistă din această vreme, în ciuda visurilor sale reformiste, pare încă inocentă, pentru că

---

(1) Fr. Fourier, filosof și sociolog francez, șeful școlii falansteriane(1772-1837).
(2) Deschamps, Istorie, doctorat și economie, curs 1929-1930.
(3) Ibidem.

se limitează la construcțiile sale speculative fără a se atașa de partidele politice. Dar mai târziu, când școala socialistă și școala democratică s-au întâlnit și s-au aliat, a fost unul dintre cele mai grave evenimente ale secolului.

Separate, școala revoluției sociale și școala revoluției politice nu prezentau decât un pericol limitat; unite, puteau răsturna totul. Aceasta constituie a treia perioadă, supranumită cea a socialismului democratic și revoluționar, a cărei idee dominantă este următoarea: „1789 a fost revoluția burgheziei împotriva nobilimii; astăzi trebuie să facem revoluția poporului împotriva burgheziei".

Ajuns în acest punct, socialismul a luat două direcții opuse.

Unii susțineau că această revoluție trebuie să ducă la o nouă organizare a societății sub conducerea unui guvern popular concentrat; alții atribuiau guvernului doar rolul de a ajuta revoluția să distrugă tirania capitalului și, odată ce această muncă este îndeplinită, guvernul trebuie să dispară și el, ca fiind ultimul dintre privilegiați (1).

Acestea erau cele două ramuri ale socialismului democratic: socialismul comunist și socialismul anarhist.

În afară de aceste diverse școli pur politice, mai mult sau mai puțin atașate partidelor militante, existau în secolul al XIX-lea numeroase spirite libere printre politicieni, juriști și ecleziastici, care erau preocupați să găsească originea și să fixeze limitele puterii politice.

------

(1) Janet, op. cit., t. II, p. 733.

În acea vreme, inviolabilitatea puterii dispăruse, la fel ca și drepturile absolute ale guvernelor, dar lupta pentru stabilitatea principiilor și definirea garanțiilor continua totuși cu aceeași ardoare. Una dintre aceste minți elevate, dornică să arate avantajele regimurilor democratice, a fost Alexis de Tocqueville (1). Cartea sa, „Democrația în America", poate fi considerată cel mai bun exemplu de filozofie politică a secolului al XIX-lea. A le arăta oamenilor ce să facă pentru a scăpa de tiranie și degradare, rămânând în același timp democratici, aceasta este ideea generală la care se poate rezuma cartea sa. Democrația, pentru el, pe care nu a definit-o niciodată, este o necesitate pentru om, nu pentru a desființa guvernul, ci ierarhia, care pare a fi sursa tuturor abuzurilor. Dar, fără a o defini, Tocqueville face bilanțul a ceea ce este bun și ceea ce este rău în democrație. Printre avantaje putem număra dezvoltarea bunăstării, răspândirea iluminismului, progresul sociabilității, simpatia pentru mizeriile umane și, în final, o mare desfășurare de activitate și energie. Dar nu ezită să arate dezavantajele care merg până la a compromite aceste avantaje și dintre care principalele sunt: instabilitatea legilor, inferioritatea meritului în rândul conducătorilor, abuzul de uniformitate, excesul pasiunii pentru bunăstare și, în final, mai presus de toate, tendința spre tiranie (2). Tocqueville a insistat în special asupra acestei ultime trăsături. Pot exista, potrivit lui, două tipuri de

---

(1) Tocqueville, publicist și om politic francez; membru al Académie fr., deputat la Adunarea Constituantă în 1848 (1805-1859).
(2) P. Janet, op. cit., t. II, p. 737 (Concluzie).

despotisme în societățile democratice: despotismul politic care provine din omnipotența majorităților și despotismul administrativ care provine din centralizare. Vreau, i-a spus el într-o zi prietenului său Stoffels, ca puterea centrală să fie învestită cu prerogative foarte mari, să fie puternică într-o sferă clar definită, dar să rămână întotdeauna subordonată opiniei publice, adică puterii legislative (1). Libertatea presei este pentru el cea mai sigură garanție împotriva servituții individuale: „O iubesc", spunea el, „pentru considerația relelor pe care le previne, mult mai mult decât pentru binele pe care îl face dacă există, servitutea individuală nu poate fi completă, presa este instrumentul democratic al libertății" (2).

Pentru a asigura garanțiile libertății, el cere limite vizibile ale puterii sociale, dincolo de care se păstrează independența și originalitatea individului. Tocqueville recunoaște dificultățile care trebuie depășite pentru a scăpa de defectele democrației moderne, dar nu ezită să adauge că orice acțiune în acest scop „este o ocupație sfântă pentru care nu trebuie să-ți precupețești nici banii, nici timpul, nici viața.

Printre juriștii din prima jumătate a secolului al XIX-lea care au legitimat rezistența la opresiune în Franța, îl putem cita pe Serrigny. Dintre cele două tipuri de rezistență proclamate de Declarația Drepturilor din 1793, rezistența individuală și cea colectivă, prima, potrivit lui, ar prezenta dificultăți serioase. Se pare totuși că, după ce s-a admis dreptul la rezistență națională împotriva

---

(1) Pierre Marcel, A. de Tocqueville, Paris, 1910, p. 224,
(2) Ibid., p. 201.

opresiunii și încălcarii constituției, nu trebuie să ezităm, a spus el, să recunoaștem dreptul la rezistență individuală și la orice ordin ilegal de arestare.

Cât despre rezistența colectivă, el o afirmă clar:

„Dacă dreptul de rezistență națională împotriva opresiunii este abolit, nu mai există nicio cale de atac umană împotriva instaurării tiraniei. Prin urmare, necesitatea duce în mod necesar la legitimarea acestui ultimum praesidium, așa cum legitimează războiul dintre națiuni (1).”

În vremea când Serrigny își publica Tratatul de drept public, chestiunea rezistenței la opresiune nu mai făcea obiectul cercetărilor documentare, fiind o chestiune stabilită și aproape unanim recunoscută.

Dovada este oferită de Congresul Național al Belgiei, care, întrunit între 1830 și 1831 pentru a da o nouă constituție statului, s-a trezit confruntat cu un proiect de constituție al cărui articol 20 admitea rezistența la actele ilegale ale autorității. Secțiunile Congresului au considerat articolul propus inutil, dreptul de rezistență la actele ilegale fiind întotdeauna implicit într-un guvern reprezentativ.

Orice act ilegal constituie în mod necesar un atac fie împotriva persoanelor, fie împotriva drepturilor garantate belgienilor prin dispozițiile Constituției; prin urmare, este superfluu să se proclame printr-un anumit articol dreptul de a rezista actelor ilegale, întrucât această rezistență este o continuare a garanțiilor consacrate în alte părți (2).

---

(1) Serrigny, Tratat de drept public francez, Paris, 1846 t. I. p. 465.
(2) Huyttens E., Discuții ale Congresului Național al Belgiei, 1830-1831, Bruxelles, 1844, t. IV, p. 65: Raportul Flessu.

Iată ,acesta este singurul motiv pentru care dreptul de a rezista opresiunii nu a fost inclus în constituția belgiană din 1831; fără a fi inclus acolo, era recunoscut în general. Mai târziu, pe măsură ce ne îndepărtam de Revoluția Franceză care consacrase acest drept și pe măsură ce reacția părea să triumfe asupra cuceririlor sale, publiciștii democrați au reluat discuțiile pe acest subiect. În a doua jumătate a secolului al XIX-lea, părinții Bisericii aveau să reia, alături de juriști, o veche tradiție, care le aparținuse în Evul Mediu, aceea de a se ocupa de limitele puterii politice.

Papa Leon al XIII-lea, în Scrisorile sale apostolice, recomandă credincioșilor să respecte puterea și să se supună legilor juste. „Puterea legitimă vine de la Dumnezeu, iar cel care se opune puterii se opune ordinii lui Dumnezeu. Ascultarea dobândește astfel o noblețe minunată, întrucât se înclină doar în fața celei mai drepte și mai înalte autorități (1). Dar, „de îndată ce lipsește dreptul de a comanda sau comanda este contrară rațiunii, legii veșnice, autorității lui Dumnezeu, atunci este legitim să nu ne supunem, ne referim la oameni, pentru a asculta de Dumnezeu. Astfel, căile către tiranie sunt închise, puterea nu va aduce totul la sine; astfel sunt protejate drepturile fiecărui cetățean, cele ale societății domestice, cele ale tuturor membrilor națiunii; și în sfârșit toți participă la adevărata libertate, cea care constă în faptul că fiecare poate trăi

---

(1) Leon al XIII-lea, Scrisori Apostolice, t. II, p. 185, ed. Maison de la Bonne Presse donnee le 20 juin 1888, encyclique Libertas Prestantissimum, p. 185.

conform legilor și conform dreptei rațiuni (1). Încă susținător al suveranității dreptului divin, Papa Leon al XIII-lea, a cărui teorie ne amintește de Sfântul Bonaventura, predică nesupunerea față de orice deținător al puterii de comandă, deturnându-și scopul determinat de legea veșnică.

Câțiva ani mai târziu, Monseniorul d'Hulst, prelat și orator francez, rector al Institutului Catolic din Paris, a cercetat și el, în lucrarea sa Moralitatea cetățeanului, originea puterii civile. Dar, contrar a ceea ce s-ar fi așteptat, a concluzionat că puterea civilă este un fapt uman: „faptele umane sunt cele care îi dau naștere" (2).

Antichitatea, în această chestiune, ca în toate aspectele legate de moralitate, a împrumutat adevăruri istorice din tradiția religioasă. Când Numa Pampilius le-a prezentat barbarilor legile sale așa cum erau dictate de nimfa Egeria, a abuzat de credulitatea lor, dar i-a învățat pe acest popor grosolan să caute mai presus de om sursa comenzii legitime. Astăzi, orice putere este legitimă dacă este constituită în conformitate cu geniul poporului, tradițiile și obiceiurile sale. A asculta de un astfel de guvern este o datorie de conștiință; a-i rezista înseamnă a te împotrivi lui Dumnezeu însuși: „qui resistit potestate, Dei ordinatori resistit" (3).

---

(1) Dar acolo unde nu există dreptul de a domni, sau dacă se poruncește ceva contrar rațiunii, legii eterne a lui Dumnezeu, este drept să nu te supui, adică să te supui oamenilor, pentru ca Dumnezeu să fie ascultat. Astfel, după ce a barat calea tiraniei, principatul nu va atrage totul spre sine: drepturile fiecărui cetățean, societatea sa domestică și toți membrii republicii sunt păstrate, dându-le tuturor adevărata abundență de libertate, care se află în ea (așa cum am demonstrat, astfel încât fiecare să poată trăi conform legilor și justei rațiuni).
(2) Mgr d'Hulst, Moralul cetățeanului, Paris, 1895, p. 32.
(3) Rom. XIII, 2 (Cf. d'Hulst, op. cit., p. 32).

Totuși, dacă revolta este culpabilă, este totuși posibil ce se va întâmpla: ,, atunci când puterea legitimă va fi cedat în fața întreprinderilor de sediție sau îndrăznelii unui uzurpator? "Atâta timp cât durează criza, d'Hulst consideră că loialitatea față de suveranitatea nerecunoscută se impune întotdeauna conștiinței supușilor, dar de îndată ce succesul aparține uzurpării, însuși faptul transferă autorilor săi, în absența legii, datoria de a asigura ordinea publică (1).

D'Hulst atinge aici chestiunea guvernelor de facto, față de care recomandă cetățenilor să nu le împiedice să asigure securitatea generală. Aceștia sunt obligați la această măsură de obediență, al cărei refuz ar duce la tulburări, mai ales că va veni momentul în care existența sa de facto va primi consacrarea juridică. Prin urmare, el recunoaște, în fapt și în drept, guvernarea rezultată dintr-o insurecție însăși. O formă de opresiune, potrivit lui d'Hulst, este cea care, fără a impune răul, privează cetățeanul de dreptul său, negarea dreptului natural. Indiferent de forma sa, monarhică sau populară, suveranitatea are aceleași drepturi, iar aceste drepturi se confruntă cu aceleași bariere. „Dreptul natural al cetățeanului", spune el, „este una dintre aceste bariere, deoarece este anterioară, logic și istoric, oricărei constituții politice. Individul este mai vechi decât Statul: Est homo republica senior (2). În concluzie, prelatul afirmă că puterea publică, existând doar pentru binele comun, nu are dreptul să folosească forța coercitivă de care dispune

---

(1) Mgr d'Hulst, op. cit., p. 36.
(2) Mgr d'Hulst, op. cit., p. 49.

în slujba unor interese particulare: aceasta ar fi tiranie. În rest, el face referire la Sfântul Toma d'Aquino.

§ 20. Vareilles-Sommières.

În lucrarea sa „Principiile fundamentale ale dreptului", publicată în 1889, Vareilles-Sommières (1), un renumit expert juridic, dedică un capitol amplu dreptului la revoltă. Bazându-se pe principiile sale și conștient de responsabilitatea care îi revine ca jurist, el începe prin a enunța teoria respectului datorat puterii politice: În afara autorităților suverane stabilite în mod regulat, nimeni nu poate schimba subiectul și forma de guvernare. Nici un om, nici un grup, nici majoritatea cetățenilor, nici măcar unanimitatea supușilor, nu are dreptul să răstoarne puterea legitimă (2).

Totuși, dacă se întâmplă ca suveranul să exercite o tiranie criminală și, în loc să asigure ordinea, dreptatea și toate beneficiile puterii, să reverse nelegiuire și ruină asupra supușilor săi, revolta devine legitimă și uneori chiar obligatorie (3).

Fostul director al Universității din Lille susține, în acest caz, dreptul la revoltă, în paralel cu dreptul la autoapărare: „Autoapărarea, care în dreptul penal exonerează omuciderea, în dreptul constituțional justifică revolta. În aceleași limite, dreptul la revoltă se bazează și pe dreptul de a preveni răul. Avem dreptul, chiar datoria, de a ne opune cu forța crimelor

---

(1) Fosta Facultate de Drept din Lille.
(2) Vareilles-Sommières, Princ. pasionat. de droit, Paris, 1889, p 244.
(3) Ibid., p. 246.

care se săvârsesc sub ochii noștri: este tot dreptul la apărare, dar de apărare a altora.

Putem adăuga în continuare că atunci când suveranul însuși este în rebeliune împotriva misiunii sale, când nu mai urmărește binele comunității și își calcă în picioare îndatoririle, atunci funcția suveranității nu mai este îndeplinită și prințul încetează să mai fie legitim. Puterea este vacantă. Societatea este obligată să prevadă această vacanță, înlăturând ca obstacol pe cel care, din suveran, nu are decât numele și o rămășiță de putere (1). Existența dreptului de cucerire certifică pe cea a dreptului de revoltă. Dreptul la legitimă apărare, dreptul de a preveni răul, dreptul de a ocupa puterea vacantă și de a-i curăța împrejurimile, aparțin, spune el,... tuturor fracțiunilor comunității, ca și întregii comunități" (2). Dar aceasta nu înseamnă deloc că se pot folosi aceste drepturi fără măsură ci doar ca ultimă soluție și după ce s-au epuizat toate celelalte căi de atac. Aceasta se întâmplă în cazul extrem de rar al opresiunii intolerabile și cu condiția de a avea o speranță bine întemeiată de a produce un efect util. Nici măcar nu este necesar atunci ca majoritatea cetățenilor să acționeze; o minoritate, dacă este suficient de puternică, are dreptul să apere și să salveze patria (3). Vareilles-Sommières răspunde apoi la obiecțiile care fuseseră formulate pe această temă. Puterea vine de la Dumnezeu, se spune: omul nu o poate, așadar, răsturna în niciun caz. Da, răspunde el, puterea vine de la Dumnezeu, dar nu deținerea puterii de către un prinț sau altul, astfel încât cineva

---

(1) Ibidem.
(2) Ibidem, p. 248.
(3) Ibidem.

nu răstoarnă puterea, ci posesorul puterii. Și apoi, dacă actul uman care l-a învestit pe acesta din urmă cu autoritate a fost legitim, prin urmare recunoscut ca fiind eficient de dreptul natural și, în consecință, de Dumnezeu, cum ar împiedica acest lucru un alt act uman, de asemenea conform cu dreptul divin natural, să ia suveranitatea de la același prinț? Ceea ce a fost dobândit în mod legitim poate fi pierdut în mod legitim. Așa cum în materie de proprietate, legitimitatea ocupației sau a convenției nu exclude legitimitatea exproprierii și chiar a confiscării, la fel este și în materie de suveranitate (1).

De asemenea, se obiectează, în special de Tiparelli, că poporul, atât judecătorul, cât și partidul, va abuza de acest drept la revoltă și va răsturna guvernele pentru nedreptăți insuficiente. Dar această obiecție ar putea fi atunci formulată în egală măsură împotriva dreptului la autoapărare între indivizi și totuși cine ar îndrăzni să conteste existența și exercitarea acestui drept?

Această obiecție tinde să suprime dreptul pentru lipsa jurisdicției competente, dar, în acest caz, absența jurisdicției nu poate avea altă consecință decât reducerea dreptului la propria sa putere.

În cele din urmă, se va spune, cine va deosebi revolta legitimă de revoluția culpabilă atunci când nu există un judecător care să le poată discerne? „Rațiunea este cea care va face distincția care ne îngrijorează: este rațiunea tuturor și a fiecăruia, această viziune asupra realității lucrurilor, numai prin care stabilim totul, existența lui Dumnezeu, legile naturale, revelația, instituirea Bisericii, drepturile și îndatoririle noastre de orice fel" (2).

---

(1) Ibidem, p. 249.
(2) Ibidem, p. 252.

În afară de acest argument prin care Vareilles-Sommières justifică revolta împotriva unui guvern suveran sau tiranic, el ne dezvăluie un al doilea caz în care revolta este permisă împotriva unui guvern legitim, sau mai degrabă doar împotriva unei părți a acestui guvern. Acesta este cazul în care suveranitatea, fiind împărțită prin constituție între mai multe persoane fizice sau morale, de exemplu între o cameră, un senat și un rege, una dintre ele răstoarnă barierele care îi limitează partea de putere, uzurpând restul suveranității. În această circumstanță, ceilalți deținători ai suveranității și supușii au dreptul să ceară, prin forță, respectarea constituției (1).

Odată demonstrat dreptul la revoltă, autorul nostru nu se oprește aici, el prescrie pedeapsa care trebuie aplicată celor care au nesocotit pactul fundamental. „Guvernul instituit în mod regulat în urma triumfului unei revolte legitime are dreptul, în opinia noastră, să condamne la moarte tiranul detronat, dacă crimele sale sunt dintre cele pentru care conștiința universală cere pedeapsa supremă" (2).

Doctrina Vareilles-Sommières prezintă un interes deosebit în comparație cu cea a predecesoarelor sale și să nu uităm că a fost emisă la sfârșitul secolului trecut.

Până acum am continuat examinarea doctrinelor din secolul al XIX-lea care recunosc dreptul la insurecție în Franța; să examinăm cum era acesta perceput în alte părți.

Anglia, un secol mai târziu, după faimosul proces Sacheverell (1710), unde doctrina Whig a proclamat dreptul

---

(1) Ibidem, p. 259.
(2) Ibidem, p. 266.

la insurecție, ne oferă exemplul unei hotărâri solemne pronunțate de Curtea de Justiție a Regelui, cu ocazia unui caz de rezistență individuală. Se spune: „Când libertatea supusului este atacată, aceasta este o provocare la adresa tuturor supușilor Angliei; un om trebuie să se intereseze de marea cartă și de legi, iar dacă cineva întemnițează pe altcineva în mod ilegal, comite o infracțiune împotriva marii carte". Inculpatul, un bărbat pe nume Tooly, care totuși îl ucisese pe agentul autorității care voia să efectueze o arestare în afara districtului său, a fost achitat (1). Prin urmare, putem concluziona împreună cu Delolme că acest drept de a se opune violenței, sub orice formă și din orice direcție provenea, era atât de bine recunoscut încât instanțele nu au ezitat să-l considere drept motiv pentru decizia lor. Nici politicienii, a căror prudență este proverbială în Anglia, nu detestau acest tip de violență. În 1884, în urma unor revolte provocate de rezistența Lorzilor la o propunere de reformă electorală, domnul Chamberlain, pe atunci președinte al Camerei de Comerț, sugerând că o sută de mii de oameni ar putea merge de la Birmingham la Londra, Lordul Salisbury a tratat această declarație ca o incitare la violență. Domnul Gladstone, luând apărarea primului, și-a exprimat opinia că se poate spune oamenilor să iubească ordinea și să deteste violența, dar că nu trebuie să le spunem doar atât. Dacă detest, a adăugat el, folosirea forței brutale, nu pot, nu voi adopta din partea mea acele reticențe efeminate, prin care se ascund de oameni lecțiile consolatoare și încurajarea pe care le pot trage din luptele lor anterioare, din amintirea

---

(1) Delolme, Constituția Angliei, Paris, 1822.

marile calități ale strămoșilor lor și conștiința că încă posedă aceste calități... Dacă, în vremuri de criză politică, poporul acestei țări nu ar fi fost niciodată sfătuit altceva decât să iubească ordinea, să urască violența și să fie răbdător, libertățile naționale nu ar fi fost niciodată obținute" (1).

În Germania, celebrul romanist Savigny, pentru care dreptul pozitiv provine din spiritul general care îi animă pe toți membrii unei națiuni (2), consideră justificată revoluția care ar viza răsturnarea unui guvern opus schimbărilor cerute în mod manifest de spiritul național și care ar refuza să le îndeplinească (3).

Thering, un alt jurist german, profesează concepții cu totul particulare despre scopul dreptului și cel al revoluțiilor. Dreptul, potrivit lui, nu este principiul suprem care guvernează lumea, nu este un scop în sine; este doar mijlocul pentru a atinge un scop, care este menținerea societății umane. De îndată ce societatea nu se mai poate menține în cadrul legal și dreptul pare neputincios, forța vine să remedieze situația.

Astfel, loviturile de stat și revoluțiile nu se mai desfășoară pe baza legii. „Mai presus de lege, există viață, iar atunci când criza politică pune societatea în fața acestei alternative: respectul pentru lege sau menținerea existenței, nu există nicio ezitare: forța trebuie să sacrifice legea și să salveze existența națiunii (4). Aceasta

---

(1) E. Boutmy, Studii de drept constituțional, Paris, 1895, p. 57 (notă).
(2) Savigny, Tratat de drept roman, vol. I, p. 14.
(3) Gaudu, op. cit., p. 292.
(4) Ihering, Evoluția dreptului, Paris, 1901, trad. p. 169 și urm.

Apariția sporadică a forței în funcția sa originară, de fondatoare a ordinii și creatoare a dreptului, ar fi astăzi un drept excepțional în istorie. Aici judecata omului de stat, a istoricului, trebuie să prevaleze asupra celei a juristului, deoarece dreptul pozitiv, singurul pe care acesta din urmă îl cunoaște, reglementează doar relațiile normale și nu poate fi aplicat unor situații extraordinare pentru care nu a fost stabilit și nici nu ar putea fi (1).

Revoluția, deși constituie o tulburare a ordinii publice, nu este anarhie. Ceea ce o diferențiază fundamental este faptul că atacă nu ordinea în general, ci doar ordinea existentă a lucrurilor, al cărei succes este condamnarea puterii publice; înfrângerea este condamnarea mișcării în sine (2).

Doctrina lui Ihering este, fără îndoială, atractivă și, dintre toate explicațiile pe care sociologia modernă le dă mișcărilor revoluționare, aceasta pare a fi cel mai bine susținută de fapte.

În același sens, Bluntschli, un jurist elvețian, justifică revoluția invocându-se pe un drept al necesității. O revoluție are loc în mod natural, spune el: 1° când formele statului sunt în contradicție cu situația și dorințele națiunii; 2° și când nu există nicio modalitate legală de a da satisfacție suferinței: într-un cuvânt, atunci când este nevoie să se folosească violența pentru a ieși dintr-o situație devenită insuportabilă (3).

Revoluția, pentru Bluntschli, este dreptul natural al unei ființe care nu se poate salva altfel, al unei națiuni

---

(1) Ihering, ibid.
(2) Ihering, op. cit., p. 171.
(3) Bluntschli, Politică, traducere de Riedmatten, Paris, 1883, p. 133.

care şi-a pierdut orice speranţă într-o schimbare imperativă. Dacă este aproape întotdeauna o încălcare a legii formale, revoluţia este departe de a fi neapărat o crimă. Uneori, dimpotrivă, prin intermediul ei apare energic dreptul suprem de a exista şi de a se dezvolta, prin ruperea cătuşelor artificiale ale dreptului istoric (1). Apoi citează mai multe revoluţii care, deşi realizate prin forţă sau violenţă şi în sfidarea legalităţii, au fost legitime.

Astfel, cei din Ţările de Jos, împotriva tiraniei spaniole, pentru libertatea credinţei lor, ai englezilor, împotriva Stuarţilor, pentru libertăţile lor parlamentare, ai germanilor împotriva lui Napoleon I, ai grecilor împotriva turcilor, ai italienilor împotriva Austriei, ai coloniilor nord-americane împotriva tutelei abuzive a Angliei, ai francezilor răsturnând un absolutism îmbătrânit şi incapacitat etc., cărora istoria lumii le-a demonstrat legitimitatea prin măreţia şi stabilitatea rezultatelor lor.

Acestea sunt doctrinele politice ale secolului al XIX-lea, care admiteau dreptul de a rezista guvernelor opresive şi chiar de a le răsturna prin forţă.

Unii rămân ataşaţi ideii de contract, alţii se bazează pe dreptul la apărare legitimă sau pe necesitatea organică, recunoscând în general popoarelor, ca şi indivizilor, acest ultimar alio, de a asigura salvarea lor grav compromisă de arbitrariu sau incapacitate.

---

(1) Ibidem

CAPITOLUL XI

Doctrine contemporane.

§ 21. Duguit. – Hauriou. - Le Fur.

HAURIOU

Chestiunea dreptului la insurecție, devenită din ce în ce mai actuală de împrejurările politice care zguduie vremurile noastre și ale căror tendințe nu mai lasă intacte fundamentele străvechi ale dreptului public, nu va fi surprinzator să vedem că astăzi dreptul la revoltă nu mai este un subiect de dispute scolastice sau cazuistice ca în trecut, ci că este obiectul unor studii aprofundate și al unor preocupări serioase ale unor juriști de mare renume.

Unul dintre acești erudiți juriști, ale căror teorii au dat o lovitură decisivă vechilor concepții pe care se baza dreptul public, epurându-l de abundența de idei aparținând trecutului, este incontestabil Léon Duguit.

Respingând cu fermitate conceptele de personalitate și suveranitate a statului, Duguit a construit dreptul public, pornind de la ideea unui drept obiectiv, născut din faptul societății și impus statului.

El nu mai concepe statul modern ca fiind construit pe principiile filosofiei și jurisprudenței germane, care susțin că statul face legea și că acesta nu poate fi limitat de aceasta decât în măsura în care el însuși o acceptă.

Statul, dimpotrivă, rămâne limitat în toate manifestările sale de o lege superioară lui, pe care nu o creează și pe care nu o poate încălca. El respinge astfel teoria autolimitării și disociază legea de stat, deoarece existența legii nu este, așa cum spunea Ihering, o funcție a sancțiunii statului, ci este garantată de reacțiile sociale.

Pentru Duguit, normele juridice derivă din trei norme sociale: economice, morale și politice, adică acelea a căror încălcare duce la o reacție din partea corpului social, motivată de atacul asupra solidarității sociale care stă la baza oricărei societăți.

Statul respectă doar normele juridice, acestea fiind create de conștiințele individuale, care operează transformarea regulilor morale sau economice în reguli juridice, sub acțiunea utilității sociale și a justiției. Astfel concepută, legea nu poate fi decât anterioară faptului ca Statul să-i poată limita acțiunea.

În acest fel, problema puterii de stat se pune într-o lumină nouă: care este sursa profundă a dreptului conducătorilor de a comanda și care este rațiunea ultimă a datoriei de ascultare pentru cei guvernați?

Duguit îi plasează astfel față în față, în nuditatea lor inițială, pe guvernanți și pe guvernați, „primii deposedați de caracterul lor cvasi-sacru, cei doi eliberați de cultul ideii (1).

Au conducătorii dreptul subiectiv de a-și impune voința asupra celor guvernați? Deloc:

---

(1) Ripert, Drept natural și pozitivism juridic, An. Fac. de Droit d'Aix, Marsilia, 1918, p. 33.

guvernantii nu au un drept subiectiv de a-și impune voința asupra celor guvernați, deoarece voința lor nu are o valoare mai mare decât cea a celor guvernați. Fie că puterea de conducere aparține unui individ, unei clase, majorității numerice a membrilor corpului social sau unor grupuri secundare, ea este de fapt o putere, nimic altceva (1).

Conducătorii sunt, așadar, indivizi de aceeași esență ca și ceilalți și, în consecință, ca toți membrii comunității, sunt și rămân supuși legii obiective a acestui grup.

Legea obiectivă este un set de reguli care se impun tuturor membrilor comunității, bogați sau săraci, puternici sau slabi, conducători și guvernați. Astfel, o voință emanată de la conducători nu se impune obedienței celor guvernați pentru că emană dintr-o voință presupus superioară, ci pentru că, prin ipoteză, este conformă prin obiectul și scopul său cu legea obiectivă a comunității.

De îndată ce voința conducătorilor nu este conformă legii, nimeni nu poate fi obligat să o respecte. Întrucât puterea politică nu este decât un fapt, în ziua în care am avut noțiunea de lege, am înțeles că actele acestei puteri erau legitime doar în măsura în care erau conforme legii. Rezultă că constrângerea materială a puterii politice este legitimă doar dacă are ca scop obținerea sancțiunii legii.

De îndată ce un guvern folosește în mod obișnuit forța de care dispune împotriva legii, acesta nu mai este un guvern legitim, iar cei guvernați au obligația

---

(1) Duguit, Tratat, vol. I, p. 671.

și puterea legală de a îl răsturna prin forță. În acest caz, forța insurgenților devine legitimă atunci când singurul ei scop este să servească legea. Este afirmarea dreptului la insurecție. Acestea sunt, în câteva cuvinte, principiile celebrei teorii a lui Duguit, care i-a adus porecla de „anarhist de la amvon".

Însă alți savanți francezi, care ilustrează știința juridică, susțin cu marea lor autoritate dreptul de a rezista opresiunii.

Astfel, pentru dl. Hauriou, acest drept revoluționar nu este decât vechiul drept de autonomie al puterilor care își iau dreptatea în propriile mâini. Un popor are întotdeauna dreptul de a participa la guvernare în măsura necesară pentru apărarea sa legitimă, împotriva abuzurilor de putere, iar dreptul de rezistență la opresiune și la insurecție sunt ele însele incluse în această noțiune de apărare legitimă.

Însă acest recurs la vechea justiție individuală nu putea fi considerat legitim decât dacă recursul la justiție ar fi făcut în mod vădit imposibil (1).

În lucrarea sa „Principiile dreptului public", care tratează puterea supușilor de a acorda sau de a refuza ascultarea de ordinele nedrepte ale guvernului, învățatul decan de Toulouse se exprimă astfel: „Se poate întâmpla ca ordinele guvernului să fie în mod vădit nedrepte, fie pentru că sunt contrare ordinii lucrurilor stabilite într-un mod pozitiv, fie pentru că încalcă principiile elementare ale moralei comune. Li se poate opune refuzul ascultării, deoarece nu obligă în conștiință, iar aceasta este

---

(1) Hauriou, Precis de dr. constitutionnel, Paris, 1923, p. 11, 118 și următoarele, 179 și următoarele.

împotriva lor fiindca există acest drept de rezistență la opresiune, consacrat în Declarația Drepturilor Omului din 24 iunie 1793 și consemnat și în scrierile canonice (1).

Dl. Hauriou adaugă că refuzul de a se supune poate fi imediat doar dacă nedreptatea ordinului guvernamental este evidentă; atâta timp cât există îndoieli, guvernul trebuie să beneficieze de această îndoială și, în consecință, ordinul, deși discutabil, este executoriu provizoriu și fără discuții prealabile. O discuție poate începe doar după executare.

În concluzie, supușii au dreptul de a refuza imediat să se supună ordinelor și acțiunilor care sunt în mod evident nedrepte și dreptul de a acorda doar o ascultare provizorie ordinelor a căror dreptate li se pare îndoielnică, rezervându-și în acest caz dreptul de a se plânge. În cele din urmă, deși recunoaște dreptul de a rezista ordinelor nedrepte din partea guvernului, în perioade de criză, când se proclamă starea de asediu și când se exercită cenzura, Hauriou face din supușii, victime ale nedreptăților care se comit inevitabil, o chestiune de patriotism de a nu crea dificultăți guvernului refuzând să se supună. Dar „trebuie recunoscut", spune el în concluzie, „că, din conștiință și din preocupările patriotice, ar avea dreptul să reziste. Dacă nu fac acest lucru, este un dar gratuit, un dar suveran, pe care îl fac patriei (2).

Domnul Gény, învățatul decan al orașului Nancy, scrie că rezistența la opresiune în diversele forme pe care le poate oferi, înțeleasă cu judecată, conținută cu înțelepciune în

---

(1) Hauriou, Prince. de Dr. Public, Paris, 1916, p. 657.
(2) Ibidem, p. 658.

orientările sale, gestionate cu tact, rămân paladiul suprem al justiției și legii" (1).

În același sens, dl. Le Fur nu ezită să afirme că nu există sedițiune în răsturnarea unui guvern tiranic care, ignorându-și misiunea, încetează să urmărească binele public. Criticând în cartea sa „Război drept și pace dreaptă", teoria kantistă a dreptului, eminentul profesor arată că acest așa-zis teoretician al libertății afirmând puterea personală și nelimitată a suveranului și refuzând cetățenilor asupriți pe nedrept orice drept de rezistență, chiar dacă ar fi vorba de un uzurpator, merge dacă nu la legitimarea teoretică, cel puțin la consolidarea practică a despotismului (2).

Întrucât autoritatea guvernamentală nu este în niciun fel arbitrară sau absolută, guvernaților trebuie să li se recunoască un drept de control care poate fi sancționat prin dreptul de rezistență atunci când cei aflați la putere acționează contrar misiunii lor. Cât despre insurecție, cazul este mult mai grav, dar dacă aceasta constituie singurul mijloc de a asigura triumful unui drept esențial, devine legală; altfel, ar afirma subordonarea legii fundamentale „dreptului pozitiv." A te răzvrăti împotriva conducătorilor înseamnă a face apel la forță, dar aici forța intervine, așa cum îi este și rolul, de a asigura aplicarea legii și împotriva celor cărora le revine în mod normal dreptul de a o folosi. Dreptul de a rezista opresiunii apare, prin urmare, teoretic incontestabil (3).
Alți juriști, precum domnii Barthélemy și Jèze,

---

(1) Fr. Geny, Sc. și Tech. în pozitiv dr., Paris, 1924, IV, p. 134.
(2) Le Fur, vezi Riquet, Sa Majesté la Loi, Paris, 1927, p. 85.
(3) Ibidem, p. 88.

vor să vadă în insurecție doar un simplu mijloc extralegal. Nu există drept de rezistență, spun ei, ci doar acte de rezistență" care, în funcție de circumstanțe, pot părea legitime din punct de vedere politic.

Acestea sunt doctrinele contemporane ale unor juriști francezi de renume, în favoarea dreptului de a rezista opresiunii și de a se insurecționa împotriva oricărui guvern care, în mod sistematic și permanent, exercită o putere tiranică și încalcă drepturile și libertățile corpului social.

***

Iată-ne, în sfârșit, la sfârșitul prezentării noastre istorice a diferitelor doctrine care au prezidat de-a lungul secolelor dezvoltarea ideii unui drept la revoltă.

Revolta împotriva autorităților s-a produs în mod necesar imediat ce organizarea politică a comunității a impus voința unui grup, de obicei cel mai puternic, în raport cu restul indivizilor aceleiași comunități.

În prima fază, mișcările insurecționale, departe de a fi inspirate de un ideal de justiție socială sau de o tendință spre regenerare, au fost pur și simplu erupții violente alimentate de un spirit de răzbunare împotriva atrocităților claselor dominante.

Astfel, revoltele sclavilor nu au fost niciodată determinate de ideea emancipării; ele au fost rezultatul disperării în urma regimurilor dure la care i-au supus stăpânii lor.

Mai târziu, când o experiență lungă, amestecată

cu un sentiment de justiție, a revelat conștiinței celor asupriți cauzele nelegiuirilor a căror exploatare le-a făcut obiectul, revolta devine un mijloc conștient și chibzuit pentru atingerea unui scop mai mult sau mai puțin determinat.

În această a doua fază a evoluției sale, revolta marchează un progres considerabil față de trecut.

Ea nu mai are caracterul pur distructiv al răzbunării; se desfășoară în numele dreptății și al Evangheliei. Treptat, alături de lupta materială, începe o luptă spirituală între clasele conducătoare și populația condusă, privind originea puterii nelimitate de care primele se pretindeau deținătoare necondiționate.

Deținătorii puterii statale au împrumutat argumente din creștinism, o religie nouă și puternică, pentru a-și apăra autoritatea împotriva oricărei tentative de uzurpare, pretinzând că este instituită de Dumnezeu însuși.

Însă curând Biserica creștină a devenit campioana politicii de rezistență, a luat partea celor asupriți, iar reprezentanții săi autorizați au făurit, în Evul Mediu, argumentele decisive împotriva omnipotenței prinților. Sfântul Toma admite rezistența violentă împotriva oricărui guvern tiranic și depunerea prințului vinovat. Suveranul de drept divin cedează locul suveranității poporului și, de atunci, supunerea față de puterea civilă nu mai apare ca ceva insurmontabil.

În a treia fază, concepția teologică a puterii civile a fost înlocuită de una juridică. Luptele teoretice dintre conducători si guvernați se mențin în cadrul legii. Primii văd în revoluție doar o ruptură violentă a legii în vigoare, însăși negarea acestui drept și concluzionează că orice lege care recunoaște legitimitatea unei revolte este absurdă.

La rândul lor, guvernații se opun legii stabilite „o lege eternă bazată pe rațiune și natură, dreptul uman inalienabil și imprescriptibil". Acesta fiind singurul fundament al ordinii juridice legitime, odata abolit printr-o încălcare a legii, nimic nu este mai just decât această restaurare a ordinii juridice legitime prin toate mijloacele, chiar și printr-o lovitură de forță.

În cele din urmă, mai multe ipoteze, unele bazate pe ideea de contract, altele pe dreptul natural la autoapărare, sunt încă considerate ca putând oferi o bază juridică pentru dreptul de insurecție.

Însă recent, chestiunea dreptului la insurecție și a temeiului său juridic par să fi găsit un sprijin puternic în conceptul de drept obiectiv, al cărui promotor, care a stabilit o școală, este celebrul expert juridic Léon Duguit.

PARTEA A DOUA
Temeiul juridic al dreptului la insurecție

CAPITOLUL XII
Originea puterii politice.

Numeroase sisteme filozofice s-au străduit în toate epocile să găsească o soluție definitivă la vechea problemă, mereu vie, dar niciodată rezolvată, a originii puterii politice.

De la doctrinele teocratice care consideră puterea politică o instituție divină și teoriile contractului social care plasează atât originea societății civile, cât și cea a suveranității în consimțământul unanim al indivizilor care compun comunitatea, până la teoria științifică modernă, care bazează puterea politică pe forța materială a conducătorilor, toate și-au asumat, pe rând, meritul de a fi rezolvat această problemă dificilă.

Indiferent de concluziile la care a ajuns fiecare dintre aceste sisteme, punctul lor de plecare se reduce întotdeauna la întrebări stereotipe, cum ar fi acestea: cum se poate explica dreptul anumitor indivizi de a-și impune în mod legitim voința asupra altor indivizi;

să pună în mișcare o putere de constrângere și să fixeze comenzi necondiționate altor voințe? Există anumite voințe pământești formate dintr-o esență superioară altor voințe și, prin urmare, sunt învestite cu o putere de comandă? Este această putere de comandă legitimată prin originea sa sau devine astfel prin exercitarea sa? Toate acestea sunt întrebări susceptibile de a ne angaja în speculații infinite, dar cărora le lăsăm răspunsul doctrinelor deja anunțate.

§ 22. Doctrine teocratice.

Această denumire se referă la toate doctrinele care urmăresc să explice și să legitimeze puterea politică prin intervenția pământească a unei puteri supranaturale (1). În ciuda diversității lor, pentru a evita confuzia, toate doctrinele teocratice au fost grupate în două grupuri: doctrinele dreptului divin supranatural și doctrinele dreptului divin providențial. Doctrinele dreptului divin supranatural susțin că o putere superioară, Dumnezeu, nu numai că a creat puterea politică, ci a desemnat și persoana sau dinastia care ar trebui să fie învestită, într-o anumită țară, cu putere politică (2). Această doctrină pare să fi provenit din Germania, în timpul luptelor dintre Preoțime și Imperiu. Apoi și-a căpătat sensul definitiv în secolul al XVI-lea, în timpul Războaielor de Religie și a fost îndreptată împotriva drepturilor națiunii. Susținută mai întâi de Calvin și hughenoți,

---

(1) Duguit, Tratat, vol. I, p. 557.
(2) ibidem.

apoi, de către susținătorii lui Henric al IV-lea, teoria a fost pusă în formă de protestanți, dintre care unul, Bedé de la Gormandière, l-a atacat în 1611 pe cardinalul Bellarmin, care susținuse că dreptul regelui este o instituție umană (1).

O variantă a acestor doctrine a fost susținută în Franța în secolele al XVII-lea și al XVII-lea, unde apare pentru prima dată în vechea formulă: „Regele Franței își detine regatul numai de la Dumnezeu și de la sabia sa", o formulă opusă pretențiilor papilor. Această doctrină își găsește expresia deplină în Memoriile lui Ludovic al XIV-lea și într-un Edict al lui Ludovic al XV-lea. Aici autoritatea regală apare ca o delegație a Providenței: „în Dumnezeu, nu în popor, se află sursa puterii și regii sunt răspunzători numai față de Dumnezeu pentru puterea cu care i-a investit". Citim în mod similar, în preambulul celebrului Edict al lui Ludovic al XV-lea, emis în 1770: „Ne ținem coroana numai de la Dumnezeu; dreptul de a face legi... ne aparține numai nouă, fără dependență și fără împărtășire" (2). Doctrina dreptului divin supranatural și-a păstrat imperiul în Franța până la Revoluție.

Mai recent, nu mai departe de secolul trecut, această doctrină a fost afirmată în Germania de împăratul William al II-lea într-un discurs rostit la Coblenz în 1897: „William I a arătat și a făcut să strălucească o comoară pe care trebuie să o păstrăm sfântă: este regalitatea prin harul lui Dumnezeu, regalitatea cu îndatoririle ei grele, cu chinurile și cu munca ei neobosită și

---

(1) Lacour-Gayet, Educația politică a lui Ludovic al XIV-lea, p. 340 și următoarele.
(2) Memoriile lui Ludovic al XIV-lea, ed. Dreyss, 1860, II, p. 236 (Cf. Duguit, op. cit., t. I, p. 565).

de asemenea, cu formidabilele sale responsabilități numai în fața Creatorului, responsabilități de care niciun ministru, nicio cameră a deputaților, niciun popor nu-l poate scuti pe prinț" (1).

Nu este greu de deslușit consecințele absurde și periculoase la care duc principiile unor astfel de doctrine și le vom trata mai jos.

În doctrinele dreptului divin providențial, Dumnezeu nu determină subiectul puterii printr-o manifestare supranaturală a voinței sale, ci prin direcția providențială a evenimentelor și a voințelor umane. Astfel, puterea vine numai de la Dumnezeu, dar oamenii care o exercită sunt investiți cu ea prin mijloace umane și o îndeplinesc sub îndrumarea invizibilă a Providenței divine... (2). Legată de acest grup, prin analogie, este doctrina catolică care ne învață că Dumnezeu a dat puterea nu prinților, ci mulțimii, adică întregii națiuni. Prin urmare, națiunea devine deținătoarea puterii, nu pentru că este sursa ei, ci pentru că o încredințează.

Națiunea transmite apoi exercițiul acestei puteri prinților, aceștia din urmă neputând spune că o primesc imediat de la Dumnezeu, ci de la Dumnezeu prin intermediul națiunii: Omnis potestas a Deo per populum (3).

Această doctrină datează de la Sfântul Gură de Aur, care, în secolul al IV-lea, afirma că nu există putere care să nu vină de la Dumnezeu. Reluată și dezvoltată în Evul Mediu,

---

(1) Hitler, Doctrinele absolutismului, 1903, p. 26.
(2) Duguit, Tratat, vol. I, p. 567.
(3) Chénon, Rolul social al Bisericii, Paris, 1922.

se pare că a fost fixată definitiv de Sfântul Toma de Aquino.

El distinge trei elemente în putere: principiul, modul și uzul; principiul puterii vine numai de la Dumnezeu; modul și uzul vin de la oameni, iar sursa umană a puterii este poporul, mulțimea (1). Potrivit lui, responsabilitatea aparține „întregii mulțimi sau cuiva care acționează în locul ei să ordoneze binele comun; aparține întregii mulțimi sau unei persoane publice, care are grijă de întreaga mulțime, să dea legi, deoarece, aici, ca și în toate celelalte lucruri, aparține ordinii în vederea unui anumit scop celui căruia îi este propriu acest scop" (2). Aceasta este doctrina Sfântului Toma, care a fost după el, cea a marilor teologi catolici: puterea regelui vine de la Dumnezeu, dar puterea de facto, în toate formele sale, derivând de la popor, rămâne un drept al omului.

Bellarmine și Suarès, spre începutul secolului al XVII-lea, propovăduiau aceeași doctrină. „Puterea este de drept divin", scrie Bellarmine, „dar dreptul divin nu a dat această putere niciunui om în particular; prin urmare, a dat-o mulțimii. Mai mult, dreptul pozitiv fiind suprimat, nu există niciun motiv pentru care, într-o mulțime de oameni egali, unul ar trebui să domine mai degrabă decât altul; prin urmare, puterea aparține mulțimii (3). În același sens, Suarès afirmă că „puterea, prin natura

---

(1) Toma d'Aquino, Comentarii la Sentințele lui Pierre Lombard, cartea a II-a, distinct. 44, aceasta. I, art. 2 (Cf. Duguit, op. cit., t. I, p. 558).
(2) Ibidem, Rezumat teologic, II, Partea a 2-a, întrebarea 10, art. 10, VII, p. 341.
(3) Bellarmine, Despre membrii Bisericii, Cartea a III-a, Despre laici, cap. VI, ed. 1870, p. 11.

lucrurilor, se află imediat în comunitate; prin urmare, pentru ca aceasta să treacă în mod legitim în mâinile câtorva oameni, ale unui prinț suveran, este necesar ca acesta din urmă să o dețină cu consimțământul poporului (1).

Această învățătură a găsit în secolul trecut, în Franța, doi interpreți celebri în Joseph de Maistre și Bonald, care i-au acordat un loc important în istoria gândirii contemporane.

Fără intervenția imediată a unei puteri supranaturale, Joseph de Maistre consideră că nu se poate explica crearea sau durata guvernelor. „Ea se manifestă în unitatea națională care le constituie; se manifestă în multiplicitatea voințelor care contribuie la același scop fără să știe ce fac, ceea ce arată că sunt pur și simplu angajate; se află mai presus de toate în acțiunea minunată, care folosește această mulțime de împrejurări pe care le numim accidentale, chiar și nebuniile și crimele noastre, pentru a menține ordinea și adesea pentru a o stabili" (2).

Bonald propune o doctrină similară atunci când spune că o putere este legitimă, nu în sensul că cel care o exercită este numit printr-un ordin emanat de divinitate, ci pentru că este constituită în conformitate cu legile naturale și fundamentale ale ordinii sociale, al cărei autor este numai Dumnezeu (3).

Acesta fiind conținutul doctrinelor teocratice, este necesar să ne întrebăm în ce fel sunt acestea acceptabile, atât de mult

---

(1) Suarès, De Legibus, Liv. III. cap. II. § 2. p. 169 (Cf. Duguit, op. cit., t. I. p. 560).
(2) J. de Maistre, Seri la Sankt Petersburg, Paris, 1872. I, p. 207.
(3) Bonald, Legislație primitivă, Paris, 1857, p. 41.

prin punctul lor de plecare, cât și prin consecințele la care duc.

Luate împreună, aceste diverse doctrine, incapabile să explice în vreun fel superioritatea de natură a unei voințe care poruncește asupra voințelor cărora li se adresează porunca, au pus în joc o voință supranaturală care i-ar fi investit pe anumiți oameni cu această putere de comandă. Bazate pe intervenția constantă a unei forțe conștiente și supraomenești, aceste teorii scapă evident oricărei critici științifice (1).

În prima lor formă, admițând instituirea directă de către divinitate a persoanelor care domnesc, acestea sunt de nesuportat. De asemenea, în afară de câteva afirmații vagi ale unor monarhi mândri, care declară că își dețin puterea numai de la Dumnezeu sau că își datorează coroana doar lui Dumnezeu și sabiei lor, afirmații încurajate de curtenii și juriștii timpului lor, ele au fost greu de susținute (2).

Inacceptabile prin punctul lor de plecare, teoriile dreptului divin supranatural sunt cu atât mai inacceptabile prin consecințele la care duc. A afirma că deținătorul puterii politice își derivă privilegiul direct de la Dumnezeu și că este responsabil doar față de El, aceasta duce logic la înlăturarea oricărei puteri de echilibru și, prin urmare, la cel mai rău despotism.

Așa că astăzi, aceste vechi teorii nu își mai au locul în construcțiile juridice, decât ca și

---

(1) Duguit, Traite, t. I, p. 560.
(2) Le Fur, Suveranitatea și legea, Rev. de dr. public, 1908, p. 414.

capitole de curiozități istorice. În a doua lor formă, cea a intervenției indirecte a divinității pentru a-l îndruma pe principe, acestea au fost mai des apărate având în vedere că duc la consecințe mai puțin grave decât cele anterioare.

Acestea nu sunt în niciun fel ireconciliabile cu un guvern limitat atât de intervenția reprezentanților poporului, cât și de existența unor legi umane care consacră responsabilitatea celor care guvernează (1).

Dar aceasta nu ne împiedică să concluzionăm că doctrinele teocratice, care legitimează puterea politică printr-un decret al puterii divine, sunt atât de indefensabile încât nici măcar nu merită efortul unei discuții mai ample.

§ 23. Doctrine democratice.

Numim democratice toate doctrinele care plasează originea puterii politice în voința colectivă a societății supuse acestei puteri și care „învață că puterea politică este legitimă, deoarece și numai pentru că este instituită de comunitatea care guvernează" (2). Puține istorii au fost semănate cu eforturi mai vii și mai pasionale de a găsi o justificare pozitivă a puterii și de a proteja libertățile individuale decât cea a doctrinelor democratice. Etapele succesive ale existenței sale ne vor dovedi acest lucru.

Politicienii antichității nu se ocupau de originea sau legitimitatea puterii politice, ci

---

(1). Dugult, Traité, or. I. p. 569.
(2) Duguit, Traité, or. l. p. 571.

au acceptat ca un fapt necesar. Astfel, Platon în Republica sa s-a preocupat de găsirea organizării unui oraş ideal, dar fără a se preocupa de geneza puterii civile.

Teologiei Evului Mediu îi datorăm poziția problemei; aceasta este cea care se opune forței şi ajunge să se întrebe ce titlu are aceasta să se impună oamenilor (1). Ştim în ce sens filosofia scolastică intenționează să rezolve problema. Dacă puterea în sine vine de la Dumnezeu, puterea concretă vine de la popor, iar poporul este cel care ordonează puterea în vederea propriului scop, de unde rezultă că, dacă deținătorul puterii o exercită pentru un alt scop decât cel al poporului, el este un tiran şi poporul îl poate răsturna. „Guvernul tiranic nu este drept", învață Sfântul Toma, „pentru că nu tinde spre binele general, ci spre binele particular al celui care guvernează...; şi de aceea tulburarea care se stârneşte împotriva unui astfel de guvern nu are caracterul sediţiunilor... Ci tiranul este cel care este sediţios (2).

În secolul al XVI-lea, ideea democratică, susținută pe rând, în funcţie de interesul momentului, uneori de protestanţi, alteori de catolici, a atins punctul său culminant. Am arătat în prima parte a lucrării noastre (3) cât de arzătoare şi plină de evenimente a fost această fermentaţie democratică, marcată într-o multitudine de lucrări. Originea populară a puterii este afirmată cu energie, iar condiţiile contractului încheiat între popor şi principe sunt expuse minuţios, pentru că nu trebuie să uităm că doctrinele democratice fac ca

---

(1) Ibidem, p. 572.
(2) Citat de Duguit. Tratat, t, I, p. 572.
(3) Vezi cap. Reforma şi Liga.

originea puterii politice să rezide în contractul de suveranitate, ceea ce le-a adus și titlul de doctrine ale Contractului Social. În virtutea acestui pact, de fapt, poporului i s-a acordat solemn dreptul de a-l răsturna pe prințul care ignora clauzele conținute în acesta. Ideea de contract, considerată mod de formare a societăților civile și, în același timp, sursă a puterii politice, a fost interpretată în secolul al XVII-lea în diferite moduri și a condus pentru unii dintre reprezentanții săi faimoși (Hobbes) la absolutismul prințului, pentru alții (Jurieu) la absolutismul poporului.

Aceasta ne avertizează împotriva erorii larg răspândite de a crede că doctrinele democratice sunt, fără excepție, doctrine liberale. Principala caracteristică a doctrinei lui Hobbes este de a fi fondat societatea civilă pe consimțământul, tacit sau expres, al membrilor săi. Dar pentru ca această manifestare colectivă a voințelor care tind spre același scop să fie suficientă pentru menținerea păcii și apărării permanente, este necesar ca voințele tuturor să formeze o singură voință, a cărei existență depinde de subordonarea voinței fiecăruia față de voința unui singur om sau față de voința unui consiliu. Astfel, orice își dorește acesta din urmă, în ceea ce privește pacea și apărarea comună, va fi considerat a fi voința tuturor și a fiecăruia.

Este ușor de înțeles că un astfel de om sau consiliu, posesor, în urma subordonării voințelor tuturor față de ale sale, al unui summum imperium, care rezultă din faptul că fiecare cetățean i-a concedat toate puterile sale, se bucură de o putere nelimitată (1).

---

(1) Duguit, Tratat, vol. I, p. 577.

Societatea politică a lui Jurieu implică existența unui contract, a unui pact de supunere sau de suveranitate încheiat între popor și prinț; dar poporul păstrează întotdeauna puterea suverană de a-i retrage prințului puterea pe care acesta i-a dat-o dacă acesta o folosește greșit.

„Poporul va putea chiar să-l răstoarne oricând va dori, deoarece trebuie să existe o anumită autoritate în societăți, care nu este obligată să aibă dreptate pentru a-și valida acțiunile, iar această autoritate se află numai în popor" (1).

Între aceste două doctrine absolutiste, este potrivit să-l plasăm pe J.-J. Rousseau, care găsește originea societății civile în actul prin care indivizii au renunțat la starea naturală, pentru a dobândi în schimb avantajele păcii și securității oferite de societatea civilă. Acest contract ar sta la baza corpului moral și colectiv, a sinelui comun, reprezentat de voința generală. Această voință generală fiind indivizibilă și inalienabilă și, prin urmare, neputând fi reprezentată, ea însăși face legea. Cât despre guvern, nu există niciun contract între acesta și poporul care îl instituie: este doar agentul voinței generale. De aici rezultă că nicio barieră nu limitează puterea suveranului, deoarece suveranul fiind format doar din indivizii care îl compun, nu are și nici nu poate avea un interes contrar celui al acestora; în consecință, puterea suverană nu are nevoie de garanți față de supuși, deoarece este imposibil ca organismul să vrea să facă rău tuturor membrilor săi. Suveranul, prin însuși faptul că este, este întotdeauna ceea ce trebuie să fie" (2).

---

(1) Jurieu, Lettres pastorales, XVIII lettre, Rotterdam, 1638, p. 418.
(2) Rousseau, Contract social, Liv. Eu, cap. VI și VIII.

Așa ajunge teoria lui Rousseau, printr-un raționament diferit, la aceleași concluzii ca și Hobbes.

Pornind tot de la ipoteza contractului, Locke explică și puterea politică prin consimțământul celor care îi sunt subordonați. „Oricine", spune el, „părăsește starea naturală pentru a intra într-o societate trebuie considerat ca fiind plasat toată puterea necesară scopurilor pentru care a intrat în ea în mâinile celui mai mare număr de membri" (1). Trebuie însă ținut minte că Locke limita puterea politică prin existența unui fascicul de drepturi naturale aparținând omului, pe care intenționa să le păstreze în societatea civilă și, strict vorbind, să o opună nu numai puterii unui prinț, ci și celei a legislatorilor aleși de popor. În esență, până în secolul al XVIII-lea, principiul democratic proclama poporul ca deținător inițial al puterii; că acesta o înstrăinase sau o încredințase unui monarh și, în final, că o putea relua în anumite cazuri determinate și fixate prin contractul încheiat cu regele (2).

În secolul al XVIII-lea, ideea democratică și-a căpătat forma definitivă și a reușit să-și transpună principiile în dreptul constituțional modern, sub denumirea de suveranitate națională. Legislația revoluționară din 1789-1791 a formulat-o astfel: „Principiul oricărei suveranități rezidă în esență în națiune. Niciun corp, niciun individ nu poate exercita o autoritate care să nu emane în mod expres din ea" (3). Și, de asemenea, suveranitatea este una,

---

(1) Locke, op. cit., cap. VII, § 5, p. 126.
(2) Barthélemy, Tratat de drept constituțional, Paris, 1933, p. 56.
(3) Declarația Drepturilor din 1789, art. 13.

indivizibilă, inalienabilă și imprescriptibilă. Aparține națiunii; nicio parte a poporului și niciun individ nu poate pretinde că îl exercită (1).

Consacrând astfel teoria suveranității naționale, Revoluția a intenționat să protejeze individul împotriva omnipotenței regilor pe care aceștia și-au arogat-o în virtutea dreptului divin și trebuie recunoscut că această doctrină, răspunzând unei reale utilități practice, a avut momentul ei de adevăr pragmatic (2). Dar astăzi este oare această dogmă a suveranității naționale, care înlocuiește dreptul divin al regilor cu dreptul divin al popoarelor, suficientă pentru a legitima puterea politică prin ipoteza contractului social?

§ 24. Respingerea doctrinelor democratice.

Oricât de neputincioase ar fi doctrinele teocratice în a legitima puterea politică prin originea sa, teoria suveranității naționale rămâne o simplă ipoteză, un postulat inutil, lipsit de orice valoare științifică. Apărarea științifică a principiului suveranității naționale nu s-ar putea baza decât pe răspunsul afirmativ la aceste două întrebări esențiale:

1. Există Națiunea ca persoană morală înzestrată cu o voință proprie, distinctă de cea a indivizilor care o compun?

2. Admițând existența unei astfel de voințe aparținând națiunii, în virtutea cărui titlu ar fi aceasta superioară voinței individuale?

Ori , răspunsul la ambele întrebări nu poate fi decât unul negativ.

---

(1) Constituția din 1791, titlul III, articolul IV.
(2) Barthélemy, op. cit., p. 77.

A atribui națiunii însăși o voință distinctă de cea a indivizilor este o afirmație gratuită, nedovedită și nedemonstrabilă. Toți cei care au vrut să stabilească existența unui „sine comun", adică a unei persoane colective, precum Hobbs și J.-J. Rousseau, au trebuit să recurgă la ipoteza contractului social, o ipoteză zadarnică, deoarece ideea unui contract nu ar fi putut apărea în mintea omului decât în ziua în care acesta trăia în societate.

Pe de altă parte, chiar dacă ar exista un contract tacit între toți membrii corpului social, acesta nu ar rezulta într-o voință generală și comună, deoarece „nimic nu dovedește că din această conjunctură de voințe se naște o voință distinctă de voințele individuale concurente (1).

Astfel, doctrina unui drept suveran, atribuit de procesul persoanei morale „sinelui comun", rămâne o simplă dogmă nedemonstrabilă, deoarece nu există o voință comună și distinctă a națiunii, ci există doar voința unei majorități a indivizilor, având cea mai mare forță politică în națiune.

Chiar presupunând că există o voință colectivă, cum ar fi aceasta superioară voinței individuale? Deși este colectivă, voința grupului este totuși de esență umană și nu s-a demonstrat că o voință umană se poate impune unei alte voințe umane.

Afirmația că comunitatea are o putere legitimă de comandă prin simplul fapt că emană din comunitate este o afirmație de ordin metafizic sau religios,

---

(1) Duguit, op. cit., t. I, p. 582.
(2) Ibidem, p. 583.

la fel de inacceptabil ca afirmarea dreptului divin al regilor.

Scriind că fiecare persoană care se dăruiește tuturor nu se dăruiește nimănui, Rousseau credea că a rezolvat dificultatea. „În realitate, orice ar face cineva, această așa-numită voință generală nu se exprimă niciodată decât prin intermediul unei majorități, iar puterea publică, puterea de a comanda, aparține unei majorități care își impune voința unei minorități. Acum, nu se demonstrează, nu se poate demonstra că o majoritate are în mod legitim puterea de a-și impune voința, chiar dacă această majoritate ar fi unanimitate minus unu. Puterea de a comanda recunoscută unei majorități poate fi o necesitate de facto; nu poate fi o putere legitimă" (1).

Principiul suveranității poporului, nu, nu oferă o explicație satisfăcătoare a legitimității puterii politice, la fel ca doctrinele teocratice, dar prin pretențiile sale de a legitima puterea prin originea sa, devine periculos pentru libertate.

Tinzând să facă din voința comună o voință legitimă în sine, care ar fi însăși expresia legii și a justiției, această doctrină ne conduce la acceptarea dreptului regulat și conform legii a oricărui act emanând din voința poporului. Înzestrat cu această prerogativă infailibilă, care conferă învestitură legală tuturor actelor sale de voință, prin singurul fapt că acestea emană din ea, poporul ar putea, așadar, să facă în mod legitim totul; fără a fi nevoie, conform expresiei lui Jurieu, „să aibă dreptate pentru a-și valida actele".

Acest raționament ar fi putut fi inventat de conducători

---

(1) Duguit, op. cit., t. I, p. 583.

pentru a se impune celor guvernați, poate că a avut și o anumită utilitate practică, dar astăzi nu mai poate satisface conștiința juridică modernă. Prin urmare, trebuie să respingem principiul suveranității naționale, care este cu atât mai periculos pentru libertate, cu cât, practic, nu poporul însuși vrea și vorbește, ci indivizii care, acționând în numele său, se fac beneficiari ai infailibilității guvernamentale pe care o generează prințul și care ne împing pe calea pe care unul dintre maeștrii liberalismului francez, Benjamin Constant, a numit-o oribila cale a omnipotenței parlamentare (1).

Mai mult, întrebarea despre ce era real în acest principiu al suveranității s-a pus în mod clar încă de la sfârșitul secolului trecut, când Auguste Comte a zguduit această dogmă cu o critică puternică și pătrunzătoare: „De mai bine de treizeci de ani, de când am ținut pana filosofică, am reprezentat întotdeauna suveranitatea poporului ca o mistificare opresivă și egalitatea ca o minciună josnică" (2).

Astfel, deși în prezent doctrina suveranității naționale se află încă la baza dreptului public pozitiv, ea este departe de a fi o forță socială și rămâne o simplă concepție a minții, neputincioasă și demodată precum cea a dreptului divin.

§ 25. Doctrina realistă.

Cele două doctrine anterioare despre originea puterii

---

(1) J. Barthélemy, op. cit., p. 77.
(2) A. Comte, Sistemul politicii pozitive, Paris, 1895 (Cf. Duguit, Les transf. du dr. public, ed. 1925, p. 17).

politica și legitimitatea puterii politice nu au putut oferi decât explicații artificiale și himerice. Ambele, căutând o justificare filosofică a puterii politice, dau naștere unei serii de probleme pe care suntem neputincioși să le rezolvăm.

În realitate, puterea politică este un fapt simplu care nu are în sine niciun caracter de legitimitate sau ilegitimitate și care este produsul unei evoluții sociale. „În toate grupurile sociale care se numesc State, cele mai primitive și cele mai simple, precum și cele mai civilizate și cele mai complexe, se găsește întotdeauna un singur fapt, indivizi mai puternici decât ceilalți care vor și care își pot impune voința asupra altora. Nu contează prea mult dacă aceste grupuri sunt sau nu fixate pe un teritoriu determinat, dacă sunt sau nu recunoscute de alte grupuri, dacă au o structură omogenă sau diferențiată, faptul este întotdeauna acolo, identic cu el însuși: cei mai puternici își impun voința asupra celor mai slabi (1)."

Această forță mai mare a luat diferite aspecte: uneori a fost o formă pur materială, alteori o forță morală și religioasă, alteori o forță intelectuală și adesea chiar economică.

Astfel, în fiecare societate și în fiecare timp, cei mai puternici, într-una sau alta dintre formele menționate, și-au impus de fapt voința asupra celorlalți, nu fără a încerca să legitimeze această forță superioară cu ajutorul adepților lor. Ei s-au prezentat în acest scop fie ca învestiți cu o putere supranaturală, fie ca organe ale unei voințe colective care se impune voințelor

_____

(1) Duguit, op. cit., t. I, p. 655.

individuale. Și trebuie recunoscut că ideea teocratică s-a bucurat de o mare forță în vremuri de credință profundă, constituind astfel cel mai convenabil și mai sigur mijloc de justificare a tuturor tiraniilor. Devenită insuficientă în vremuri de mai puțin religioase precum ale noastre, ideea teocratică a fost înlocuită de ideea democratică bazată pe ficțiunea voinței sociale, dar de o valoare la fel de slabă ca prima. Fără a ignora utilitatea lor practică într-o perioadă în care era permis conducătorilor să-și înșele supușii, este important să evidențiem acum fenomenul diferențierii pozitive dintre conducători și guvernați, care le permitea unora să impună ordine altora prin constrângere materială.

Conform lui Durkheim și Duguit, care acceptă hoarda ca fiind tipul probabil de societate primară, prima diferențiere se baza pe distincția dintre sexe. Urmează apoi separarea conducătorilor de cei conduși, care, fie că corespunde sau nu distincției dintre sexe, se afirma în momentul în care membrii micului grup aduceau servicii semnificative celorlalți membri și mai ales când unii erau considerați investiți cu puteri supranaturale. Un fapt rămâne cert: cel sau cei care comandă o fac pentru că sunt cei mai puternici, iar acceptarea voluntară, cel mai adesea de către cei mai slabi, nu face decât să sporească această forță care s-ar exercita în cazul refuzului de a asculta.

La popoarele de origine ariană și semitică, familia patriarhală constituia forma generală de grupare socială. Capul natural al grupului familial era ruda cea mai în vârstă de sex masculin, care era recunoscut și ca șef al cultului domestic și care, în virtutea prestigiului său particular, datorită vârstei sale și statutului său de strămoș, deținea puterea superioară de a comanda.

Structura originală a orașului antic trebuie să fi fost nimic mai mult decât o grupare de familii a căror putere de a constrânge aparținea, fără îndoială, întregului corp de capi de familie. Nu a fost Senatul roman inițial adunarea capilor de familie care deținea preponderența chiar și sub regalitate și pe care a răsturnat-o pentru că a ignorat-o?

Această putere de comandă nu este în niciun fel justificată de originea sa; este o simplă putere de fapt, datorată atât prestigiului familial, cât și forței lor materiale, religioase sau morale. Sub triumful aristocrației religioase, puterea politică aparține adesea reprezentanților naturali ai credințelor religioase, iar mai târziu la Roma și Atena, sub regimul însușirii averii, cei mai bogați formează o aristocrație a averii care devine atotputernică. Acest fenomen social a provocat lupte interminabile între bogați și săraci, ceea ce a dus la slăbirea aristocrației averii și la un transfer al puterii politice către săraci, cei mai numeroși. Un guvern democratic a înlocuit guvernul aristocratic.

În toate aceste etape, cea mai mare forță, fie că aparține celui mai puternic printr-o anumită calitate, fie celui mai puternic prin număr, este întotdeauna cea care prevalează (1).

În statul modern încă vedem producerea de

---

(1) Duguit, op. cit., t. I, p. 657 și colab.

diferențieri datorate unei forțe mai mari. Astfel, nu este neobișnuit să vedem într-o națiune, în calitate de șef de guvern, un lider militar sau „militarizat" care, ca atare, este cel mai puternic.

Fenomenul este de aceeași natură cu cel care se produce într-o societate primitivă, dar este mult mai complex, dat fiind că elementele istorice își joacă rolul. A vorbi astăzi despre cei mai puternici înseamnă a-i înțelege pe cei care dețin, în orice fel, cutare sau cutare forțe sociale, care sunt în același timp forțe conducătoare.

Însă, în cele din urmă, indiferent de forma pe care o ia această diferențiere politică, un lucru rămâne cert: faptul că unul sau mai mulți indivizi posedă, într-o anumită națiune, puterea de a guverna. Sunt acești conducători investiți cu un drept subiectiv de a-și impune voința prin forță asupra altor indivizi? Deloc. „Indiferent dacă puterea de guvernare aparține unui individ, unei clase, majorității numerice a membrilor corpului social sau unor grupuri secundare, este o putere de fapt, nimic altceva" (1).

Puterea politică fiind un fapt, înțelegem că ordinele sale sunt legitime doar în măsura în care sunt conforme cu legea și că, în mod similar, utilizarea constrângerii materiale puse în mișcare de puterea politică este legitimă numai dacă are scopul de a obține sancțiunea legii. Trebuie, așadar, să ne amintim că: „Nimeni nu are dreptul să comande altora, nici un împărat, nici un rege, nici un parlament, nici o majoritate populară

---

(1) Duguit, op. cit., t. I, p. 671.

nu își pot impune voința ca atare; acțiunile lor pot fi impuse celor guvernați doar dacă sunt conforme cu legea (1).

În concluzie, nu ezităm să respingem cele două doctrine precedente, ambele legitimând puterea politică prin originea sa. Acceptăm în schimb doctrina realistă pe care tocmai am expus-o pe scurt, mult mai exactă și mai fecundă, care neagă pe bună dreptate problema insolubilă a suveranității poporului, la fel de dezamăgitoare ca suveranitatea dreptului divin. Într-un cuvânt, originea puterii politice rezidă în cea mai mare forță care trasează diferențierea dintre cei mai puternici și cei mai slabi, respectiv guvernanți și guvernați. Dar, deși derivă din cea mai mare forță, fie ea materială sau morală, puterea de guvernare nu devine prin aceasta legitimă, deoarece nu poate fi legitimată prin originea sa. Devine legitimă doar prin scopul pe care îl urmărește și prin exercitarea sa, pe care o îndeplinește în conformitate cu dreptul social.

———————

(1) Duguit, ibid., p. 677.

CAPITOLUL XIII

Limitele puterii politice.

Există limite ale puterii politice? Și dacă există, care sunt acestea?

Aceasta este problema fundamentală a cărei soluție este chiar obiectul oricărui drept public. Fie că puterea politică își are originea în voința divină, așa cum ne învață doctrinele teocratice, fie că o găsește în personificarea juridică a colectivității, așa cum susțin doctrinele metafizice, fie că este produsul diferențierii dintre guvernanți și guvernați, așa cum ne dovedește doctrina realistă, este important ca membrii corpului social să stabilească limite pe care această putere să nu le poată depăși. Cu alte cuvinte, este necesar să se limiteze puterea Statului în toate manifestările sale printr-o regulă de drept superioară sieși, pe care nu o poate crea sau încălca, deoarece fără această subordonare față de legea activității statului, ajungem la zdrobirea individului de către Stat și, mai mult, la absorbția sa completă de către colectivitate.

Totuși, admițând conceptul de suveranitate statală, ne dăm seama că nu există o soluție posibilă. Prin definiție, suveranitatea fiind dreptul unei voințe care este determinată doar de ea însăși, această voință nu poate fi limitată de o regulă de drept, pentru că dacă ar fi așa, ar înceta să mai fie o voință suverană (1).

Așadar, în ciuda tuturor eforturilor depuse pentru a găsi o soluție la această problemă, ne aflăm fără ieșire confruntați cu această dilemă ireductibilă: fie Statul este suveran și, în acest caz, fiind determinat doar de propria sa voință, nu poate fi limitat de o regulă imperativă, fie Statul este limitat de această regulă și atunci nu mai este suveran.

Cel puțin aici ne conduc doctrina individualistă și cea a autolimitării statului, chiar dacă acestea credeau că au rezolvat problema. Să le examinăm pe scurt.

§ 26. Doctrina individualistă.

Faimoasă pentru lunga sa istorie, ideea individualistă a fost sursa de inspirație pentru doctrina stoică, deoarece a stat și la baza frumoaselor construcții ridicate de juriștii romani din perioada clasică. Aproape dispărută în Evul Mediu, după destrămarea unității de gândire în lumea creștină, ea a reapărut cu forță în timpul Reformei - o mișcare în esență individualistă îndreptată împotriva absolutismului catolicismului romano.

Erijată ca doctrină de juriștii și publiciștii secolului al XVI-lea, ea este ilustrată în această nouă formă de Locke și de filosofii secolului al XVIII-lea, în special de J.-J. Rousseau. Doctrina individualistă își găsește în cele din urmă expresia definitivă în Declarațiile Drepturilor

---

(1) Duguit, Tratat, vol. I, p. 632.

din epoca revoluționară și în special în cea din 1789: Oamenii se nasc și rămân liberi și egali în drept. Scopul oricărei asocieri politice este conservarea drepturilor naturale și imprescriptibile ale omului... Exercitarea drepturilor naturale ale fiecărui om nu are alte limite decât cele care asigură celorlalți membri ai societății exercitarea acelorași drepturi" (1).

Aceasta este, în câteva cuvinte, concepția individualistă care susține că omul are drepturi individuale naturale, pe care le păstrează în societate și care sunt impuse Statului și pe care, în consecință, acesta din urmă nu le poate atinge decât în măsura în care limitarea drepturilor fiecăruia este necesară pentru protejarea drepturilor tuturor.

Fără a discuta valoarea concepției individualiste și, prin urmare, a o presupune ca fiind corectă, este ușor de demonstrat că aceasta este neputincioasă în a rezolva problema limitării suveranității; „și aceasta pentru motivul întemeiat că aceste limite, pe care Statul nu le poate depăși, Statul însuși este cel care le fixează în deplina și întreagă sa suveranitate." Doctrina individualistă opune, cu alte cuvinte, suveranității Statului, cealaltă suveranitate, cea a autonomiei individuale.

Prin opunerea acestor două suveranități, două forțe egale, credem împreună cu Duguit că combinarea lor este imposibilă: „Fie", spune el, „se vor echilibra reciproc; și atunci va fi repaus, inacțiune, nimic. Fie una se va impune celeilalte; dar aceasta din urmă încetează atunci să mai fie suverană; și va fi fie dispariția

---

(1) Declarația Drepturilor din 1789, art. 1, 2 și 4 (Cf. Duguit, ibid., p. 201 și următoarele).

a suveranității statului, adică a anarhiei, sau dispariția autonomiei individului, adică a despotismului (1).

Prin urmare, pe bună dreptate, învățatul decan de Bordeaux a putut scrie că doctrina individualistă duce fie la anarhia unui Stirner sau a unui Bakunin, fie la absolutismul complet al Statului cu Jean-Jacques Rousseau, Kant, Hegel și recent Esmein. Rousseau, Kant și Hegel, realizând că autonomia individuală rămâne iluzorie în fața suveranității Statului, au crezut, printr-un adevărat truc de prestidigitație logică, că o pot apăra afirmând că individul își găsește plenitudinea ființei doar în Stat și că omul este cu atât mai autonom cu cât Statul, din care face parte, este mai puternic.

Suveranitatea Statului, susține Rousseau, lasă intactă autonomia individuală, întrucât Statul este doar voința colectivă; acum, prin intervenția contractului social care creează această voință colectivă compusă din suma voințelor individuale, indivizii, ascultând de această voință colectivă, nu ascultă decât de ei înșiși.

Și cu cât această voință colectivă este mai puternică, cu atât indivizii înșiși sunt mai puternici, ea fiind formată doar din voințe individuale.

În cele din urmă, a afirma suveranitatea nelimitată a voinței statului înseamnă a afirma autonomia completă a voinței individuale. Acestea sunt limitele cu care doctrina individualistă încearcă să înconjoare suveranitatea statului.

În același sens, Kant și Hegel, inspirați direct de individualismul lui Rousseau, afirmă că nu există niciun drept împotriva Statului, că individul nu găsește

---

(1) Duguit, op. cit., t. I, p. 633.

conștientizarea existenței sale decât în Stat și prin Stat, că, în consecință, autonomia individului este în raport direct cu omnipotența Statului. Kant, după ce a atribuit puterea legislativă voinței colective a poporului și a proclamat-o fără limite, afirmă, în ciuda acestei omnipotențe a puterii legislative, că autonomia individuală rămâne întreagă și este chiar întărită de subordonarea sa față de puterea politică a colectivității. Nu se poate spune, scrie el, că omul în Stat a sacrificat unui anumit scop o parte din libertatea externă care îi este înnăscută. Dar a renunțat complet la libertatea sălbatică și nereglementată pentru a găsi într-o dependență reglementată, adică într-un stat juridic, libertatea sa în general intactă, întrucât această dependență rezultă din propria sa voință legislativă" (1).

Cât despre Hegel, nu trebuie decât să cităm următorul pasaj pentru a-i ghici gândul: Statul, spune el, este spiritul care, în lume, devine conștient de sine însuși; realizează devenirea pe pământ, adică divinul. Acest divin care se află în Stat este fundamentul puterii sale nelimitate asupra indivizilor (2).

În final, fostul profesor Esmein acceptă fără rezerve doctrina individualistă atunci când afirmă că suveranitatea Statului este limitată juridic de existența unor drepturi naturale ale indivizilor care îi sunt impuse prin anterioritatea lor.

„Se pare", scrie el, „că suveranitatea este în mod necesar nelimitată și că, în consecință, dreptul statului este

---

(1) Kant, Doctrina Dreptului, trad. Barni, p. 169 (citat de Duguit, op. cit., p. 628).
(2) Hegel, Grundlinie der Philosophie der Rechtz. XIII des Ouvres comp., 1833, p. 319 și următoarele. (Citat de Duguit, op. cit., p. 553).

fără limite... Aceasta a fost, fără îndoială, concepția greacă și romană; dimpotrivă, este una dintre cele mai bine stabilite și mai rodnice idei ale timpurilor moderne, aceea că individul are drepturi anterioare și superioare celor ale Statului (1).

Însă Duguit observă pe bună dreptate că, în gândirea lui Esmein, această limitare este, pe de o parte, foarte limitată și, pe de altă parte, cu totul relativă și mult mai mult teoretică decât practică. Astfel, această presupusă limitare a puterii politice prin drepturile individuale nu creează pentru Stat obligația de a îndeplini anumite servicii pozitive în beneficiul individului; acesta este doar obligat să nu facă nimic care ar încălca drepturile individuale, să le garanteze și să le protejeze. Asta e tot. Individul, în ciuda acestei limitări negative a puterii statale prin drepturile sale individuale, nu are niciodată dreptul de a refuza respectarea legii, chiar și atunci când aceasta merge în mod clar împotriva drepturilor sale. Esmein neagă formal individului dreptul de a rezista opresiunii, negându-i nu numai dreptul la rezistență agresivă și rezistență defensivă, ci chiar și dreptul la rezistență pasivă, adică dreptul de a refuza executarea voluntară a unei legi care îi încalcă autonomia. „O altă eroare", a spus el, „este cea care constă în a proclama că cetățeanul, fără a se revolta prin violență, poate refuza să recunoască legile țării sale care îi jignesc conștiința și să li se supună. Prima datorie a unui cetățean este să recunoască legile țării sale, mai ales într-o țară liberă, unde se poate spera întotdeauna să câștige opinia publică pentru a obține abrogarea sau modificarea

---

(1) Esmein, Elemente de drept constituțional, Paris, 1927, vol. eu, p. 39.

celor care îl rănesc „(1). Plecând de la principiul individualist, Esmein ajunge la aceleași concluzii ca și doctrinele absolutiste. Teoretic și practic, doctrina individualistă este de nedefendat. Fără a nega că este un fapt social de prim ordin, că a fost inspirația pentru codurile epocii napoleoniene și că tot această doctrină a permis afirmarea pentru prima dată, în momentul Revoluției, a limitării puterilor Statului prin lege, trebuie recunoscut „că este absolut neputincios să rezolve problema limitării puterilor Statului" (2).

§ 27. Doctrina autolimitării.

Având în vedere impotența doctrinei individualiste care urmărea să limiteze puterea statului prin drepturi anterioare și exterioare statului, pe la mijlocul secolului al XIX-lea, juriștii germani credeau că au găsit această limitare în voința statului însuși. În lucrarea „Scopul dreptului", Ihering, după ce a definit ca reguli de drept doar acele reguli cărora statul le atribuie acest caracter și pe care le reduce la executare prin constrângere, declară că legea nu este anterioară și nici exterioară statului, ci că statul o creează. Deși creată de stat, norma de drept este obligatorie pentru acesta, așa cum este și pentru subiecții cărora li se adresează. Această subordonare a statului față de norma de drept va fi realizată printr-o autolimitare a voinței statului, justificată și acceptată

---

(1) Esmein, op. cit., t. II, p. 574.
(2) Duguit, op. cit., t. I, p. 640,

prin interesul statului de a nu se abate de la regulile de drept, ca si conditie pentru a fi la rândul său respectat.

Jellinek preia doctrina autolimitării și, în cartea sa „Statul modern și dreptul său", îi dă o formă complet juridică, constructivă. Contrar tradiției juriștilor germani dominați de o psihoză divinatorie a omnipotenței statului, Jellinek admite că Statul este limitat de lege, dar este limitat doar de legea pe care și-o creează singur. Și afirmă cu tărie că este imposibil să admitem că Statul nu este legat de legea pe care și-o stabilește singur, deoarece, dacă nu ar fi, ar urma atunci că legea, așa cum este ea pentru indivizi, nu ar fi aceeași pentru Stat. Acum, Statul fiind justițiabil de propriile instanțe, asemenea unui simplu individ, este, prin urmare, supus propriei legi, iar toată activitatea sa este subordonată acesteia.

Și în final, un alt jurist, de data aceasta de peste Rin, Carré de Malberg, adoptă punctul de vedere al juriștilor germani scriind următoarele: „Indiferent de condițiile la care poate fi supusă formarea legilor... trebuie afirmat ca un punct cert că, fie că este vorba de constituție... fie de legi..., sunt opera voinței (a Statului) și își au sursa exclusiv din puterea pe care o are de a se autodetermina. Ordinea juridică și organizarea statutară a Statului suveran se bazează pe propria sa voință; limitarea puterii sale, care rezultă din această organizare sau din această ordine juridică, decurge în mod similar din aceeași voință... În acest sens este necesar să se considere justificate și conforme cu realitatea faptelor teoriei contemporane a autolimitării (1). În rezumat, doctrina autolimitării susține că Statul, supunându-se voluntar legii, voința sa este determinată doar de el însuși și că, în consecință, rămâne întotdeauna suveran. Mai puțin rezistentă la critici decât doctrina individualistă și cum ar putea fi, deoarece o limitare care poate fi creată, modificată, suprimată după voința Statului pe care îl afectează, nu este o limitare, a fost descrisă de Duguit ca un adevărat joc de mână. „O subordonare voluntară", continuă Duguit, „nu este o subordonare. Statul nu este cu adevărat limitat de lege dacă el singur poate stabili și formula această lege și dacă o poate schimba după cum dorește în orice moment... Puterea Statului, care este limitată de lege doar pentru că dorește să fie și în măsura în care se determină pe sine, este singular similară cu o putere absolută și nelimitată."(2)

Dacă ne-am opri aici, am renunța dinainte la orice speranță de a rezolva problema limitării statului prin lege.

§ 28. La doctrine solidariste.

Teoriile moderne despre stat care se bazează, cu câteva rare excepții, pe personificarea comunității, considerată uneori ca o realitate biologică, alteori ca o voință abstractă, sunt doar ipoteze și ficțiuni, inacceptabile și periculoase, cu atât mai mult cu cât

---

(1) Carré de Malberg, Contribuții la teoria generală a Elalului, vol. I, p. 233-234, 1920 (Cf. Duguit, op. cit., p. 642).
(2) Duguit, op. cit., t. I, p. 645.

nu au puterea de a limita puterea statului prin lege.

S-a demonstrat cum toate aceste sisteme, toate aceste construcții ipotetice, inventate de cei care folosesc forța pentru a-și justifica puterea, se prăbușesc în fața teoriei realiste a Statului, formulată de savantul Duguit.

Statul, departe de a fi această persoană colectivă, învestită cu putere suverană, nu este decât un guvern uman fondat pe comunitatea nevoilor, pe diversitatea aptitudinilor individuale, pe reciprocitatea serviciilor aduse altor indivizi.

Indiferent de originea sa, această forță superioară poate deveni legitimă doar dacă cei care o posedă o exercită în conformitate cu o regulă care se aplică atât celor mai puternici, cât și celor mai slabi. Această regulă este statul de drept.

Care este temeiul acestei reguli de drept? Savantul francez o găsește în doctrina solidarității sociale.

Doctrina solidarității sociale afirmă că, de fapt, oamenii, având nevoi pe care nu le pot satisface decât în comun, aptitudini și necesități diferite pe care nu le pot satisface decât printr-un schimb de servicii reciproce, sunt solidari unii cu alții. Înțelegând că toți au aceleași îndatoriri și aceleași aspirații, că nu pot realiza mare lucru decât prin viața colectivă, oamenii au conceput această vastă solidaritate socială care îi unește pe toți. O primă formă de solidaritate bazată pe conștientizarea nevoilor comune, care nu își găsesc satisfacția decât prin viața în comun, constituie ceea ce se numește solidaritate prin asemănare. Caracteristică orașului antic, solidaritatea prin similitudine se raportează atât la familie, cât și la grupari de familii. Bărbații sunt toți asemănători între ei, mai întâi prin asemănări familiale: comunitatea de origine, religia, moștenirea și interesele diverse, la care se adaugă altele noi: asemănări de limbă, tradiții, aspirații, instituții politice și religioase, nevoi născute din pericole comune. Astfel, în nicio altă formă socială, cunoscută istoric, această asemănare a conștiințelor nu este atât de prezentă ca în oraș.

Mai târziu, pe măsură ce diversitatea abilităților și nevoilor umane crește odată cu progresul civilizației, oamenii devin conștienți că prin schimbul de servicii datorate abilităților lor, își pot reduce cantitatea de suferință; că prin dezvoltarea activității lor industriale, schimbul de servicii va fi mai frecvent și mai productiv, într-un cuvânt, devin conștienți de o nouă solidaritate: solidaritatea prin diviziunea muncii. De data aceasta, legătura care unește indivizii nu mai este comunitatea dorințelor și aspirațiilor, ci este, dimpotrivă, diferența gândurilor și nevoilor: „oamenii se concep uniți unii cu alții pentru că au abilități particulare, pentru că au nevoi diverse și că prin schimbul de servicii își pot asigura satisfacerea acestor nevoi diverse" (1).

Consecințele acestui fenomen sunt că, dacă omul vrea să trăiască, nu poate trăi decât acționând în conformitate cu legea solidarității, care nu este doar o regulă de conduită

---

(1) Duguit, Statul, dreptul obiectiv și dreptul pozitiv, Paris, 1901, p. 40 și 79.

ci un fapt, faptul fundamental al întregii societăți umane.

Solidaritatea devine, indirect, și baza unei reguli de conduită: ea ia omul în ansamblu, pasiunile sale, dorințele sale, egoismul său..., îl invită să-și dezvolte la maximum activitatea individuală în toate formele sale, dar în același timp să respecte activitatea individuală a celorlalți, deoarece orice atac la adresa liberei desfășurări a activității cuiva reacționează asupra celorlalți, îl invită să caute fericirea sau răul cel mai mic pentru sine și pentru ceilalți, deoarece răul unuia îi afectează în mod necesar pe toți ceilalți.

I. Regula de drept.

Din cele spuse anterior rezultă că omul, fiind conștient de o solidaritate care îl unește cu semenii săi, are în mod necesar noțiunea unei reguli care îi impune respect pentru fiecare act de voință individuală, determinat de un scop de solidaritate socială. Pe de altă parte, această datorie de respect dispare în fața unui act care nu corespunde acestei solidarități și, mai mult, individul va avea chiar puterea de a înlătura sau repara daunele cauzate de un astfel de act elementelor solidarității sociale.

Vedem astfel că conștientizarea solidarității sociale implică noțiunea unei duble reguli de conduită: prima care impune respectul pentru orice act de voință individuală, determinat de un scop al solidarității sociale, a doua, de a nu face niciun act de voință determinat de un scop care nu este conform cu această solidaritate (1).

---

(1) Duguit, Statul, dreptul obiectiv și dreptul pozitiv, Paris, 1901, p. 86 și 87.

Această regulă de conduită, fiind născută din solidaritatea socială care cuprinde fără excepție toți indivizii unei comunități, se impune în consecință, fără excepție, tuturor indivizilor. Concepută și dorită de individ și numai de individ și aplicându-se numai indivizilor, regula de conduită este individuală. Nu poate fi impusă comunității, o creație fictivă, ci numai indivizilor uniți prin această legătură de solidaritate, fără distincție, dar proporțional cu capacitățile lor de acțiune.

O consecință ale cărei aplicații sunt imense pentru știința dreptului reiese din această observație. Dacă într-un grup social există indivizi mai puternici decât ceilalți, fie în virtutea unei forțe morale sau religioase care le este atribuită, fie grație unei puteri materiale de constrângere de care dispun, fie în cele din urmă pentru că se pot baza în fapt pe consimțământul unei majorități, acești indivizi, posedând cea mai mare forță, sunt supuși ca și ceilalți și cu aceeași vigoare prescripțiilor acestei reguli de conduită. Fie că este vorba de actul cel mai puternic în numele unei autorități publice, fie în numele unei puteri guvernamentale, statul de drept se impune celor mai puternici, guvernanților, ca și celor mai slabi, guvernați. Îi obligă la aceleași abțineri: să nu facă nimic care să submineze solidaritatea socială; le prescrie aceleași îndatoriri: să facă toate actele pe care au posibilitatea să le facă și care sunt susceptibile de a spori solidaritatea socială. Aceste obligații sunt cu atât mai extinse pentru conducători, cu cât sunt mai puternici decât alții. Într-adevăr, fiind mai puternici decât alții, ei pot lucra mult mai eficient pentru a realiza solidaritatea socială, împiedicând prin forța pe care o posedă, atacurile la adresa acestei solidarități. Mai mult, această forță mai mare, cu care sunt investiți conducătorii, devine legitimă doar atunci când este exercitată în vederea solidarității sociale. Prin urmare, este clar că această obligație generală implică pentru conducători obligația de a asigura, prin utilizarea forței, obținerea unui rezultat dorit de o voință individuală, ori de câte ori această voință individuală a fost determinată de un scop conform cu regula de conduită (1). Acestea fiind tendințele regulii de conduită, adică de a determina puterile și îndatoririle omului social în general și ale omului învestit cu autoritate politică în special, este important să știm dacă această regulă de conduită este o regulă de moralitate sau o regulă de drept? Duguit afirmă că, dacă toți oamenii ar avea o conștientizare completă și clară a celor două elemente enunțate ale solidarității sociale și dacă toți oamenii ar înțelege că nu pot trăi decât cooperând constant în această solidaritate, în mod logic nimeni nu ar concepe o diferență între drept și moralitate; aceste două noțiuni ar fi confundate. Dar, în realitate, există întotdeauna indivizi mai luminați decât alții și care, având o noțiune mai precisă despre solidaritatea socială, percep anumite reguli de conduită cu un caracter obligatoriu, pe care restul masei nu le înțelege. Aceste reguli, a căror noțiune este evazivă pentru majoritatea minților ca fiind esențial necesare pentru o solidaritate perfectă, sunt regulile moralei.

Numim atunci reguli de drept imperativele care

---

(1) Duguit, L'État..., p. 97 și 98,

apar întregii comunităţi drept condiţii esenţiale pentru menţinerea şi dezvoltarea solidarităţii. În esenţă, ambele au acelaşi caracter, acelaşi conţinut şi se bazează pe acelaşi principiu. Cu toate acestea, spune acelaşi autor, în ideile general acceptate, se stabileşte o distincţie foarte clară între drept şi morală, care s-ar baza pe esenţa lucrurilor. Pentru a ajunge la această diferenţiere, trebuie admis că morala poate determina un criteriu de evaluare a valorii unui act luat în sine. Acum, în regula determinată, nu se poate găsi măsura calităţii unui act. Nu spunem: omul trebuie să coopereze în solidaritate socială, deoarece această cooperare este bună în sine; ci omul trebuie să coopereze în solidaritate socială, deoarece este om şi, ca atare, nu poate trăi decât prin solidaritate socială. Această regulă nu ne dezvăluie un criteriu de evaluare a calităţii intrinseci a actului, ci un criteriu care determină valoarea socială a actului.

Aici rezidă diferenţa dintre drept şi morală. Aceasta ne permite să concluzionăm că regula de conduită pe care tocmai am analizat-o nu poate fi decât o regulă de drept, deoarece ea determină doar valoarea socială a oricărui act emanat dintr-o voinţă individuală (1).

Existenţa statului de drept astfel conceput fiind incontestabilă, este necesar să căutăm în ce mod şi în ce măsură se aplică acesta deţinătorilor puterii politice.

S-a spus anterior că statul este doar un simplu fapt de diferenţiere între conducători şi guvernanţi,

––––––––––

(1) Duguit, L'Etat..., p. 114.

guvernați, încât, în consecință, voința statului se reduce, în realitate, la manifestări de voință ale unuia sau mai multor indivizi. Acum, acești indivizi făcând parte din societate, nu sunt scutiți de legăturile solidarității sociale; ei sunt supuși, în aceleași condiții ca și ceilalți indivizi, statului de drept, așa cum acesta reiese din solidaritatea socială, impunându-se tuturor voințelor individuale. Conducătorii sunt astfel limitați în acțiunile lor de statul de drept care se impune tuturor, conducătorilor și guvernaților: se impune monarhului dacă, singur, este mai puternic decât toți ceilalți și este singurul conducător; se impune corpului privilegiat, care concentrează în sine forța de guvernare; se impune parlamentelor chiar dacă sunt alese prin sufragiu universal; în cele din urmă se impune chiar și poporului consultat direct, deoarece, chiar dacă ar fi unanimă, decizia sa ar fi totuși expresia voințelor individuale" (1).

Statul, care, pe scurt, este doar individul sau indivizii investiți în fapt cu putere guvernamentală, și nu comunitatea personificată, este supus, ca orice alt individ privat, ordinii de drept. Din această regulă de drept decurge o dublă obligație pentru Stat: în primul rând, nu poate face nimic contrar solidarității sociale, în niciuna dintre cele două forme ale sale, fără a încălca legea în același mod ca un individ privat, și în al doilea rând, la fel ca indivizii privați, Statul are îndatoriri pozitive, bazate pe același principiu și având aceleași limite. Mai precis, Statul, conducătorii, fiind cei mai puternici, sunt obligați de ordinul de drept să folosească forța de care dispun pentru realizarea exclusivă a solidarității sociale,

---

(1) Duguit, Statul..., p. 261.

și anume să se asigure că toți membrii societății au mijloacele de a obține satisfacerea nevoilor comune tuturor și să se protejeze libera desfășurare a activității fiecăruia.

Orice guvern care acționează cu încălcarea acestor obligații legale este un guvern tiranic, este forță brută lipsită de orice autoritate politică. O decizie a conducătorilor care încalcă una dintre aceste îndatoriri este o decizie fără valoare juridică, fie că vine de la un monarh, un parlament sau popor. Toate formele de stat au aceleași îndatoriri; și nu există organe politice care să aibă dreptul să încalce legea. Există un drept împotriva statului, deoarece statul nu este creatorul legii, deoarece ceea ce se numește stat sunt doar indivizii mai puternici decât ceilalți și care, ca toți ceilalți, sunt supuși legii obiective; deoarece dacă un individ, fie conducător, fie guvernat, încalcă legea, el săvârșește un act material fără valoare, pe care nimeni nu este obligat să-l respecte (1).

Este de la sine înțeles că acțiunea Statului este limitată de lege, nu numai în scopul pe care îl urmărește, ci și în mijloacele pe care le folosește pentru a atinge acest scop. Nu poate face totul pentru a realiza dreptul, îl poate realiza doar prin mijloace conforme legii, deoarece fiecare act de constrângere materială, care luat în sine nu este conform legii, este un act tiranic și arbitrar „chiar dacă este destinat să asigure ascultarea de un act de voință guvernativă, determinat de un scop conform ordinii de drept".

Acestea sunt concluziile la care a ajuns

----

(1) Duguit, L'Etat..., p. 265.

doctrina solidaristă a lui Duguit. Negând drepturile individuale subiective, negând și așa-numitele drepturi naturale bazate pe demnitatea eminentă a persoanei umane" (1), savantul francez respinge tendințele periculoase ale doctrinei realiste germane, care nu concepe legea fără suveran, deasupra suveranului sau alături de suveran, ci numai prin suveran. El afirmă, dimpotrivă, că există o lege fără suveran și deasupra suveranului. De asemenea, respinge doctrina autolimitării Statului, care este pur iluzorie, deoarece limitele pe care un Stat și le va impune sieși, fiind dictate de un scop, de morală, de opinia publică, pot fi morale, politice, economice, dar nu juridice. Duguit înlocuiește apoi toate aceste ipoteze pur metafizice cu realități, derivate din solidaritatea socială, care este statul de drept superior Statului ca individ, guvernatorilor ca guvernaților, care se impune amândurora și din care rezultă, fără îndoială, că, dacă există o suveranitate a Statului, aceasta este limitată juridic de acest stat de drept. Aceasta este o doctrină mult mai exactă și mai rodnică, la care nu ezităm să subscriem.

---

(1) H. Michel, Ideea de stat, p. 646 (Paris, 1896).

CAPITOLUL XIV

Pierderea puterii politice.

După ce am stabilit originea puterii politice în faptul diferențierii dintre cei mai puternici și cei mai slabi și după ce am extras apoi din solidaritatea socială o regulă de drept, independentă de noțiunea de stat, am văzut că există o lege împotriva statului și deasupra statului, că, în consecință, puterea statului este ferm limitată de această regulă de drept.

Dar nu este suficient să afirmăm că Statul, conducătorii, fiind doar indivizi mai puternici decât alții, nu pot face nimic contrar ordinii de drept sau că trebuie chiar să coopereze cu forța pe care o posedă, în solidaritate socială. De asemenea, este necesar să arătăm prin ce mijloace se impune ordinea de drept voinței conducătorilor și, mai presus de toate, care sunt sancțiunile practice împotriva deținătorilor puterilor politice, atunci când aceștia, printr-o încălcare constantă a ordinii de drept, rup iremediabil solidaritatea socială.

Determinând împreună cu Duguit puterile și îndatoririle legale ale conducătorilor, nu am făcut nimic altceva decât să le aplicăm lor, ca indivizilor, statul de drept cu diversele sale consecințe.

Însă, admițând existența unei reguli care determină obligațiile negative și pozitive ale Statului, putem considera această regulă ca pe o regulă de drept care impune tuturor obediența, fără intervenția statului care să o investească cu sancțiunea constrângerii?

Nu este oare statul de drept conceput cu o sancțiune măcar parțială și, dacă da, poate fi aplicată această sancțiune Statului însuși?

Acestea sunt întrebări ale căror răspunsuri vor constitui însăși cheia problemei care ne preocupă.

§ 29. Caracterul regulii sociale.

Cât privește prima întrebare, dacă regula care stabilește îndatoririle conducătorilor este sau nu o regulă de drept, nu ezităm să răspundem, împreună cu Duguit, afirmativ. Juriștii germani, în special Ihering și Jellinek, consideră că o astfel de regulă concepută din observarea faptelor sociale poate fi o regulă morală, politică, economică, dar nu este în sine o regulă de drept, chiar dacă ar fi formulată de Stat. Ea ar deveni o regulă de drept doar atunci când Statul îi conferă caracterul unei ordini care se impune indivizilor sub sancțiune directă sau indirectă.

Duguit, deși admite împreună cu juriștii germani că statul de drept poate fi conceput doar atunci când este însoțit de o constrângere socială, refuză să concluzioneze că acesta ar exista ca atare doar atunci când această constrângere socială este organizată. Organizarea va da, spune el, o forță mai mare acestei constrângeri, dar nu va crea această constrângere; va da o forță mai mare statului de drept; va putea chiar să asigure respectarea acestuia într-un anumit fel; nu va crea acest stat de drept. Statul de drept există nu numai înainte ca constrângerea, menită să-l sancționeze, să fie organizată, ci chiar înainte ca omul să fi fost conștient de aceasta, pur și simplu pentru că oamenii trăiesc în societate (1). Oamenii care trăiesc în societate au avut întotdeauna, de fapt, o conștientizare mai mult sau mai puțin clară a unei reguli a acțiunilor lor, bazată pe relațiile care îi unesc. Această regulă de conduită, mai mult sau mai puțin clar concepută în funcție de indivizi, timpuri și locuri, este o regulă de drept, chiar înainte ca sancțiunea sa să fie organizată social. Pur și simplu pentru că derivă din solidaritatea socială, are o sancțiune socială în sine" (2).

Astfel, orice act individual contrar regulii de conduită și care subminează solidaritatea socială, de îndată ce este înțeles ca atare, provoacă o reacție în rândul masei de indivizi conștienți de legătura socială și, pe de altă parte, recunoaștere socială, dacă actul este conform solidarității și regulii de conduită.

Această conștientizare a aprobării sau dezaprobării unui act poate fi mai mult sau mai puțin obscură, în funcție de epoci și țări, dar existența sa este certă pur și simplu pentru că există conceptul de legătură socială. Ea constituie tocmai o sancțiune care există în fiecare societate, fie că, prin ipoteză, este lipsită de o forță conștientă și organizată, fie, dimpotrivă, este învestită cu putere politică.

Rezultă, pe de o parte, că noțiunea de drept poate fi concepută în afara noțiunii de constrângere materială sau organizată și, pe de altă parte, că conceptul de regulă de drept înțeleasă ca regulă socială și investită cu o

---

(1) Duguit, Statul, dreptul obiectiv și dreptul pozitiv, vol. I, p. 114.
(2) Ibidem, p. 115.

sancțiune socială este complet independentă, anterioară și superioară noțiunii de Stat (1).

Astfel, chiar și în societățile cu putere politică organizată, există reguli de conduită înțelese și acceptate de masa indivizilor, care își găsesc sancțiunea exclusiv în sancțiunea socială pe care o provoacă încălcarea lor. Acestea sunt reguli nestatale, reguli care, nefiind încă formulate de puterea politică, aceasta din urmă nu le recunoaște încă aplicarea și nici nu reprimă încălcarea. Acestea sunt regulile care impun statului datoria de asistență. Putem spune, întreabă eruditul jurist, că această regulă a devenit o regulă de drept doar prin efectul legilor pozitive care au făcut din ea o observație incompletă și o aplicare imperfectă în majoritatea țărilor, că este o regulă de drept doar în măsura acestei observații și a acestei aplicări, că dincolo de asta este doar o regulă morală sau politică? Pentru noi, nu există regulă politică care să nu fie o regulă de drept, iar un act care nu este conform legii nu poate fi un act politic. Este timpul să punem capăt acestei separări dintre politică și drept care, prea mult timp, a fost invocată pentru a acoperi tiranii de tot felul. Politica poate fi o ramură a artei juridice; Nu este distinctă de lege sau nu este nimic, sau este arta de a adapta o regulă de drept la fapte și la oameni (2). Astfel încât aceste reguli, și în special cele care impun statului o obligație de asistență, care sunt obligatorii pentru oameni doar pentru că trăiesc în societate, sunt reguli de drept prin fundamentul lor

---

(1) Duguit, Tratat, vol. I, p. 118.
(2) Duguit, Tratat, vol. I, p. 119.

ceea ce nu puteau deveni, deoarece ar fi pe placul câtorva indivizi mai puternici decât ceilalți să li se dea acest caracter: ele vor deveni atunci reguli de drept statal; dar au fost și rămân reguli de drept.

Și apoi, dacă regulile care limitează acțiunea Statului nu ar fi reguli de drept, ar putea ele deveni astfel prin consacrarea lor într-o lege pozitivă? „Într-adevăr, nu putem concepe exercitarea constrângerii împotriva Statului, depozitarul puterii de constrângere, nici atunci când limitarea Statului este formulată într-o lege pozitivă, nici atunci când nu este" (1).

În concluzie, statul de drept existând chiar și atunci când, în realitate, coerciția este imposibilă, acesta poate fi conceput în afara noțiunii de coerciție statală sau de consacrare într-un drept pozitiv. Dacă ar exista un stat de drept doar acolo unde există un stat, o putere politică organizată învestită cu o putere de coerciție, cu alte cuvinte dacă legea derivă exclusiv din stat și dacă este doar o creație a statului, ar fi necesar să se renunțe în prealabil la orice încercare de a găsi o limită juridică a puterilor statului. Dar aici nu se termină scopul dreptului public modern.

§ 30. Sancțiunea statului de drept.

Am spus împreună cu Duguit că regula de conduită este o regulă de drept, chiar înainte ca sancțiunea ei să fie organizată social și că, prin simplul fapt că derivă

---

(1) Ibidem, p. 308.

din solidaritatea socială, aceasta are în sine o sancțiune socială. Inexistența unei constrângeri fizice organizate nu aduce atingere în niciun fel acestei reguli care este, prin însăși natura sa, însoțită de o constrângere psihologică suficientă pentru a asigura o sancțiune.

Implementarea sancțiunii unei reguli, continuă același autor, printr-un anumit mod de constrângere, nu poate apărea decât odată cu manifestarea unui act de voință individuală din partea unuia sau mai multor indivizi supuși acestei reguli. O stare de repaus absolut respectată de toți nu ar declanșa nicio sancțiune. Sancțiunea pozitivă a unei reguli apare doar atunci când unul sau mai mulți indivizi supuși regulii efectuează un act în conformitate sau în contradicție cu această regulă.

Dacă acest act va fi în conformitate cu regula, el va produce în mod necesar un efect social, un efect de solidaritate, „întrucât acest act, în conformitate cu regula de conduită, nu poate fi decât un act de cooperare în solidaritate socială; iar acest efect de solidaritate va fi acceptat în mod natural de masa indivizilor, având conștiința legăturii sociale, întrucât această conștientizare a legăturii sociale nu este decât însăși conștientizarea solidarității (1).

Dacă acest act este contrar regulii de conduită, un act care subminează solidaritatea socială și este înțeles ca atare de către indivizii conștienți de solidaritatea socială, el va provoca o reacție în masa indivizilor conștienți de legătura socială, întrucât orice act contrar regulii de conduită și, prin urmare, solidarității sociale este în mod necesar un act antisocial.

Această conștientizare a recunoașterii sau a reprobării

---

(1) Duguit, Tratat, vol. I, p. 116.

unui act, așa cum am spus mai sus, poate fi mai mult sau mai puțin obscură, în funcție de epoci și țări, dar existența sa este certă, la fel ca și cea a conceptului de legătură socială.

Prin urmare, noțiunea de solidaritate conține în sine atât noțiunea de regulă de conduită, cât și pe cea de sancțiune socială a acesteia (1).

Prin urmare, regula de drept este întotdeauna însoțită de o sancțiune, rezultată fie dintr-o constrângere psihologică, conform lui Ihering, fie dintr-o forță compulsivă, psihosocială, despre care vorbește Jellinek, fie în final dintr-o constrângere materială, așa cum ne învață Duguit, care se adaugă celorlalte două. Cu toate acestea, s-a susținut că aceste reguli nu au nicio sancțiune. Faptul că nu există sau că nu poate exista o sancțiune directă prin constrângere organizată este posibil, dar ceea ce este cert, ceea ce nu mai este pus la îndoială, este existența unei sancțiuni a statului de drept, independentă de intervenția statului.

De asemenea, s-a recunoscut că prin legarea noțiunii de drept de noțiunea de constrângere, fie ea doar morală sau indirectă, aceasta este suficientă pentru a servi drept suport pentru statul de drept. Regulile de drept, spune Jellinek, nu sunt „reguli de constrângere, ci reguli garantate", iar această garanție constă atât în recunoașterea faptelor, cât și în aspirația continuă a omului către un drept superior (2). Thering susține că Statul, deși este creatorul dreptului,

---

(1) Ibidem, p. 116.
(2) Jellinek, Allgemeine Staatslehre, p. 306 (Cf. Duguit, op. cit., p. 309).

se supune acesteia pentru că înțelege că acționând conform legii ar fi mai bine ascultat.

Certitudinea pe care o are Statul că va fi mai bine ascultat, dacă se supune legii și dacă își folosește forța doar în slujba legii, constituie o garanție relativă că Statul nu va depăși legea. Există, se spune, o anumită limită de fapt dincolo de care Statul nu se poate face ascultat. În opinia noastră, este mai mult decât atât, există o limită a legii (1). Această imposibilitate de a te face ascultat, chiar și prin forță, dincolo de o anumită limită, constituie o sancțiune mai mult sau mai puțin indirectă a îndatoririlor juridice ale Statului.

Însă ceea ce ne interesează, pentru a rămâne fideli scopului urmărit, este să știm dacă, în societățile moderne, aceste sancțiuni indirecte ale îndatoririlor juridice ale Statului există cu adevărat și, dacă există, care este modul lor de manifestare?

Este cunoscut faptul că în societățile moderne sancțiunile sunt numeroase și că acestea devin, odată cu progresul, educația și conștientizarea a ceea ce este just sau nedrept, din ce în ce mai energice, din ce în ce mai utile și mai necesare. Modul lor de manifestare este multiplu. De la diversele forme de reacție ale opiniei publice la petiționarea împotriva actelor nedrepte, la refuzarea recunoașterii acestora, la agitarea opiniei prin intermediul presei, această admirabilă frână împotriva tiraniei puterii, la organizarea de conferințe, întâlniri, la realizarea de propagandă electorală împotriva guvernului, până la rezistența defensivă împotriva autorității publice, toate aceste

---

(1) Duguit, op. cit., p. 310.

manifestări sunt sancțiuni materiale, împotriva îndatoririlor juridice obiective ale statului și a căror organizare aparține spiritului public. Ele constituie sancțiuni, ca să spunem așa, preventive ale statului de drept, care vizează anticiparea măsurilor care urmează să fie luate de guverne sau în curs de executare, susceptibile de a provoca perturbări temporare ale solidarității sociale.

Principiul juridic care se desprinde din reacția socială rămâne consecința logică a punctului nostru de plecare: nimeni nu poate fi obligat să respecte voința conducătorilor, atâta timp cât această voință nu este conformă legii. Puterea de stat, puterea pe care o au conducătorii de a impune obediența prin forță, nefiind decât un simplu fapt uman, fără nicio altă prerogativă supranaturală, ea nu își poate găsi legitimitatea decât într-o constrângere exercitată în limitele legii, de a sancționa o voință conformă legii (1).

Orice voință guvernamentală contrară legii trebuie considerată inexistentă; nimeni nu este obligat să o respecte.

Acesta este principiul care se reflectă, într-un fel, și în concepția autorilor antici care întemeiau puterea politică pe un contract sinalagmatic între popor și principe, contract a cărui încălcare de către principe îl elibera pe popor de obligația de ascultare. Care este, de fapt, conștiința individuală a unei noțiuni clare despre statul de drept, în societățile cu o civilizație avansată, de a accepta sau respinge voința conducătorilor în funcție de conformitatea sau împotriva legii? Nu există oare

---

(1) Duguit, Statul..., p. 311.

un cvasi-contract a cărui executare perfectă depinde de respectarea de către conducători a clauzelor definite de solidaritatea socială şi sancţionate de statul de drept? Noi credem că da.

Fie că este aşa sau nu, un lucru rămâne cert: voinţa unui monarh, a unei aristocraţii sau a unei majorităţi nu impune respect şi ascultare atunci când încalcă legea, chiar şi pentru un singur individ, deoarece există opresiune împotriva corpului social atunci când unul dintre membrii săi este oprimat. Există opresiune împotriva fiecărui membru atunci când corpul social este oprimat (1).

§ 31. Dreptul la insurecţie.

Se poate întâmpla ca nişte conducători arbitrari să fie opriţi de reacţia socială din savarsirea unei erori sau de la tentatia unei aventuri, să se întoarcă la patul legii fără ca solidaritatea socială să fie iremediabil ruptă, si în cele din urmă, odată ce echilibrul juridic este restabilit, viaţa socială să se poată relua normal.

Pe de altă parte, se poate întâmpla ca cei aflaţi la putere să nu se lase intimidaţi de manifestările opiniei publice şi să-şi continue, în ciuda tuturor normelor juridice, isprăvile, impunându-se printr-o forţă la fel de contrară legii ca şi acţiunile lor.

Ar trebui să considerăm, în acest ultim caz, că guvernaţii nu au niciun mijloc legal de rezistenţă împotriva opresiunii conducătorilor? Deloc.

---

(1) Declaraţia Drepturilor din 1793, art. 35 (Cf. Duguit, op. cit., p. 312).

„ Atunci când conducătorii comit acte de constrângere, contrare legii, guvernații au puterea legală de a se opune forței cu forța. Nu va exista o sancțiune reală a îndatoririlor obiective ale statului decât dacă mergem atât de departe, până la dreptul la insurecție. Orice guvern, oricare ar fi el, care folosește forța de care dispune contrar legii, este un guvern opresiv, iar guvernații asupriți au datoria și puterea legală de a-l răsturna chiar și prin forță" (1).

Puterea politică, așa cum s-a spus mai sus, este doar un simplu fapt, o forță conștientă mai mare decât oricare alta. Atâta timp cât această forță superioară este exercitată în conformitate cu principiile dreptului, ea se impune în mod legitim obedienței tuturor, dar de îndată ce încalcă statul de drept, nu mai este legitimă, rămâne un simplu fapt, o violență materială, împotriva căreia orice altă forță conștientă trebuie să lupte pentru a o anihila. Orice efort depus în această direcție este legal, deoarece, conform însăși expresiei Sfântului Toma, atunci tiranul este cel care este sedițios. Rezultă că orice guvern, chiar și unul rezultat din sufragiul universal, atunci când încalcă în mod obișnuit îndatoririle pozitive și negative impuse de statul de drept, devine tiranic. Acum, din moment ce un guvern tiranic este doar o forță brutală, orice altă forță care apare cu scopul de a impune respectul legii este perfect legitimă, deoarece este determinată de un scop de solidaritate. Nu această forță opusă este revoluționară; dimpotrivă, ea reprezintă legea; guvernul tiranic este cel care a fost revoluționar (2).

---

(1) Duguit, p. L'État..., p. 312.
(2) Ibidem, 313.

Astfel, orice guvern instaurat de o forță revoluționară care a răsturnat un guvern opresiv este un guvern perfect legitim, dacă revoluția a fost făcută respectând legea. Legitimitatea unui astfel de guvern, instaurat prin forța unei revoluții, se menține atâta timp cât acesta îndeplinește îndatoririle impuse de lege și nu depășește prerogativele pe care le recunoaște. Dacă, la rândul său, nesocotește statul de drept printr-o încălcare constantă, devine și el o forță ilegitimă, pe care reacția socială o poate răsturna legal.

Prin insurecție am atins forma supremă a reacției sociale, având ca scop răsturnarea prin forță a unui guvern opresiv și restabilirea solidarității sociale rupte de o încălcare constantă a legii.

Dar nu este oare insurecția, s-ar putea spune, tot un apel la aceeași forță materială folosită de conducătorii opresivi? Da, cu siguranță, dar există forță legitimă și forță ilegitimă, în funcție de faptul dacă este sau nu folosită în scopul legii. Astfel, forța coercitivă a unui guvern tiranic, încetând să mai intervină ca sancțiune a legii, își pierde orice caracter de legitimitate și devine forța pură și brutală împotriva căreia oricine trebuie să o înfrunte.

Nu este același lucru cu forța insurecțională pusă în mișcare de dragul legii.

În timp ce primul, complet deviat de la scopul său, în loc să asigure respectul, devine dimpotrivă instrumentul încălcării legii, al doilea, având prin ipoteza un alt scop decât sancțiunea legii, este o forță legitimă, prin însuși faptul că este pusă în slujba legii.

Insurecția, ca sancțiune supremă a statului de drept, rămâne singurul mijloc de constrângere juridică împotriva deținătorilor puterii politice, atunci când aceștia, prin încălcarea sistematică și permanentă a obligațiilor lor, duc la dezintegrarea Statului. Împotriva unui monarh absolut, a unui parlament sau a oricărei alte instituții învestite cu putere de stat, care nu își respectă angajamentele asumate, nu există nicio altă putere care să îi poată obliga să le respecte în afară de insurecție. În măsura în care este făcută în respectul legii, ultimul cuvânt îi aparține acesteia.

———————

PARTEA A TREIA
Organizarea Rezistenței Revoluționare

CAPITOLUL XV
Mijloace de rezistență la opresiune.

Statul modern, statul de drept, este obligat să organizeze îndeplinirea obligațiilor negative și pozitive care îi revin, în așa fel încât pericolul încălcării legii să fie, dacă nu complet eliminat, cel puțin redus la minimul posibil.

Garanția acestei realizări rezidă într-o bună organizare a puterilor publice, permițând ca toate manifestările de voință ale guvernanților și agenților să fie supuse unui control judiciar riguros.

Dacă, în ciuda tuturor garanțiilor organizate în țările moderne ,pentru a asigura respectarea și aplicarea legii de către stat, conducătorii, exercitându-și autoritatea constituțională, comit acte inadecvate sau nedrepte, există, conform terminologiei actuale, opresiune. Există opresiune atunci când un parlament adoptă o lege contrară fie principiilor superioare ale dreptului, așa cum sunt percepute de conștiința colectivă a poporului, fie prevederilor conținute în declarațiile drepturilor sau, în final, la prevederile consacrate și definite de o constituție rigidă. Există opresiune atunci când legiuitorul refuză să promulge legile pe care, în virtutea principiilor elementare ale solidarității sociale, este obligat din punct de vedere legal să o facă, iar opresiune există chiar și atunci când aceste încălcări ale statului de drept emană de la un parlament ales prin sufragiu direct și universal sau de la corpul poporului consultat direct.

Există, de asemenea, opresiune ori de câte ori un act individual, fie administrativ, fie judiciar, este săvârșit cu încălcarea legii, indiferent de organul sau agentul care îl execută; și chiar „opresiunea este cu atât mai opresivă cu cât emană mai sus în ierarhia puterilor (1). O lege făcută cu încălcarea legii nu încetează să fie opresivă, chiar dacă este prin definiție o regulă generală care nu vizează o persoană anume. Orice lege contrară legii stabilește pentru întregul corp social un regim de opresiune care îl face pe fiecare dintre membrii săi oprimat și, invers, un act individual săvârșit cu încălcarea legii este opresiv nu numai pentru individul căruia i se impune, ci și pentru toți membrii corpului social care sunt legați printr-o solidaritate intimă și strânsă. „Să nu spună nimeni așadar: ce contează un act individual săvârșit cu încălcarea legii? Să nu spună nimeni, așadar, că întreaga comunitate nu este interesată de repararea unei nedreptăți individuale sau că uneori este chiar interesată de existența nedreptăților individuale! Toți membrii corpului social sunt strâns uniți unii cu alții

---

(1) Duguit, Tratat, vol. III, p. 791.

și nedreptatea, oricare ar fi ea, făcută unuia dintre ei, are efecte, întotdeauna, asupra tuturor celorlalți (1).

Aceasta, în termeni cât mai generali posibil, este definiția opresiunii statale.

Ce pot face în mod legitim cei guvernați împotriva opresiunii instituite prin încălcarea sistematică și permanentă a principiilor superioare ale dreptului sau a legilor fundamentale ale dreptului stabilit?

Sunt ei obligați să acorde o ascultare oarbă și fără plângeri voinței conducătorilor sau, dimpotrivă, trebuie să reziste prin toate mijloacele aplicării unor acte nedrepte și ilegale?

A fost o vreme când această alternativă nu exista. Întrucât oamenii erau supuși fie unui guvern despotic, fie unui guvern teocratic, obligația de ascultare oarbă și necondiționată constituia „obligația" comună a comunității.

Mai târziu, când evenimentele au avut timp să educe poporul, la un moment dat al istoriei s-au discutat sursele și limitele puterii politice, ba chiar s-au stabilit limite, în funcție de timp și loc, în funcție de gradul de civilizație și de progresul științei politice.

A fost o fază de tranziție care, mult timp, a divizat mințile între „opinia regaliană" a ascultării pasive, dragă monarhiilor militare și opresiunilor teocratice din toate timpurile, și între cea a doctrinelor

---

(1) Duguit, Tratat, vol. III, p. 792.

democratice care pledează pentru neascultarea față de orice ordine care contravine binelui comun. Astăzi, în democrațiile moderne, construite

pe baza ideii de lege și solidaritate socială, supunerea nu poate avea caracterul absolut și stupid pe care l-a avut în monarhiile absolute care au apăsat asupra umanității de-a lungul secolelor. „Supunerea extremă față de lege este o datorie; dar, ca toate îndatoririle, nu este absolută, este relativă; se bazează pe presupunerea că legea provine dintr-o sursă legitimă și este încadrată în limite juste..." (1). Este de la sine înțeles că supunerea nu se datorează legilor contrare legii, nici actelor contrare legii. Supunerea pasivă față de legile nedrepte este lașitate și o crimă. Lașitate, pentru că o astfel de atitudine implică renunțarea la tot ceea ce este mai sacru în om... Cel care rămâne pasiv sub guvernarea răului, nu este om, este o brută potrivită pentru a fi înlănțuită și a linge mâna care o trage (2).

Însă este de puțin folos să formulezi principii superioare de drept sau de moralitate, proclamând nesupunerea față de actele nedrepte ale autorității publice; este important, după ce le-ai formulat, să organizezi garanțiile necesare pentru ele.

Dreptul public modern, profund interesat de stabilirea unor reguli privind gradul de obediență datorat manifestărilor de voință ale conducătorilor și agenților, clasifică aceste garanții, unele organizate, altele neorganizate, dar capabile de a fi organizate, în trei categorii:

---

(1) Benj. Constant, Cursul politicii constituționale. Paris, 1819, t. I.
(2) Sertillanges, Patriotismul în viața socială, Paris, 1903, p. 102.

1. acestea sunt în primul rând mijloacele juridice sau diversele căi de atac;

2. acestea sunt apoi mijloacele politice: petiții, întrebări, interpelări, anchete parlamentare etc.;

3. acestea sunt, în cele din urmă, mijloacele numite în mod obișnuit mijloace de fapt.

I. Căi de atac. Orice individ care se consideră nedreptățit de o lege sau de metoda de aplicare a acestei legi poate cere în mod legitim dreptate, în primul rând, autorităților organizate prin jurisdicție. Într-o țară care trăiește sub regimul libertății, nimic nu ar trebui să împiedice supușii să obțină satisfacție, dacă au fost victimele unei nedreptăți din partea conducătorilor. Dar pentru a putea alunga orice nedreptate provenită din partea puterii politice, guvernații ar trebui să aibă întotdeauna la dispoziție căi de atac larg deschise, care să le permită să controleze regularitatea acțiunilor conducătorilor și agenților.

Apoi, în toate țările moderne, ar trebui să existe jurisdicții puternic organizate, compuse din oameni competenți și, mai presus de toate, independente de puterea politică; ca deciziile acestor jurisdicții să fie aplicate în mod egal de către cei care guvernează și de către cei care sunt guvernați; în final, ca toate organismele publice, oricare ar fi ele, de la parlament până la cel mai modest consiliu local, de la șeful statului până la cel mai umil dintre agenți, să se încline în fața acestor decizii. Din păcate, suntem încă departe de această organizare ideală, visată de politicienii și juriștii timpului nostru. În realitate, mijloacele legale nu dau întotdeauna satisfacție petiționarilor împotriva ordinii opresive.

Modul de organizare și competența redusă a

autorităților jurisdicționale, în ceea ce privește actele de putere publică, face foarte dificil controlul legalității.

Anumite acțiuni guvernamentale care nu sunt supuse niciunei căi de atac și, uneori, însăși absența căilor de atac duc de mai multe ori la denegare de dreptate.

După ce au epuizat fără succes toate căile legale existente, se trezesc cei guvernați lipsiți de orice alte mijloace de a obține dreptate?

II. Mijloace politice. Confruntate cu ineficiența mijloacelor juridice, guvernații trebuie să ia în considerare mai întâi implementarea controlului politic care oferă, într-un regim reprezentativ bine gestionat și funcțional normal, diverse modalități de apărare.

Astfel, aceștia pot aduce în atenția Camerelor, prin petiție, toate neregulile și abuzurile comise în serviciile publice, solicitând măsuri imediate împotriva agenților vinovați.

Camerele pot, la rândul lor, prin intermediul întrebărilor și interpelărilor, să ceară explicații miniștrilor și șefilor serviciilor publice; iar dacă răspunsul sau măsurile solicitate nu sunt satisfăcătoare, pot, prin mustrare, să ducă la demisia ministrului în cauză și chiar a întregului cabinet(1).

Însă a crede în eficacitatea controlului politic înseamnă a vedea doar latura seducătoare, cea care îi entuziasmase pe doctrinarii din 1848, care îl susțineau declarându-l superior tuturor celorlalte.

Dezavantajele practicii curente

---

(1) G. Jèze, Curs de drept public, Paris, 1924, p. 193.

a controlului politic face ca eficacitatea sa să fie aproape iluzorie.

Răsturnarea unui minister din cauza unor ilegalități, oricât de grave, a devenit un eveniment foarte rar în zilele noastre. În democrațiile moderne, Camerele sunt adunări mult prea absorbite de preocupările partidelor, care exercită o adevărată tiranie asupra lor, pentru a fi ghidate în activitatea lor de o preocupare pentru legalitate.

Chiar presupunând că adunările legislative sunt conștiente de rolul lor, merită să ne întrebăm dacă în componența lor există juriști capabili să aprecieze motivele juridice invocate de cei guvernați? Odată cu amestecul democratic rezultat din votul universal, răspunsul negativ nu mai este pus la îndoială. Mai mult, Camerele moderne au o sarcină copleșitoare căreia nu le pot îndeplini decât după o întârziere considerabilă. A le aduce la cunoștință orice neregulă administrativă prin interpelare le-ar întârzia și mai mult.

Și atunci, care e rostul, pentru că de fapt guvernul va solicita amânarea interpelării sine die, iar rezultatul va fi aproape întotdeauna o denegare de dreptate pentru persoana în cauză.

Prin urmare, controlul politic este absolut insuficient pentru a oferi celor guvernați garanția că legalitatea va fi respectată" (1).

Și toate acestea sub un regim constituțional care funcționează normal. Este ușor de înțeles că sub regimurile dictatoriale, a căror preocupare principală este

---

(1) G. Jèze, Curs de drept public, Paris, 1924, p. 194 și următoarele.

abolirea Constituției și „vacanța parlamentară", această umbră de control politic dispare complet.

Neobținând satisfacție nici prin exercitarea mijloacelor politice, ar trebui cei guvernați să renunțe la speranța de a găsi alte mijloace de apărare?

III. Mijloacele de fapt. Atunci când toate eforturile depuse pentru a-i determina pe conducători să retragă legea nedreaptă sau să înceteze executarea măsurilor contrare legii au fost zadarnice, dincolo de mijloacele politice, rămân doar mijloacele de fapt, care se încadrează în categoria generală a rezistenței la opresiune. Modurile sale de manifestare apar în grade diferite: guvernații care sunt afectați de legea nedreaptă se pot limita la început la a nu o executa în timp ce așteaptă să fie constrânși prin forță: rezistența pasivă sau inertă constituie primul grad de rezistență la opresiune.

În al doilea grad, ea poate deveni mai violentă: există apoi rezistență defensivă și, în final, poate tinde spre răsturnarea puterii opresive: rezistența devine în acest caz agresivă, este insurecție.

CAPITOLUL XVI

Rezistența pasivă.

Nimic nu este mai dificil decât arta de a guverna, care ridică, mai mult decât oricare alta, multiple, neașteptate și de mai multe ori insurmontabile dificultăți. Prin urmare, nu trebuie să atribuim întotdeauna conducătorilor defectuoși conștiința de a merge împotriva binelui comun. Ei sunt supuși, ca tot ce este uman, erorilor, greșelilor și inadvertențelor inerente unei misiuni atât de dificile; de aceea, înainte de a recurge direct la mijloacele de fapt, care presupun deja o situație tensionată și o anumită persistență a conducătorilor în măsurile nedrepte, trebuie să încercăm să persuadăm guvernul prin toate celelalte mijloace de protest public, să anuleze măsurile luate cu încălcarea dreptului sau a legii.

Prin urmare, cei guvernați au dreptul să protesteze public împotriva a orice consideră a fi o încălcare a legii, a legilor sau a principiilor călăuzitoare ale moralei comune.

§ 32. Opinia publică.

Opinia publică, pe care suntem obișnuiți să o investim cu o putere misterioasă și aproape supranaturală, cu multiplele ei moduri de manifestare, este la îndemâna oricărui cetățean. Prestigiul său a crescut enorm în ultimul secol, într-o asemenea măsură încât astăzi nici măcar detractorii săi nu mai pot nega forța acestei puteri fără funcție.

Politicienii din toate timpurile nu par să fi uitat să recunoască favorurile acesteia. Întrucât forța, scrie Hume, este întotdeauna de partea celor guvernați, conducătorii nu au nimic care să-i susțină în afară de opinie. Prin urmare, numai pe opinie se întemeiază guvernul: această maximă se aplică atât celor mai despotice și militare guverne, cât și celor mai libere și mai populare.

Sultanul Egiptului sau împăratul Romei își putea conduce supușii inofensivi ca pe niște bestii brute, împotriva sentimentelor și înclinațiilor lor; dar cel puțin trebuie să-și fi condus mamelucii sau cetele pretoriene ca pe oameni cu propria lor opinie (1).

Într-adevăr, anticii, ingenioși în arta de a conduce oamenii și de a se face venerați, nu ignorau voința mulțimii; dimpotrivă, mergeau până acolo încât o comparau cu voința divină: „Vox populi, vox dei . În Evul Mediu, în fragmentarea politică ce se sfârșea sub semnul opresiunii feudale, opinia nu putea fi auzită decât în cercurile restrânse ale unui ordin sau ale unei asociații.

Astăzi, în civilizațiile liberale moderne, se poate spune că nu există o singură mișcare politică sau socială în care opinia publică să nu fie auzită.

---

(1) Hume, Eseuri, t. I, p. 110. Cf. Dicey, Drept și opinie publica trad Jeze ,1906 p. 1 și urm.

Ei i se acordă întotdeauna o anumită libertate de judecată, și pe bună dreptate, deoarece nu reprezintă nici opinia puterii politice, împotriva căreia se opune adesea, nici pe cea a înțelepților care uneori mărturisesc idei inaccesibile masei; este mai presus de toate opinia claselor de mijloc care judecă imparțial.

Ea ia naștere în societate dintr-un număr infinit de impresii variate, observații împrăștiate, conversații diverse, în mediile cele mai eterogene, luând forme multiple după cum se manifestă în familie, în sufragerie, la club sau la han, în întâlniri de tot felul, în demonstrații, în teatre, în cărți și mai ales în presă (1).

Ea reacționează întotdeauna la început ca o putere pasivă, fără a da naștere gândirii creatoare. Mai întâi repetă evenimentele, apoi le acaparează și apoi le răspândește pline de controlul și critica sa nemiloasă. Dar este suficient ca guvernanții să meargă împotriva bunului simț, confruntându-se cu opoziția aprigă a maselor, pentru ca opinia publică să-și schimbe rolul de critic inofensiv în cel de instigator irezistibil care susține politica de rezistență revoluționară. „Putem atunci să o comparăm cu verdictul unui juriu, sau chiar cu corul tragediei antice, care contemplă actele și suferințele personajelor din dramă și exprimă cu voce tare sentimentele conștiinței umane" (2).

Ajuns acolo, nimic nu poate rezista avântului său în urmărirea unui obiectiv de satisfacție generală. Opinia publică,

----

(1) Bluntschli, La Politique, Paris, 1883, p. 121 și următoarele. (trad. Riedman).
(2) Ibid.

ca expresie a conștiinței generale, se dovedește așadar a fi cel mai bun aliat al politicii de rezistență împotriva acțiunilor arbitrare ale conducătorilor.

Dintre cele o mie de voci pe care le are pentru a se face cunoscută maselor, ne amintim în special de presa care contribuie în mare parte la formarea ei și de toate demonstrațiile publice, de natură aparentă, cu privire la măsuri nedrepte.

§ 33. Presa.

Ar fi inutil să ne oprim asupra rolului considerabil pe care l-a jucat presa în cuceririle dificile ale democrației moderne.

Inițial un instrument al pasiunilor și intereselor politice, a trecut rapid în slujba ideilor democratice, devenind astfel cea mai formidabilă armă împotriva ignominiilor vechiului regim. A pregătit și susținut marile mișcări revoluționare care au smuls libertățile moderne despotismului feudal și apoi le-au revendicat urbi et orbi, formulate în principii nepieritoare.

Marii oameni care au adus faimă Revoluției Franceze, Mirabeau, Murat, Robespierre, Saint-Just, Danton, Camille Desmoulins, conștienți de puterea ei, au mânuit-o cu o pricepere și o abundență extraordinare.

Puterea presei a devenit de atunci incontestabilă și nu fără motiv a fost supranumită a patra putere în stat, deoarece, alături de executivă, legislativă și judecătorească, ea reprezintă „Controlul și spiritul opiniei publice".

Ea constituie mijlocul cel mai practic prin care

un popor își poate exprima nemulțumirea și își poate adresa avertismentele unei dominații opresive.

Formele sale de apariție sunt multiple: cărți, memorii, broșuri, periodice, gravuri, pamflete, ziare; unele adresându-se minților cultivate, altele claselor de mijloc și publicului larg.

Pătrunzând cu numeroasele sale tentacule în toate cercurile, chiar și în cele mai îndepărtate și indiferente, presa poate mobiliza rapid minţile pentru o cauză dreaptă, salutară, dar le poate şi induce în eroare atunci când îi lipseşte sinceritatea şi independenţa.

Totuşi, pentru a-şi îndeplini rolul de cenzor al vieţii publice, presa trebuie să aibă libertatea de exprimare, o libertate care, deşi este prevăzută în lege, nu este întotdeauna prevăzută în uzanţe.

Primele ziare s-au confruntat cu obstacole și hărţuiri de tot felul, iar a fost nevoie de Revoluţia Franceză pentru ca libertatea presei să fie proclamată. Recâştigată pe baricadele din 1848, această libertate fragilă este în prezent mai mult sau mai puţin respectată, în funcţie de ţară şi de regimul politic. Trebuie menţionat, însă, că astăzi, conştiinţa modernă înţelegând imensele beneficii ale unei prese libere, nu ne putem imagina niciun obstacol care să-i înăbuşe vocea pentru mult timp.

§ 34. Întruniri, întruniri, demonstrații.

Pe lângă protestele revelatoare ale presei, cei guvernaţi pot stârni opinia publică prin mijloacele mult mai demonstrative şi zgomotoase ale întrunirilor publice, mitingurilor şi demonstraţiilor.

Întâlnirile publice, deşi fenomene

pasagere, acțiunea lor concentrată este mai puternică decât cea a presei. Publicul aude acolo în persoană faptele rele ale unui guvern arbitrar; exprimarea este liberă, oricine poate denunța rezultatele dăunătoare ale măsurilor nedrepte, poate face propuneri. Se iau în considerare mijloace de rezistență și se iau decizii pentru o acțiune energică și colectivă.

Întrunirile de acest fel sunt unul dintre cele mai sugestive mijloace de a determina masa pentru o anumită atitudine sau de a o decide să acționeze.

Nucleul întâlnirilor publice este format de obicei din liderii unui partid politic sau din inițiatorii mișcării; cât privește anturajul îndepărtat, acesta este compus în mare parte din oameni curioși și ascultători dispuși, care nu au întotdeauna idei foarte fixe. „Dar conducerea iscusită și talentul oratorilor reușesc să-i cucerească pe toți cei prezenți, să genereze o voință puternică. Cei ezitanți, chiar și cei indiferenți, sunt impregnați de ea și fiecare merge departe pentru a-și răspândi convingerile arzătoare (1).

Este de la sine înțeles că, în situații de criză, publicul de la întâlniri este alcătuit din acele elemente care, conștientizate de pericol, se declară gata să alunge răul prin toate mijloacele. Cu cât conștientizarea pericolului este mai clară, cu atât întâlnirile devin mai aglomerate, mai numeroase, mai în creștere și mai agitate.

Când adunările capătă un caracter general, susținând aceeași cauză prin moțiunile lor, ele reflectă voința întregii națiuni, dobândind astfel o forță

---

(1) Bluntschli, op. cit., p. 130.

aproape irezistibil. A ignora nemulțumirile lor înseamnă a ignora voința națiunii înseși.

Întrunirile diferă de mitinguri prin amploarea mișcării și violența atacurilor. În timp ce mitingurile sunt mai degrabă locale și se adresează unei anumite clase sociale, mitingurile organizate în centrele mari ale țării se adresează tuturor cetățenilor, fără distincție de profesie sau convingere politică, luând astfel caracterul unei mari mișcări naționale. De la tribuna marilor mitinguri populare, ultimul avertisment este adresat guvernanților înainte de a ieși în stradă pentru revenirea la legalitate.

Demonstrațiile sunt mijloace ostentative și zgomotoase de a face cunoscută atitudinea cetățenilor față de tendințele sau măsurile deja luate de un guvern abuziv. Coborârea în stradă este cea care provoacă un fel de agitație și incertitudine, de natură să facă să convergă toate mijloacele de coerciție aflate la dispoziția presei guvernate, a întâlnirilor, a mitingurilor etc., către un scop determinat.

§ 35. Refuzul de plată a impozitului.

Dacă, în ciuda numeroaselor manifestări ale opiniei publice care afirmă voința națiunii, aceasta din urmă se lovește constant de intransigența celor aflați la putere în ceea ce privește suprimarea măsurilor nepotrivite sau nedrepte, atunci este necesar să se abandoneze calea protestelor platonice și să se înceapă pe cea a rezistenței efective.

Întrucât existența oricărui regim politic este dependentă

de subvențiile pe care le primește aproape exclusiv din țară, întreruperea surselor sale de venit este o lovitură decisivă.

Refuzul de a plăti impozite este, în acest sens, mijlocul clasic de constrângere indirectă pe care poporul îl poate exercita asupra celor aflați la puterea politică.

Majoritatea țărilor constituționale includ refuzul impozitelor printre mijloacele de rezistență legală. Acesta a fost exercitat în secolul al XVIII-lea, sub Carol I în Anglia, de coloniile engleze, care au devenit Statele Unite de astăzi și, mai recent (1874) în Ungaria și Hessa electorală. Refuzul plății impozitelor poate avea ca bază justificativă nu numai principiile juridice care decurg din solidaritatea socială, ci și prevederile constituționale în sine, care fac ca legalitatea impozitelor și a cheltuielilor publice să depindă de un vot în adunările legislative.

Însă atunci când legiuitorul, devenit complice al executivului, votează fără control sau cu coniveță toate creditele solicitate de acesta din urmă, sau când prin măsuri excepționale Camerele au fost puse în vacanță, orice impozit care nu este justificat de o cheltuială necesară și proporțional cu această cheltuială este ilegal.

Acum, este bine cunoscut faptul că regimurile opresive excelează prin impozitare arbitrară excesivă.

Utilizarea greșită, risipa, lăcomia insațiabilă a fondurilor publice și chiar salariile pe care este obligat să le plătească tuturor mercenarilor, vizibili și invizibili, care susțin regimul, necesită sume imense. Sub pretextul taxelor, guvernele opresive devin apoi jefuitorii poporului, reducându-l la mizerie și ruină, care este ultima surpriză a tuturor regimurilor despotice.

În acest ultim caz, refuzul de a plăti impozite este o datorie, deoarece a plăti înseamnă a deveni complice voluntar al aventurierilor care duc țara spre ruină.

Ca mijloc indirect de rezistență la opresiune, refuzul de a plăti impozite este cu siguranță eficient, cu condiția să fie exercitat de umanitate sau cel puțin de majoritatea contribuabililor. Guvernele, lipsite brusc de impozite, care dau cel mai mare randament în comparație cu alte surse de venit, sunt incapabile să ofere servicii publice; dezorganizarea mașinii de stat va urma în curând și, în cele din urmă, vor fi nevoite să cedeze.

Dar nu vor face întotdeauna acest lucru. Pornite pe calea aventurii, guvernele pot recurge la sistemul împrumuturilor interne sau externe, la emiterea de monedă de hârtie etc., pentru a acoperi deficitul bugetar rezultat din refuzul impozitelor directe.

Pentru toate aceste paliative, cetățenii pot găsi la rândul lor răspunsuri. Astfel, este aproape sigur că, având în vedere, pe de o parte, starea de incertitudine care zguduie creditul public și, pe de altă parte, rezistența unită a contribuabililor, lansarea unui împrumut intern nu va găsi subscriitori.

Succesul unui împrumut extern este și mai puțin probabil, mai ales atunci când opoziția față de regim a avut grijă să declare energic că nu va recunoaște împrumuturile contractate de un guvern care rămâne la putere împotriva voinței țării.

Un boicot poate fi comparat cu refuzul de a plăti taxe. Un boicot constă, în general, în a nu cumpăra sau a nu consuma pentru a chema anumite bunuri. Se poate extinde la toate produsele monopolizate sau la cele provenite din întreprinderea statului, privându-l astfel de aproape toate sursele sale de venit. Printre mijloacele de nesupunere civilă folosite în prezent împotriva dominației britanice în India, boicotul pare a fi foarte eficient.

Este un mijloc de rezistență care scapă oricărei constrângeri directe și de aceea este practicat la o scară din ce în ce mai răspândită.

§36. Neascultarea civilă.

Toate mijloacele de rezistență examinate până acum constituie, ca să spunem așa, mijloace indirecte, avertismente adresate guvernului, arătându-i calea periculoasă pe care o urmează, ignorând drepturile și interesele legitime ale națiunii. Dacă guvernul persistă totuși în aplicarea măsurilor incriminate, ipoteza erorii sau a inadvertenței fiind exclusă, aici începe rezistența pasivă propriu-zisă.

Sinonim cu nesupunerea, rezistența pasivă constă în opunerea unei forțe invincibile de inerție comenzilor nedrepte, mai precis, în neexecutarea legii contrare legii sau a actului ilegal, atâta timp cât cineva nu este obligat să facă acest lucru.

Poate fi individuală și disparată sau colectivă și unitară, în funcție de faptul dacă prevederile abuzive afectează interesele unei infime minorități, majoritatea sau unanimitatea celor guvernați și, mai ales, în funcție de gradul de solidaritate care îi leagă pe membrii corpului social.

În cazul ipotetic al unei rezistențe individuale,

șansele de a obține satisfacție sunt foarte mici, deoarece guvernanții nu se vor lăsa intimidați de apariția sporadică a câtorva cazuri de rezistență.

În afară de aceasta, aparatul de execuție și constrângere de care dispun în prezent autoritățile publice este mult prea suficient pentru a consuma rapid puținele cazuri izolate de nesupunere individuală. Nu este cazul în cazul unei rezistențe colective, generalizate.

Rezistența colectivă și strâns unită este de natură să imobilizeze, la un moment dat, toate mijloacele de execuție și constrângere, să blocheze organele jurisdicționale și, astfel, să paralizeze funcționarea mașinii de stat. Nesupunerea civilă, pură și simplă, față de legile nedrepte, în conținutul și aplicarea lor, constituie un mijloc de presiune directă asupra guvernului pentru a-l forța să revină la legalitate.

Acestea sunt, în general, mijloacele de rezistență pasivă pe care un popor oprimat le poate pune în mișcare împotriva legilor nedrepte sau dăunătoare binelui comun.

Dacă în trecut legile erau concepute ca ordine emanând dintr-o voință superioară și impunând o supunere absolută, în prezent nimeni nu mai crede că guvernul, adoptând-o, acționează în virtutea unei puteri conferite de o forță supranaturală. Nici nu credem în ficțiunea unei voințe naționale al cărei organ ar fi adunările legislative. În realitate, legile sunt făcute de conducători, care sunt doar indivizi ca ceilalți, neavând în niciun caz puterea de a formula ordine. „Prin urmare, legea pe care o adoptă poate avea forță obligatorie doar în măsura în care este conformă cu statul de drept și dacă scopul său este de a asigura aplicarea acestuia" (1).

Caracterul imperativ al legii fiind, așadar, lipsit de orice alt fundament decât cel care rezultă din propriul său conținut, formulând prin ea însăși o regulă imperativă sau având ca scop asigurarea punerii în aplicare a acestei reguli, este de la sine înțeles că nimeni nu este obligat să respecte legi contrare legii. Omul are chiar dreptul de a se opune aplicării oricărei legi contrare legii sau oricărui act contrar legii, executând doar cele poruncite atunci când este constrâns prin forță. De asemenea, are dreptul de a protesta împotriva tuturor măsurilor considerate ca încălcând legea și de a folosi toate mijloacele puse la dispoziție de legile țării pentru a-i determina pe conducători să retragă legile nedrepte sau să-i forțeze să părăsească puterea.

Dreptul la rezistență pasivă astfel înțeles nu a fost niciodată contestat și nici nu ar putea fi, deoarece depinde de fiecare persoană să aprecieze în conștiință dacă trebuie să se supună de bunăvoie actelor autorității publice sau dacă trebuie să le respecte doar atunci când este constrânsă prin forță. „Legea nu este, pentru că este lege, adevărul absolut" (2).

A cere tuturor supunere absolută, pasivă și mecanică față de lege nu este idealul unei țări libere. Respectarea legii poate fi o necesitate socială, dar libertatea de a-i aprecia valoarea și de a apela la toate mijloacele fără a recurge la violență pentru a evita aplicarea ei

---

(1) Duguit, Tratat, t. II, p. 196.
(2) Duguit, Tratat, t. III, p. 801.

dacă este considerată contrară legii sau executării unui act considerat contrar legii, nu este mai puțin așa.

La urma urmei, conducătorii înșiși au interesul să întâmpine anumite rezistențe care îi avertizează asupra erorilor.

Astfel, rezistența pasivă sau inertă, atunci când nu perturbă grav ordinea publică, trebuie considerată nu doar legitimă, ci și utilă și conformă cu spiritul democratic modern.

CAPITOLUL XVII

Rezistența defensivă.

În mod normal, într-o țară democratică, al cărei întreg popor se ridică deschis împotriva măsurilor arbitrare ale unui guvern opresiv, acesta din urmă ar trebui să retragă imediat legile nedrepte, să înceteze executarea actelor ilegale și, dacă aplicarea prevederilor incriminate a cauzat deja un prejudiciu apreciabil națiunii, să demisioneze din funcție.

Însă practica actuală ne arată de mai multe ori că cei care dețin puterea politică, ignorând voința națiunii, chiar și atunci când este puternic afirmată, trec prin toate mijloacele de rezistență pasivă la executarea violentă a unor prevederi inoportune sau nedrepte.

Ce mai pot face în mod legitim cei guvernați în fața forței brutale a conducătorilor? Trebuie să-și impună resemnarea eroică a martirilor, să se lase deposedați de libertăți, de proprietăți, de vieți sau au dreptul, în acest caz, să respingă violența cu violență?

Cu alte cuvinte, este permis să te opunem prin forță aplicării agresive a unei legi nedrepte sau a unui act contrar legilor juste?

Multă vreme, politicienii, moraliștii și teologii au dedicat pagini de documentație rară chestiunii rezistenței active.

Este cert, spune cardinalul Ziglaria, că supușii posedă dreptul de a rezista pasiv, adică de a se supune legilor tiranice. Acum, tiranul care abuzează de puterea legislativă poate abuza de puterea executivă și poate face violență supușilor pentru a-i forța să se supună acestor legi tiranice. Prin urmare, chiar dreptul pe care, în ipoteza respectivă, îl posedă supușii de a nu se supune tiraniei puterii legislative, le dă dreptul de a rezista violenței cu violență, ceea ce reprezintă rezistența defensivă; căci dreptul de rezistență pasivă ar fi ridicol dacă nu ar putea fi exercitat activ împotriva unui agresor nedrept. În acest caz, se rezistă nu autorității, ci violenței; nu dreptului, ci abuzului de drept; nu prințului, ci agresorului nedrept al unui drept propriu și chiar actului de agresiune (1).

De asemenea, majoritatea publiciștilor, canoniștilor și autorilor de declarații de drepturi au legitimat întotdeauna rezistența defensivă atunci când aceasta se opune aplicării unei ordini opresive sau nedrepte. Din punct de vedere moral, religios și politic, rezistența, în toate gradele sale, a făcut obiectul unei absolviri generale. Dar această chestiune a fost ridicată și în dreptul antic, iar doctrina autorilor cei mai autorizați admitea legitimitatea rezistenței defensive împotriva atacurilor nedrepte sau ilegale ale ofițerilor de justiție.

Fără a ne întoarce mai departe decât secolul al XVI-lea, îl putem cita pe Farinacius care, după ce a apărat rezistența față de judecători și ofițerii lor, o recunoaște deschis atunci când aceștia acționează pe nedrept. Pe baza citatelor din

_____

(1) Ziglaria, Summa Philosophica, Lyon, 1882, III, p. 226 și următoarele,

mai mulți juriști ai timpului său, el consideră că omul care rezistă în acest caz, nu numai că nu ar trebui pedepsit, ci că ar trebui pedepsit dacă nu a rezistat (1). Grotius învață că folosirea forței este nedreaptă doar în măsura în care încalcă legea, dar că devine licită dacă respinge doar un atac nedrept. Pentru Barbeyrac, axioma „Vim vi repellere licet" nu este lipsită de sens, trebuie doar să se facă distincția între nedreptățile îndoielnice și suportabile și nedreptățile manifeste și insuportabile; trebuie să le suferim pe primele, dar nu suntem obligați să le suferim pe cele din urmă (2).

În zilele noastre, s-a găsit o bază juridică pentru puterea celor guvernați de a se opune forței atunci când conducătorii comit acte de coerciție contrare legii. Într-adevăr, astăzi, cu conducătorii deposedați de caracterul lor cvasi-sacru, puterea politică rămâne în nuditatea ei un simplu fapt, o forță conștientă, superioară oricărei alte forțe. Dacă este exercitată în conformitate cu legi juste, este legitimă și impune supunerea tuturor; dacă, dimpotrivă, încalcă legea și legile în vigoare, rămâne întotdeauna un fapt, o forță brutală, pe care orice altă forță conștientă o poate respinge.

Pe scurt, în prezent, dreptul la rezistență defensivă nu poate fi contestat teoretic.

Dar dacă teoretic este incontestabil, practic nu există nicio îndoială că libera exercitare a unui astfel de drept prezintă pericole serioase.

Prin urmare, pentru a vedea domeniul de aplicare juridic al afirmării

---

(1) Farinacius, Variæ Quæstiones, quæst. 32, citat de Lacour, op. cit., p. 238.
(2) Barbeyrac, Notes sur Grotius, col. 1759, or. 1, p. 171.

în context juridic al rezistenței defensive, problema trebuie analizată din punctul de vedere al dreptului pozitiv actual.

Cu alte cuvinte, este necesar să se arate cum ar trebui exercitat acest drept pentru a nu expune autorul său represiunii penale.

În exercitarea rezistenței defensive trebuie făcută o distincție de la bun început, în funcție de faptul dacă aceasta se adresează direct legii sau agentului responsabil de aplicarea ei.

§ 37. Rezistență violentă la legea nedreaptă.

De fapt, deși rezistența defensivă nu poate fi concepută decât ca fiind provocată de un act de execuție, care nu poate proveni decât de la un agent, valoarea sa juridică apare diferită în funcție de motivul care o determină: rezistența defensivă justificată de caracterul nedrept al ordinului guvernatorilor sau al legii este întotdeauna pedepsibilă în legislația actuală.

Se spune că organizarea politică nu este viabilă nici măcar o clipă dacă admite legitimitatea rezistenței însoțite de violență față de lege, chiar dacă această lege nu este expresia adevărului.

Prin urmare, în dreptul pozitiv va exista infracțiunea de rebeliune din partea oricărei persoane responsabile care opune rezistență defensivă agentului care acționează în limitele puterilor sale pentru a asigura executarea unei legi, chiar dacă această lege este în mod vădit contrară legii.

Totuși, aceste absurdități ale legislației actuale ar putea fi remediate dacă instanțelor ordinare li s-ar recunoaște dreptul de a evalua constituționalitatea legilor și de a respinge aplicarea celor considerate neconstituționale. În același scop, s-a recomandat formarea unei înalte curți, a cărei competență ar fi să anuleze legile contrare legii, dar „experiența care s-a acumulat chiar în Franța cu un senat conservator, responsabil de evaluarea constituționalității legilor sub Consulat, Primul și al Doilea Imperiu, pare suficientă, spune Duguit,ca o încercare de a restabili un astfel de sistem sa fie lipsită de sens"

Însă, dacă nu este nevoie să se creeze această înaltă instanță, instanțele trebuie să aibă puterea de a evalua constituționalitatea unei legi invocate în fața lor și de a refuza aplicarea ei dacă o consideră neconstituțională.

Consecința logică a unei astfel de soluții, care a fost întotdeauna acceptată în Statele Unite și în favoarea căreia a existat o mișcare foarte clară în doctrina franceză în ultimii ani, este că orice individ acuzat de infracțiunea de rebeliune ar putea argumenta că infracțiunea nu există, ori de câte ori legea pe care funcționarul public dorea să i-o aplice este contrară legii. Dacă instanța, pronunțându-se asupra acestui punct, constată că legea în numele căreia s-a acționat este neconstituțională, trebuie să achite acuzatul. Atâta timp cât o astfel de reformă, menită să-i protejeze pe cei guvernați de faptele rele pe care le poate provoca o legislație opresivă, nu este pusă în aplicare, să nu ne mirăm să vedem indivizi intrând în luptă cu autoritatea, lupte care vor fi cu atât mai frecvente cu cât masa va conștientiza ideea de drept și echitate socială.

§ 38. Rezistență defensivă împotriva agenților.

Dar dacă oportunitatea sau nedreptatea unei legi nu este suficientă pentru a legitima rezistența violentă în dreptul pozitiv, nu același lucru este valabil și pentru actele ilegale. Dacă agenții autorității pretind că exercită violență ilegală împotriva unei persoane, aceasta din urmă are dreptul să-i respingă pe agresori, să o lovească, să o rănească, chiar să o ucidă, atunci când apărarea lor legitimă o cere. Juriștii vechiului regim nu se sfiau de la o astfel de soluție, destul de îndrăzneață pentru epoca monarhiei absolute.

Codul penal din 1791, de fapt, pedepsea rezistența violentă doar atunci când aceasta era îndreptată împotriva unui reprezentant al forței publice, acționând legal în limitele atribuțiilor sale.

Declarația din 1793, la articolul 11, afirma chiar: „Orice act exercitat împotriva unui om, cu excepția cazurilor și sub formele stabilite de lege, este arbitrar și tiranic; persoana împotriva căreia se dorește executarea lui prin violență are dreptul să-l respingă prin forță".

Codul penal din 1811, fără a repeta formulele menționate anterior, decide că violența și agresiunea constituie infracțiunea de rebeliune doar atunci când sunt îndreptate împotriva agenților autorității „care acționează pentru executarea legilor, ordinelor, ordonanțelor autorității publice, mandatelor justiției și judecății". Trecerea sub tăcere, voluntară sau nu, a Codului penal, reflectă spiritul respingător al consacrării generale a dreptului la revoltă.

Trebuie să se țină cont, totuși, de faptul că Codul a fost scris într-o perioadă de reacție autoritară, iar autorii săi ar fi putut considera periculos pentru ordinea socială să proclame chiar în lege dreptul de a rezista actelor nedrepte ale autorității, așa cum făcuseră Adunarea Constituantă și Convenția. Dar cu siguranță nu au vrut nici să afirme că orice rezistență la actul cel mai nedrept era pedepsibilă (1).

În orice caz, tăcerea codului francez cu privire la această lege a fost interpretată în două moduri: fie legiuitorul a vrut să interzică absolut lupta împotriva arbitrariului și să impună supunerea în toate confruntările; fie, preluând tacit tradițiile vechii legi, a limitat rezistența indivizilor în limitele pe care aceștia le-au trasat.

Dintre aceste două interpretări, prima a fost deja abandonată și are foarte puțini susținători; prin urmare, a doua rămâne singura pe care majoritatea interpreților o consideră corectă.

Credem, împreună cu Garraud și Duguit, că „nu poate exista rebeliune în rezistență, nici măcar cu violență și agresiune, opusă unui act ilegal". Primul cercetător spune pe bună dreptate: „Ceea ce constituie criminalitatea rebeliunii este neascultarea și disprețul față de lege; violența împotriva agenților autorității este mijlocul extern prin care se manifestă această nesupunere și dispreț".

Acum, atunci când funcționarul public nu execută legea, prin părăsirea funcțiilor sale sau abuzând de ele, comite un act arbitrar în detrimentul cetățeanului, iar acesta din urmă, opunându-se rezistenței, nu se opune executării, ci încălcării legii. Această rezistență nu numai că încetează să mai fie criminală, dar devine și legitimă... Atacul sau rezistența cu violență în scopul de a împiedica executarea unei legi sau a unui ordin al autorității, acesta este elementul intențional al infracțiunii de rebeliune; or acel care

---

(1) Garraud, Drept penal, Paris, 1914, t. II, p. 36.

se opune unui act arbitrar nu intenționează să se opună executării legii, întrucât se opune tocmai pentru că legea nu este executată (1).

Pentru a-și alinia doctrina cu jurisprudența, Garraud face o restricție: agenții autorității trebuie prezumați că acționează în mod legal; în consecință, dacă un individ se află în prezența unui funcționar public care acționează în afara sferei atribuțiilor sale, având un mandat pe care îl justifică, orice rezistență cu atac ar constitui rebeliune, chiar dacă s-ar fi comis o ilegalitate; infracțiunea de rebeliune ar fi exclusă numai atunci când un agent acționează în afara funcțiilor sale sau fără mandat, ori efectuează un act interzis de lege.

Duguit nu admite o astfel de restricție și consideră că nu există niciodată rebeliune în actul unui cetățean care se opune prin forță unui act ilegal al unui agent public. Poate exista, spune el, o altă infracțiune (de exemplu:

omor, agresiune și vătămare corporală), dar nu există rebeliune (2). În ceea ce privește jurisprudența privind legitimitatea rezistenței defensive la actele săvârșite cu încălcarea legii, legislațiile consacră sisteme diferite, care pot fi grupate în jurul a două concepții opuse: concepția autoritară, care impune individului să se supună imediat oricărui ordin din partea autorității publice, putând protesta ulterior împotriva ordinului ilegal, dar fără ca ilegalitatea actului să facă să dispară infracțiunea de rebeliune și concepția liberală, în care ilegalitatea actului șterge natura penală a rezistenței cu

---

(1) Garçon, Codul penal adnotat, art. 209.
(2) Duguit, Tratat, t. III, p. 804.

violență, acuzatul fiind pedepsibil doar în anumite condiții (1).

În Franța, Curtea de Casație, în interpretarea sa a articolului 209 din Codul penal, adoptă primul concept: ascultă mai întâi, cere apoi. Nu se poate rezista, spune ea, cu violență și agresiune la măsurile care sunt întotdeauna presupuse, până la proba contrarie, că emană de la o autoritate competentă.

Pe de altă parte, Curțile de Apel par să adopte concepția liberală înclinând spre consacrarea distincțiilor urmate de vechii autori, precum Jousse, Barbeyrac, care clasificau nedreptățile în îndoielnice sau suportabile și manifeste sau insuportabile, doar acestea din urmă legitimând rezistența prin violență.

Astfel, Curtea de Apel din Nancy a judecat, în 1880, „că o astfel de doctrină (cea a obedienței absolute), dacă ar fi cerută în principiu, ar deveni consacrarea celui mai înfricoșător arbitrar, i-ar autoriza pe agenții puterilor să încalce cu impunitate, unul după altul, după interesele sau capriciile lor, toate legile care protejează averea, onoarea, însăși viața cetățenilor (2).

Alte legislații moderne, în special legislația germană, italiană și maghiară, au supus în mod expres existența infracțiunii de rebeliune legalității actului săvârșit de agentul autorității publice.

În concluzie, fiecare individ are cu siguranță dreptul de a se opune prin forță actului individual al unui agent al

---

(1) Barthélemy, op. cit., p. 249.
(2) Citat de M. Riquet, Studiu asupra drepturilor juridice, Paris, 1927, p. 56.

autoritatii publice, acționând cu încălcarea legii. Actul agentului nu are atunci nicio valoare juridică; este un act de forță brutală la care individul are dreptul să răspundă cu forța (1). Nevoia de disciplină națională, așa cum scria Chavegrin, și toate celelalte pretexte în spatele cărora se ascunde puterea politică, nu trebuie să ignore nevoia de garanții pentru indivizi, dar„există cazuri extreme în care aceste garanții implică utilizarea violenței" (2). Dacă guvernele vor să evite actele de rezistență violentă, ele nu trebuie decât să se conformeze, în toate manifestările lor, principiilor dreptului și prescripțiilor legale; altfel, nu severitățile codului vor opri erupțiile violente, mai ales când rebelii sunt conștienți că mișcarea lor, departe de a fi sedițioasă, se străduiește dimpotrivă să obțină respectul legii.

În acest caz, actul de rezistență nu numai că nu este pedepsibil, dar este demn de laudă.

---

(1) Duguit, Tratat, vol. III, p. 803.
(2) Chavegrin, nota raportului S. 1904.1.57.

CAPITOLUL XVIII

Rezistența agresivă sau insurecția.

———

Este greu de imaginat eșecul unei mișcări selective de rezistență pasivă, declanșată de un întreg partid, în a împiedica guvernele să acționeze contrar misiunii lor.

Există însă frecvente cazuri în istoria națiunilor în care cei aflați la putere par copleșiți de vertij, pradă unui fel de criză de nebunie râncedă și în care, sub egida forței, calcă în picioare legile fundamentale ale țării, ultrajează demnitatea guvernării, persecută religia și corup moralitatea, impun contribuții ilegale și disproporționate, jefuiesc dreptul de proprietate, înstrăinează patrimoniul națiunii și dezmembrează provinciile.

Odată ajunși acolo, nu precupețesc niciun mijloc pentru a păstra beneficiile unei puteri nelegiuite; înăbușă manifestările opiniei publice, ignoră drepturile la protecție socială și dezlănțuie teroarea și ruina asupra țării.

Așadar, problema siguranței publice se pune în toată gravitatea sa: când ordinea socială este zdruncinată din temelii, iar virtuțile civice sunt răsplătite de crimele sau nebuniile unui Caligula sau ale unui Heliogabal, ale unui Murat sau ale unui Lenin, au cei guvernați un ultim mijloc pe care îl pot folosi în mod legitim pentru a încerca restaurarea țării devastate?

Atingem aici foarte vechea, foarte faimoasa și foarte complexa chestiune a dreptului la insurecție, care a fost discutată, apărată și legitimată de doctrine de origini esențial divergente.

De la Sfântul Toma la Duguit, inclusiv Locke, majoritatea teologilor, filosofilor și specialiștilor în drept, după cum știm, sunt de acord în a recunoaște dreptul poporului la revoltă în acest caz ca un remediu ultim.

Sfântul Toma examinează problema pe larg sub formă teologică, întrebându-se dacă sediția este întotdeauna un păcat. Desigur, răspunde el, în principiu, atunci când se opune păcii și unității poporului. Dar cei care apără binele comun, cei care se opun sediției, aceștia nu sunt în niciun fel sediții. Acum, când un guvern este tiranic, când face legi nedrepte, indiferent de forma de guvernare, sau când oamenii au preluat puterea prin forță, tocmai cei care dețin puterea sunt sediții, deoarece ei sunt cei care tulbură pacea publică.

Prin urmare, li se poate rezista, iar încercând să le ia puterea, nu se comite rebeliune, nu se comite un păcat. Iar Sfântul Toma conchide astfel:

Însă un tiran este mai sediios, cel care alimentează discordia și sediția printre oamenii supuși lui, pentru a putea domni mai repede.

Prin urmare, sediția este permisă, cu excepția cazului în care are ca rezultat o tulburare atât de profundă încât poporul suferă mai mult de pe urma ei decât de pe urma regimului tiranic (1),

---

(1) Sfântul Toma, Somm, teolog., II, 2 quest. 42, art. 2. Cf. Duguit, Traite, t. III, p. 798.

În Enciclica Libertas, Lean XIII scrie: „Când cineva se află sub amenințarea unei dominații care ține societatea sub presiunea unei violențe nedrepte sau privează Biserica de libertatea sa legitimă, este permis să caute o altă organizație politică sub care este posibil să acționeze cu libertate" (1).

Fără a reaminti doctrinele altor filozofi, canonici și seculari, deja expuse în partea istorică, îl remarcăm însă pe Locke care, la sfârșitul secolului al XVII-lea, a construit o adevărată teorie a revoluției, în care a concluzionat deschis că indivizii aveau dreptul de a răsturna un guvern care își depășea puterile. Există ceva special în doctrina sa, acela că admite dreptul la revoltă nu numai în ceea ce-l privește pe rege, ci și în ceea ce-l privește pe legiuitor însuși, care era, de asemenea, legat de legi superioare. El neagă astfel omnipotența legii. În cele din urmă, toate ideile antice referitoare la dreptul de insurecție au fost consacrate în Declarațiile Drepturilor. Acolo, în special în Declarația din 1793, a fost formulată o întreagă teorie a dreptului la insurecție: „Când guvernul încalcă drepturile poporului, insurecția este pentru popor și pentru fiecare porțiune a poporului, cel mai sacru dintre drepturi și cea mai indispensabilă dintre îndatoriri" (art. 35).

Astăzi, politicienii și juriștii sunt aproape unanimi în a recunoaște dreptul poporului, sub rezerva anumitor rezerve, de a se revolta și de a dărâma un guvern tiran.

Când un guvern, un rege, un dictator, într-un cuvânt, toate puterile plasate în fruntea statului,

---

(1) Leon al XIII-lea, Scrisori apostolice, II, p. 211, ed. Întrebări actuale.

adoptă de o manieră sistematică și permanentă legi care încalcă legea supremă impusă statului, dacă se comit sau se tolerează acte arbitrare care încalcă legile existente, ne confruntăm cu o putere opresivă care eșuează în misiunea sa, iar oamenii care se ridică pentru a o răsturna săvârșesc cu siguranță un act extrem de legitim (1).

Dar dacă teoretic dreptul la rezistență agresivă este la fel de incontestabil ca dreptul la rezistență pasivă și defensivă, admitem că în practică exercitarea unui astfel de drept prezintă mari pericole. Toți filosofii politici care au recunoscut dreptul la insurecție, înțelegând aceste pericole, au recomandat utilizarea lui cu mare prudență, examinând cu atenție dacă această insurecție nu riscă să agraveze răul în loc să-l elimine.

Într-adevăr, insurecția fiind doar o revoltă armată, având ca scop principal răsturnarea guvernului opresiv și cucerirea puterii politice, implică în mod firesc toate sacrificiile, pericolele și hazardele războiului. Nu este mai puțin adevărat că abținerea, non-rezistența la rău, are ca rezultat hecatomba elitei națiunii, așa cum s-a întâmplat în Franța sub Teroare sau în Rusia de astăzi, iar rezultatul arată adesea mult mai multă vărsare de sânge și ruine acumulate decât într-o revoluție.

O lovitură de stat organizată, cu sprijinul întregului popor sau al majorității sale și declanșată la momentul potrivit, poate fi dusă la îndeplinire fără prea multe pericole și chiar pașnic.

---

(1) Duguit, Tratat, vol. II, p. 805.

Totuși, având în vedere că, în orice caz, o mișcare revoluționară duce aproape întotdeauna la o perturbare mai mult sau mai puțin gravă a ordinii sociale, care se adaugă la cea rezultată din violența exercitată de puterea politică, este prin urmare important să se stabilească, în măsura în care complexitatea faptelor sociale permite, condițiile în care exercitarea dreptului la insurecție este în general acceptată, astfel încât remediul să nu fie mai rău decât boala.

I. « Ultimul remediu »

Insurecția armată fiind una dintre cele mai dure încercări pe care societățile le trec inevitabil în evoluția lor și ale cărei rezultate se pot întoarce uneori împotriva scopului urmărit, ea nu poate fi autorizată ca mijloc de rezistență imediată și împotriva tuturor formelor de opresiune statală.

Astfel, în ciuda legitimității rezistenței agresive, nu rezultă că, sub cel mai mic pretext, se poate recurge la violență pentru a răsturna orice guvern vinovat. Aceasta ar expune țara la tulburări neîncetate și ar face viața socială imposibilă. Folosirea forței ar trebui să aibă loc doar în cazurile în care poporul este fie împiedicat să folosească mijloace legale, fie pentru că, după ce le-a folosit până la epuizare, orice altă speranță de a obține satisfacție este exclusă.

Cu alte cuvinte, înainte de a recurge la mijloace extreme de forță, trebuie să fi fost încercate toate celelalte mijloace de rezistență pasivă. Mai mult, răul nu trebuie să fie de natură accidentală și trecătoare, ci trebuie să fie constant și ineradicabil. Puterea trebuie să fi fost folosită greșit, iar guvernul trebuie să fie într-o mare confuzie; perspectiva viitorului trebuie să fie la fel de rea precum a fost experiența trecutului, înainte ca această idee să poată veni în minte (1).

Când lucrurile au ajuns la această extremă necesitate și corpul social se vede împiedicat pe nedrept să recurgă la mijloace legale, nu există nimic mai legitim și mai sacru decât recurgerea la forță, la insurecție și la scopul acesteia.

II. Amenințare la adresa corpului social.

Dacă revolta este permisă doar în cazurile de pericol grav, rezultat din imposibilitatea de a recurge la mijloace legale de apărare sau la alte impedimente cunoscute, este important să se specifice și împotriva cui ar trebui să se extindă acest pericol. Este un atac asupra drepturilor minimale ale unuia sau mai multor indivizi suficient pentru a justifica insurecția împotriva puterii de stat, până la punctul de a-i smulge însăși autoritatea din mâini?

Dacă e să-l credem pe Locke, ar fi excesiv să tulburăm ordinea publică în apărarea unor interese particulare, „oricât de sacre ar fi acestea". Revolta, potrivit lui, ar trebui să aibă loc doar atunci când pericolul amenință întregul corp social. Nu aceasta este opinia noastră. Suntem de acord că, în fața încălcării câtorva drepturi de mică importanță, chiar și atunci când nu se obține satisfacție, este de preferat, oricare ar fi repulsia și revolta conștiinței în fața unei astfel de nelegiuiri, să opunem, dacă nu o resemnare înțeleaptă, cel puțin recurgerea la alte grade de rezistență decât rezistența agresivă.

---

(1) Ed. Burke, Reflecții asupra Revoluției Franceze, Paris, 1790, p. 48.

Însă atunci când această încălcare se extinde la drepturi fundamentale, a căror nesocotire ar duce la pierderea libertății sau a vieții, chiar și a unui singur cetățean, pericolul lovește întregul corp social, deoarece toți membrii corpului social sunt legați printr-o solidaritate intimă și strânsă. Întreaga comunitate este interesată de repararea nedreptății individuale care reacționează întotdeauna asupra tuturor celorlalți.

A fortiori, atunci când, printr-o măsură generală, exercitarea unui drept garantat de Constituție este suprimată sau suspendată, nedreptatea și opresiunea extinzându-se la cel mai mare număr de cetățeni, există atunci, fără îndoială, un atac grav asupra corpului social.

III. Certitudinea triumfului.

Este în mod obișnuit recunoscut faptul că un guvern dictatorial nu tolerează nicio insubordonare, niciun răspuns la măsurile pe care intenționează să le folosească pentru a gestiona interesele țării în felul său propriu.

Fiecare insurgent este adus în fața autorităților excepționale, judecat și condamnat cu ușile închise, conform unei proceduri sumare, unde sentința de condamnare este adesea fixată dinainte. Când singurul sprijin al unui guvern rămâne arbitrariul și violența, este ușor de înțeles că, cu prețul tuturor mijloacelor, acela al căderii sale și a celui al statului însuși, acesta reprimă fără milă orice tentativă de eliberare. O mișcare insurecțională care ar eșua în astfel de circumstanțe, i-ar expune pe luptătorii pentru libertate unor represiuni sângeroase și unor pierderi de mai multe ori incalculabile. Remediul așteptat ar fi în acest caz mai grav decât răul; nu la asta ar trebui să ducă o insurecție. Ar fi, așadar, o prostie să iei armele și să te lansezi într-o luptă inegală fără a avea, dacă nu certitudine, cel puțin o șansă de succes. Acum, întrucât revolta armată este o ramură a artei militare, certitudinea triumfului este subordonată anumitor reguli de tactică, a căror nerespectare duce la eșecul mișcării.

Prin urmare, lovitura de stat trebuie să fie opera națiunii sau a majorității sale și nu revolta unei suburbii, a unui oraș sau a unei provincii; cu alte cuvinte, trebuie să fie opera marii majorități a națiunii și nu a câtorva indivizi, a unei clase sau a unei facțiuni politice.

Având în vedere, în plus, că guvernanții au la dispoziție toate formațiunile armate permanente de apărare, poliția, asociațiile militare etc., cu care statul modern este bogat înzestrat, este evident că insurecția rareori poate triumfa dacă nu și-a asigurat sprijinul unei fracțiuni semnificative din aparatul militar al statului.

Se poate întâmpla însă ca, cauza dragă insurgenților, care urmărește un scop de salvare națională, să fie dragă și armatei însăși, care poate, în acest caz, să dea o mână de ajutor sau cel puțin să observe o atitudine neutră.

În această ipoteză, triumful mișcării pare cert.

În cele din urmă, momentul psihologic al izbucnirii trebuie să coincidă cu apogeul impulsului revoluționar, când factorilor factuali li se adaugă factorul subiectiv, adică aptitudinea maselor revoluționare pentru a zdrobi și a răsturna guvernul opresiv. Odată ce insurecția a început, este necesar să se meargă cât mai departe posibil până când, în cele din urmă, confruntarea tuturor riscurilor nu depășește în consecințe eșecul. „Cei care fac revoluții pe jumătate", spunea Sfântul Just, „nu își sapă decât propriile morminte".

Acestea sunt condițiile la care doctrina supune, în general, dreptul la insurecție.

Odată ce acestea au fost atent calculate,se poate trece la acțiune.

———————

CAPITOLUL XIX

Dreptul de insurecție înaintea dreptului pozitiv.

Putem susține legitimitatea unei mișcări insurecționale înaintea dreptului pozitiv?

Organizarea politică a societăților moderne este încă departe de a admite acest lucru: orice legislație reprimă și pedepsește conspirația și atacurile la adresa securității statului. În domeniul dreptului pozitiv, există un singur element care poate justifica insurecția: succesul.

Dacă triumfă, guvernul rezultat din revoluție cu siguranță nu va urmări penal pentru conspirație și nu-i va ataca pe cei cărora le datorează puterea; dacă, dimpotrivă, insurecția eșuează, nu va exista un tribunal care să îndrăznească să-i exonereze pe insurgenți, deoarece guvernul a fost opresiv, iar intenția de a-l răsturna a fost legitimă (1).

Astfel, dreptul la insurecție, incontestabil în teorie, este lipsit de eficacitate în fața dreptului pozitiv.

Aceeași ineficacitate i se opune, chiar dacă acest drept este recunoscut de o lege constituțională sau de orice alt text pozitiv. Legea, se spune, este o regulă sancționată prin forță și numai cei aflați la putere posedă mijloacele de constrângere materială. Prin urmare, este imposibil ca aceștia să fie sancționați prin propria forță. Prin urmare, legea

---

(1) Duguit, Tratat, vol. III, p. 806,

care se adresează conducătorilor care nu pot face obiectul sancțiunii directe prin forță materială ar fi o lege imperfectă.

Dar este necesar, pentru a exista o lege, ca ordinul sau abținerea pe care o conține să poată fi impusă printr-o sancțiune materială? Nu credem acest lucru, deoarece există multe legi pentru care este imposibil să existe o sancțiune prin constrângere statală. Cum ar fi legile care se adresează direct guvernatorilor. Un parlament poate, de exemplu, în acord cu șeful statului, să facă o lege contrară legii; este evident imposibil ca forța statală să intervină pentru a reprima această încălcare. În mod similar, Declarațiile Drepturilor și legile constituționale în general nu pot fi în mod normal sancționate prin forță. S-a susținut că acestea nu au altă sancțiune decât loialitatea și buna-credință a celor care le aplică. „Trebuie adăugat că ele au și ca sancțiune reacția socială mai mult sau mai puțin puternică, dar certă, pe care o produce întotdeauna încălcarea lor; și astfel, deși nu sunt sancționate prin forță, ele sunt cu siguranță legi în sens material" (1). Legea fiind prin natura sa o regulă socială, încălcarea ei implică în mod necesar o reacție socială care constituie însăși sancțiunea legii. În realitate, prin urmare, nu există lege fără sancțiune, deoarece legea poartă în sine propria sa sancțiune.

Din acest fapt reiese o dublă valoare a textelor care proclamă dreptul la insurecție. Pe de o parte, prin formularea acestuia, precum și a modalităților de exercitare a acestuia,

_____

(1) Duguit, Tratat, vol. II, p. 204.

el se supune examinării corpului social care poate înțelege imensele pericole ale unei aplicări imprudente, în timp ce lăsând-o să plutească vag deasupra instituțiilor, poate deveni moștenirea tuturor agitatorilor.

Pe de altă parte, proclamarea solemnă a dreptului la insurecție, posibilitatea legală a exercitării sale în cazuri grave, va constitui pentru guvernanți un stimul energic care îi va conduce nu numai la îmbunătățirea legislației opresive, ci chiar la asigurarea guvernaților posibilitatea de a recurge la un judecător imparțial, în caz de conflict între ei și Stat.

Din păcate, garanția pentru conflictele care apar între indivizi și legislativ există doar într-un număr mic de țări.

În Franța, de exemplu, voința majorității parlamentare este regula supremă, iar dacă unul dintre drepturile garantate de Declarația Drepturilor, care, conform opiniei unanime a juriștilor, este încă în vigoare, este abolit printr-o nouă lege, indivizii nu au nicio cale de atac împotriva legiuitorului. Astfel, chiar și în Franța, țara cea mai bogată în tradiții democratice, nu există nicio organizație care să judece și să repare abuzurile de putere ale legiuitorului. Acum, acolo unde părțile în cauză nu recunosc existența unui drept superior tuturor, fie că sunt indivizi sau comunități, clase sociale sau Stat, războiul, care constituie, conform lui Kant, „starea naturală între grupuri autonome", apare ca singurul mijloc de a regla, în avantajul celui mai puternic, echilibrul social care este mereu amenințat (1).

_____

(1) Le Fur, în Riquet, Majestatea Sa Legea, Paris, 1927, op. cit., p. 89.

Într-un cuvânt, atâta timp cât Statul nu a organizat puterile politice în așa fel încât să reducă la minimum pericolul rezultat din decizii arbitrare, legi contrare legii sau acte ilegale, dreptul la insurecție va rămâne întotdeauna ultima resursă a celor guvernați împotriva opresiunii statale.

Dreptul la insurecție, incontestabil în teorie și în fapt, nimeni nu-l poate nega, oricare ar fi doctrina pe care o profesează cineva, fie că este individualist sau solidarist, ar trebui, din motivele expuse mai sus, să fie inclus în toate Constituțiile moderne. Realizarea acestei umile dorințe nu ar fi o inovație, deoarece numeroase sunt textele, unele foarte vechi, care au proclamat dreptul la insurecție.

§ 39. Textele care proclamă dreptul la insurecție.

Fără a ne întoarce mai departe de secolul al XIII-lea, găsim dreptul de insurecție consacrat în legile constituționale ale Angliei, Ungariei, Castiliei și Aragonului la această dată.

În Anglia, utilizarea forței a fost consacrată în Magna Carta, prin care John Lackland a confirmat solemn libertățile poporului englez în 1215. Într-adevăr, articolul 61 din Magna Carta a instituit un fel de comitet de supraveghere format din 25 de baroni aleși de Consiliul Comun sau Parlament, dintre care patru erau responsabili de monitorizarea acțiunilor regelui și ale funcționarilor săi și de aducerea la cunoștință a plângerilor celor prejudiciați de încălcările Cartei. Dacă regele refuza să le facă dreptate, baronii îl puteau obliga să facă acest lucru prin forță.

Toți supușii erau obligați să dea o mână de ajutor baronilor în exercitarea atribuțiilor lor (1).

În Ungaria, a fost recunoscut prin Bula de Aur, marea cartă a acelei țări, promulgată sub domnia lui Andrei al II-lea, de două ori, în 1222 și în 1235. Această cartă, care stă și astăzi la baza dreptului public maghiar, definind puterile regelui, nobilimii și clerului, proclamă drept garanție constituțională supremă dreptul de rezistență.

La începutul secolului al XIII-lea, juristul Ethienne de Werboczi a întreprins, din ordinul regelui Ladislas, opus tripartitum, o lucrare de mare autoritate juridică a vremii. În prima parte a acestei lucrări se recunoaște că nobilii au dreptul de rezistență împotriva oricărei încălcări a drepturilor recunoscute de Bula de Aur (2).

La fel și în Castilia, dacă regele acționa în detrimentul regatului său, supușii săi erau autorizați și chiar obligați, conform legii, să se opună voinței sale și să-i îndepărteze pe sfetnicii răi de la persoana sa.

Aragon se bucura de faimosul privilegiu al Unirii, care autoriza rezistența armată a poporului la încălcările puterii regale. Acesta a fost recunoscut în mod expres prin lege între 1288 și 1348. Această Uniune, care însemna unirea întregului popor, era o asociație legală și constituțională organizată prin lege. Putea purta război împotriva regelui fără a-și expune membrii la pedepsele rebeliunii sau trădării (3).

---

(1) Bémont, Charles de Libertăți Engleze, Paris, 1892, introducere.
(2) Dareste R., Memoriu despre monumentele antice ale dreptului Ungariei, Orléans, 1885, p. 13 și 17.
(3) Allen, Cercetări privind originea și dezvoltarea prerogativelor regale în Anglia, Paris, 1834, traducere de Guillot, p. 99.

Poporul găsea protecție în Justiciarul de Aragon, care era supraveghetorul regelui. Persoana sa era inviolabilă, iar puterea sa aproape nelimitată. El avea misiunea de a examina toate edictele emise de rege și prerogativa de a decide dacă acestea erau sau nu conforme cu Constituția și dacă li se datora ascultare. Justiciarul garanta libertatea cetățenilor printr-un act numit Firma de Derecho, care seamănă cu habeas corpus-ul englezesc.

La încoronarea regelui, judecătorul l-a salutat în numele nobilimii din Aragon în acești termeni: „Noi, care valorăm la fel de mult ca tine și care, uniți, suntem mai puternici decât tine, promitem ascultare guvernului tău, dacă respecți drepturile și libertățile noastre; dacă nu, nu!"

Națiunea mai presus de rege, legile mai presus de națiune, acesta este idealul aragonez (1). În timpurile moderne, dreptul la rezistență armată a fost scos la iveală chiar de autoritate. Astfel, în Anglia, Camera Comunelor l-a proclamat în 1710 cu ocazia celebrului proces Sacheverell.

Sachevarell, un pastor ale cărui predici erau interpretate ca acuzații la adresa ordinii politice fondate de revoluția din 1688 și, prin urmare, împotriva oricărui act de rezistență al poporului față de conducători, a fost supus unei proceduri de punere sub acuzare. Drept urmare, Sachevarell a avut Camera Comunelor drept acuzator și Camera Lorzilor drept judecător.

Sistemul acuzației constă în proclamarea dreptului la insurecție: Nimic mai legitim, se spunea, decât să

---

(1) Secrétan Ed., Rev, hist, de dr. fr. el étrang., 1863, t. IX, p. 295 et 296, et Tourtoulon, Jacme Ist, Roi d'Aragon, Montpellier, 1867, t. II, p. 188-189.

rezistați guvernelor rele. Contractul social fiind încălcat de Stuarti, glorioasa Revoluție a fost aplicarea principiilor dreptului public. Un tiran este întotdeauna un uzurpator și un rebel; el vrea să exercite puteri care nu sunt ale sale; prin aceasta se plasează în afara legilor. Prin urmare, cei care poartă război împotriva uzurpatorului și a rebeliunii, luptând împotriva tiraniei, sunt de două ori apărători ai legii.

Dreptul la rezistență este necesar mai presus de toate pentru a proteja poporul împotriva exceselor puterii executive: această putere, care până de curând își revendica încă o origine divină, nu poate fi menținută decât prin controale puternice în limitele sale naturale. Voința națională este înarmată împotriva ei și este în mod normal înarmată prin lege și poate chiar, în caz de necesitate supremă, să recurgă la forță pentru a proteja această lege care este opera sa, împotriva guvernului care o încalcă. Aceasta este, în ultimă instanță, apărare socială legitimă (1).

În 1776, statul Virginia a proclamat în Declarația sa dreptul poporului de a desființa orice guvern care este contrar protecției și siguranței națiunii. Iată conținutul articolului 3 din această Declarație: Guvernele sunt instituite pentru binele comun, pentru protecția și siguranța poporului, națiunii sau comunității. Dintre toate sistemele de guvernare, cel mai bun este cel care este cel mai bine calculat pentru a produce cea mai mare cantitate de fericire, siguranță etc.

Ori de câte ori un guvern este considerat incapabil să atingă acest obiectiv sau este contrar acestuia, pluralitatea

---

(1) Errera P., Procesul Sacheverell, Rev. dr. public, 1908, t. X, p. 433-450.

națiunii are dreptul indubitabil, inalienabil, inalterabil de a o desființa, de a o schimba sau de a o reforma în modul pe care îl consideră cel mai potrivit pentru a asigura binele public (1).

Același drept este proclamat de Declarația de Independență a Statelor Unite în Congresul de la Philadelphia, la 4 iulie 1776. Aceasta spune că guvernele sunt instituite pentru a asigura dreptul la viață, libertate și căutarea fericirii; că își derivă puterile din consimțământul celor guvernați; și că, dacă forma de guvernare devine distructivă față de aceste scopuri, poporul are dreptul să o modifice sau să o abolească și să instituie un nou guvern. După unele rezerve cu privire la cazurile în care această necesitate nu este resimțită, pasajul continuă: Cu toate acestea, dacă din abuzurile comise reiese că este manifest un plan deliberat de a reduce poporul la o robie absolută, este datoria lor, este dreptul lor să înlăture un astfel de guvern și să stabilească noi protecții etc. (2). Acest text, la fel ca cel al Declarației din Virginia, intenționează răsturnarea unui guvern opresiv prin acțiunea directă a poporului, printr-o mișcare insurecțională și nu prin mijloace legale venite de la reprezentanții națiunii, și aceasta cu atât mai mult cu cât în Statele Unite nu există un guvern parlamentar.

În cele din urmă, oamenii Revoluției Franceze au proclamat cu voce tare dreptul la insurecție, definind nu doar principiul, ci și aplicațiile acestuia (3).

---

(1) Marcaggi, Originile Declarației Drepturilor Omului din 1789, Paris, 1912, p. 232 și următoarele.
(2) Chambrun, Lege și libertăți în Statele Unite, Paris, 1891, p. 55 și urm.
(3) V. p. 139, cap. VIII.

Declarația Drepturilor care a precedat Constituția pe care Maryland, un stat din America de Nord, a adoptat-o la 5 octombrie 1867, prevede în articolul 6: „Toți indivizii puterii legislative sau executive sunt agenți ai comunității și responsabili, ca atare, pentru actele lor; în consecință, atunci când guvernul este deviat de la scopurile sale, când libertatea publică este în mod vădit în pericol și când toate celelalte mijloace de redresare sunt ineficiente, poporul poate și trebuie, de drept, să reformeze guvernul existent sau să instituie unul nou.”

Doctrina non-rezistenței la puterea arbitrară și opresiunea este absurdă, servilă și distructivă pentru binele și fericirea umanității.

Astăzi, multe Constituții și Declarații ale Drepturilor proclamă, într-o formă sau alta, dreptul la revoltă.

Astfel, există Constituția Republicii Portugheze, din 19 iunie 1911, al cărei articol 37 prevede: „Fiecărui cetățean îi este permis să se opună oricărui ordin care încalcă garanțiile individuale, dacă acestea nu sunt suspendate legal (1).

Constituția Statelor Unite Mexicane din 31 ianuarie 1917, la articolul 39: Poporul își păstrează în orice moment dreptul inalienabil de a schimba sau modifica forma de guvernare (1).

În cele din urmă, articolul 1 din Declarația Drepturilor tinerei Republici Turce este formulat în acești termeni: Suveranitatea aparține națiunii fără rezerve și fără condiții. Sistemul de administrare se bazează pe

---

(1) Le Fur, Echivoc democratic, Paris, p. 15.

următorul principiu: „poporul își decide soarta direct și de facto" (1).

§ 40. Obiecțiile de fapt: respingerea lor.

Adversarii dreptului la insurecție, fiind reduși la tăcere în fața existenței teoretic incontestabile a acestui drept, încearcă să i se opună cu obiecții de fapt.

A recunoaște un astfel de drept, spun ei, și mai ales a-l proclama solemn, ar însemna a deschide larg ușa anarhiei și confuziei. Poporul, ignorant și mereu nemulțumit de condiția sa, ar tinde să examineze pretutindeni încălcările drepturilor sale, provocând astfel tulburări neîncetate care ar duce la ruina și pierderea unei țări. A face ca existența sau forma de guvernare să depindă de opinia inconstantă și de starea de spirit incertă a poporului înseamnă a instaura un regim a cărui existență ar fi constant tulburată de incertitudine și de amenințarea schimbărilor perpetue. Mai mult, recunoașterea unui astfel de drept ar deveni, se susține, un instrument de agitație în mâinile intriganților și ale oamenilor facționali.

Acestea sunt doar obiecții ipotetice, contrazise în întregime de realitatea socială.

Nimic nu este mai conservator și mai suspicios față de schimbările ale căror consecințe nu le poate măsura decât oamenii. Fiind mai conștient decât oricine de nevoia de stabilitate și pace, respinge orice încercare de agitație sterilă și nejustificată. El nu se decide să

---

(1) Itani Kamal, teza Paris, 1926, p. 88.

acțiuneze decât foarte încet și nu pentru supărări trecătoare și neînsemnate, ci numai atunci când se află la capătul suferințelor și sacrificiilor impuse de puterea despotică.

Masele sunt mai dispuse să sufere decât să reziste.

Este necesar ca calamitatea și opresiunea să fi devenit generale și permanente, ca încălcările legii și ale moralei sociale să fi devenit profunde și catastrofale pentru ca aceasta să se hotărască să ia armele.

În cele din urmă, tuturor acestor obiecții li se oferă o respingere irefutabilă prin exemplul luat din împrejurările actuale.

Numeroasele țări care au consacrat deja dreptul la insurecție în dreptul lor constituțional nu sunt mai chinuite de efervescența revoluționară decât altele. În ultima vreme, revolta s-a extins în țări care nu au recunoscut niciodată un astfel de drept. Aceasta dovedește că necesitățile sociale sunt mai puternice decât formulele juridice și că recunoașterea dreptului la insurecție nu este lipsită de sens.

Un guvern prietenos cu libertățile publice și preocupat de binele social poate recunoaște fără teamă dreptul la rezistență agresivă; aceasta este o armă pe care poporul nu o va folosi împotriva ei. Pe de altă parte, un guvern opresiv se poate înconjura cu o fortăreață de pedepse împotriva oricui încearcă să-i submineze existența; nimic nu va împiedica un popor amenințat în conservarea și libera sa dezvoltare să se ridice și, răsturnând partidul tiranic, să-și asigure un nou destin.

Cât privește teama că, odată recunoscut, dreptul la insurecție va deveni moștenirea agitatorilor și a ambițioșilor fără scrupule, aceasta este complet nefondată.

Nivelul de educație politică la care au ajuns popoarele moderne este cea mai bună garanție împotriva acestui pericol, care caracterizează societățile înapoiate, lipsite de o organizare statală stabilă. Într-o societate modernă, unde opinia publică filtrează meticulos toate tendințele și curentele de idei, este puțin probabil ca un agitator egoist să poată recruta susținători pentru o cauză fără legătură cu binele comun.

Obiecțiile de fapt fiind înlăturate, nimic nu împiedică includerea dreptului de insurecție în Constituțiile tuturor țărilor, cu excepția unor pretexte himerice în spatele cărora se ascunde atât de convenabil arbitrariul guvernamental.

———————

CONCLUZIE

Concluzia generală a eseului nostru nu poate decât să confirme încă o dată existența incontestabilă, în teorie și în fapt, a dreptului la revoltă împotriva autorității stabilite, care, prin gestionarea treburilor publice într-un mod nedemn, duce la ruina și chiar la pierderea unei națiuni.

Pentru a aprecia mai bine legitimitatea unui astfel de drept, a fost necesar să se distingă două domenii diferite: cel al dreptului pozitiv, formulat și impus de Stat, și cel al dreptului obiectiv care iese din societate și se impune Statului.

În domeniul dreptului statal, am văzut că este permisă doar rezistența pasivă, atunci când aceasta nu perturbă grav ordinea publică; rezistența defensivă este permisă în măsura în care se opune nu legii considerate nedrepte, ci agenților care acționează cu încălcarea legii, iar din nou jurisprudența oscilează pe alocuri între concepția autoritară, unde ilegalitatea actului nu face să dispară infracțiunea de rebeliune, și concepția liberală, unde ilegalitatea actului șterge caracterul criminal al rezistenței violente; cât privește rezistența agresivă, cu excepția ipotezei triumfului, aceasta este reprimată de toată legislația actuală.

În domeniul dreptului obiectiv, unde rezistența la opresiune apare ca o sancțiune a statului de drept care izvorăște din solidaritatea socială și care se impune atât celor care guvernează, cât și celor care sunt guvernați, rezistența este permisă și justificată din punct de vedere legal la toate nivelurile. Între aceste două tendințe opuse ale gândirii juridice - ne-am făcut alegerea. Am arătat că esența pozitivismului juridic fiind de a consolida regulile stabilite și sancționate de Stat, ca singure standarde de conduită umană, ne conduce prin acest fapt la omnipotența despotică a conducătorilor; și cum ar putea fi altfel când toată legislația pozitivă a codurilor noastre este stabilită pe fundamentul dreptului individual. Acum, s-a spus că principiul unei reguli care poate limita voința conducătorilor nu poate fi găsit în dreptul individual anterior Statului, acesta din urmă fiind doar o ipoteză, o afirmație metafizică și nu o realitate. El implică la originea societăților contractul social care este în sine o antinomie; deoarece, explicând societatea prin contract, uităm că ideea de contract nu putea veni în mintea decât a oamenilor care trăiesc în societăți; contractul se naște din viața socială și nu din viața socială a contractului" (1).

Baza dreptului nostru este socială și, pe bună dreptate, cauzele profunde ale indispoziției de care suferă societățile noastre sunt atribuite acestei antinomii izbitoare dintre legislația pozitivă și conștiința modernă.

Trebuie să recunoaștem, totuși, că doctrina individualistă a fost prima care a afirmat că statul nu poate face totul, că există limite ale omnipotenței sale. Când deputații Statelor Generale au afirmat că puterea statului nu este fără limite, că legiuitorul însuși nu poate face totul, ei au fost mai mari decât Napoleon la Austerlitz sau la Wagram! Așa este omagiul

---

(1) Duguit..., L'État, t. I, p. 13.

pe care Léon Duguit îl aduce

oamenilor Revoluției Franceze; dar, așa cum s-a spus, punctul de plecare al teoriei individualiste este fals. Se oprește la jumătatea drumului, fără a putea stabili rațional obligațiile pozitive ale Statului.

Având în vedere neputința doctrinei individualiste, se credea că o limită a puterii putea fi găsită chiar în voința Statului.

Aceasta este faimoasa teorie a autolimitării statului, care este și ea impotentă și ilogică, deoarece, dacă statul se supune legii doar în mod voluntar și dacă voința sa este determinată doar de el însuși, în consecință, el rămâne întotdeauna suveran.

Într-un cuvânt, toate aceste teorii sunt construite pe noțiuni lipsite de valoare științifică și, dacă sunt încă acceptate, este din cauza unui atașament inexplicabil față de o stare de lucruri care a dispărut acum.

Astăzi, statul nu mai este conceput ca fiind construit pe principiile filosofiei germane, precum Kant, Hegel sau Ihering, care susțin că statul creează dreptul și poate fi limitat de acesta doar în măsura în care îl acceptă el însuși. Această supunere voluntară nu mai este o obligație juridică, ci doar un artificiu sau o abilitate politică.

În doctrina realistă - care ne învață că Statul nu este decât un fenomen de diferențiere între cei mai puternici și cei mai slabi, între guvernanți și guvernați - trebuie să căutăm cheia problemei. Aici, puterea politică a guvernanților apare ca un simplu fapt, un fapt de forță care devine totuși legitim dacă deținătorii săi îl folosesc pentru a realiza legea.

Nu conceptul de personalitate, nici conceptul de suveranitate nici vreo altă ficțiune în sens vag și nedeterminat, ci adevărul brutal care reiese din observarea faptelor sociale.

Rezultă din acest fapt că guvernanții nu sunt decât indivizi de aceeași esență ca și guvernații și că, în consecință, sunt supuși ca toți membrii comunității legii obiective a grupării lor. Astfel, voința guvernanților nu se impune obedienței celor guvernați pentru că emană dintr-o presupusă voință superioară, ci pentru că, prin ipoteză, este conformă cu legea obiectivă a comunității.

De îndată ce această voință nu mai este conformă legii, ascultarea nu i se mai cuvine, iar dacă conducătorii vor să o impună prin forță, cei guvernați au datoria și puterea legală de a li se opune prin forță.

Numai doctrina realistă poate ridica teoretic împotriva dreptului pozitiv, care este de mai multe ori arbitrar și tiranic, norme sociale bazate pe coincidența scopurilor sociale și individuale, norme care își găsesc expresia în conștiința colectivă a poporului și din care reiese o regulă superioară individului și Statului, conducătorilor și guvernaților: este vorba despre statul de drept, a cărui sancțiune este constituită de reacția socială, care împrumută, în manifestările sale, diferitele grade de rezistență la opresiune.

Atât despre justificarea juridică a dreptului la revoltă în domeniul dreptului obiectiv. Dar, la urma urmei, chiar dacă luăm în considerare doar ultima dintre cele două realități juridice, cele două tipuri de reguli de drept - cele de drept obiectiv și cele de drept pozitiv - în afara oricărei teorii, a oricărui principiu, a oricărei „prejudecăți pur teoretice", suntem obligați să recunoaștem că astăzi unanimitatea autorilor, chiar și a celor care nu vor să vadă în rezistență decât un simplu apel la forță, un fapt extralegal, admit că rezistența revoluționară poate apărea în anumite condiții, legitimă politic.

Politică sau juridică, această legitimitate a fost consacrată în pactele fundamentale ale mai multor state, îmbrăcând astfel o formă și o sancțiune tehnică (1) care reprezintă cea mai bună garanție împotriva arbitrariului guvernanților, care se vor strădui, sub amenințarea reacției sociale, să ia doar măsuri care trebuie să întâmpine un sprijin cvasi-unanim.

Includerea în Constituțiile tuturor țărilor a unei sancțiuni pentru obligațiile guvernelor nu ar fi cea mai mică măsură care s-ar putea face pentru a preveni daunele opresiunii statale, care se multiplică în forme noi.

---

(1) Geny, op. cit., t. IV, p. 288 (Curtea Constituțională și Înalta Curte Constituțională din Austria, teză Paris, 1928)

www.ingramcontent.com/pod-product-compliance
Lightning Source LLC
Chambersburg PA
CBHW051317020426
42333CB00031B/3388